楊海英 主編

有關內蒙古人民革命黨講話集

滕海清將軍

中冊

【內蒙古文革檔案】資料編輯委員會

01滕海清將軍有關內蒙古人民革命黨講話集

主編｜楊海英

編者｜Asuru、Orgen、Seedorjiin Buyant、Uljideleger

02有關內蒙古人民革命黨的政府文件和領導講話

主編｜楊海英

編者｜Asuru、Orgen、Seedorjiin Buyant、Uljideleger

03挖內蒙古人民革命黨歷史證據和社會動員

主編｜楊海英

編者｜Asuru、Orgen、Seedorjiin Buyant、Uljideleger

04內蒙古土默特右旗被害者報告書

主編｜楊海英

編者｜Asuru、Orgen、Olhunud Daichin、Archa

05內蒙古軍區被害者和加害者紀錄

主編｜楊海英

編者｜Asuru、Khuyagh、Altansuke、Tombayin、Delekei

让我們高举毛泽东思想伟大紅旗，把乌兰夫在包头
的代理人塞峰、墨志清、吳步澗斗垮、斗倒、斗臭，让
它們永世不得翻身。

上：包頭市宣傳畫。

下：宣揚暴力的中共宣傳畫。中共宣傳畫與
　　納粹德國和蘇聯同類作品齊名。

没有一个人民的军队，便没有人民的一切。

军队须和民众打成一片，使军队在民众眼睛中看成是自己的军队，这个军队便无敌于天下，……

毛泽东

井冈山

《井冈山》报编辑部
第九期 一九六七年五月四日

中国河西化工公司"八一八革命造反团"予四月二十九日举行隆重集会
"热烈欢呼《紅旗》杂志第六期社論發表，深入开展拥军活动大会"

内蒙军区滕海清代司令员和内蒙党委书记康修民等同志在会上作了重要讲话

滕海清代司令員的講話

（下轉第二版）

左　：文革時期印刷宣傳品。

右上：內蒙古文藝界頭號走資派布赫，他是烏蘭夫長子。引自內蒙宣教口文化戰線新文化編輯部《新文化》第33期，1968年6月10日。

右中：內蒙古文藝界「白骨精」朱嵐其其格。他是烏蘭夫長子布赫夫人。引自內蒙宣教口文化戰線新文化編輯部《新文化》第34期，1968年6月15日。

右下：內蒙古文藝界版「修正主義作家肖洛霍夫」瑪拉欽夫。引自內蒙宣教口文化戰線新文化編輯部《新文化》第39期，1968年7月19日。

序言

楊海英

　　中國文化大革命期間，共產黨在內蒙古自治區發動了大規模種族屠殺（genocide）。經中國政府操作過後的公開數據呈示，中國政府和中國人（即漢民族[1]）總共逮捕了346,000人，殺害27,900人，致殘120,000人。親自在內蒙古各地做過社會調查的歐美文化人類學家們則認為被中國政府和中國人屠殺的蒙古人受害者總數達10萬人。[2]筆者曾經在日本編輯出版了兩本文化大革命（以下簡稱為「文革」）被害者報告書，通過用社會學抽樣調查方法探討呼倫貝爾盟和基層人民公社的被害者情況，得出的結論與歐美文化人類學家的結論相同。[3]這些數據裡並不包括「遲到的死亡」，亦即致殘者120,000人的命運。蒙古人的民族集體記憶是：「文革就是一場中國政府和中國人合謀屠殺蒙古人的政治運動」。[4]

　　直接在現場指揮大屠殺蒙古人的中共高層領導是滕海清將軍。滕海清，1909年3月2日出生於中國南部安徽省金寨縣南溪鎮。幼時上私塾讀過《三字經》等，略通文字。1930年8月，21歲的滕海清參加了中共紅軍獨立團，以後編入紅四軍。中共執政后，1950年11月入南京軍事學院學習，兩年後又成為該

---

[1]　蒙古人認為所謂的「中國人」是只指漢民族，只有漢民族才是「中國人」。內蒙古自治區和新疆即東土耳其斯坦的維吾爾人，以及西藏的圖博人只是「中國籍蒙古人」，「中國籍維吾爾人」，「中國籍圖博人」，並非「中國人」。這一點亦是國際學術界共識。參見：Kuzmin, Dmitriev, S. V. 2015 Conquest Dynasties of China or Foreign Empires? The Problem of relations between China, Yuan and Qing, *International Journal Of Central Asian Studies*, Vol. 19, pp.59-91.

[2]　參見：Jankowiak, William，1988 The Last Hurraah? Political Protest in Inner Mongolia. *The Australian Journal of Chinese Affairs*, 19/20:269-288. Sneath, David，1994 The Impact of the Chinese Cultural Revolution in China on the Mongolians of Inner Mongolia. *Modern Asian Studies*, 28:409-430.

[3]　參見：楊海英編『モンゴル人ジェノサイドに関する基礎資料5—被害者報告書1』、風響社、2013年、1頁。楊海英編『モンゴル人ジェノサイドに関する基礎資料6—被害者報告書2』、風響社、2014年、78頁。

[4]　參見：楊海英著《沒有墓碑的草原：蒙古人與文革大屠殺》，八旗出版社，2014年。

校教員。1961年，赴北京軍區任副司令員。[5]

內蒙古自治區受到來自北京文革衝擊影響，造反派和政府系統保守派激烈對立時，中共國務院總理周恩來於1967年4月13日深夜命滕海清奔赴內蒙古收拾混亂局面。滕海清在4月18日空降自治區首府呼和浩特市，同時，屬北京軍區之第69軍28師亦入駐內蒙古自治區。軍事進駐的理由是：「蒙古人已經叛亂」。[6]可見，中共從一開始就把蒙古人當作政治敵人；而蒙古人對此一無所知。

滕海清有過一段與造反派的「蜜月」。他通過打壓蒙古人領袖烏蘭夫等菁英階層和獲取造反派支持的手段成功掌握了內蒙古局勢。因為在整肅打擊蒙古人「資產階級當權派」一點上，滕海清和造反派等中國人（即漢民族）利益一致。中國人從來不認為自己是剛剛從長城以南逃難來到蒙古人自古生息的草原上的殖民者，相反，他們堅信自己是高人一等的解放者和「文明的傳播者」。中國人以農耕為上，視遊牧業為落後，從而更敵視遊牧民族蒙古人。所以，滕海清和殖民內蒙古的中國人都想利用文革運動改造同化「落後」的蒙古人，全面奪權，建立中國人「當家作主」的內蒙古自治區。有了造反派的支持，滕海清在1967年11月1日坐上了新成立的內蒙古革命委員會主人的交椅。

在中國人全面掌控內蒙古的政治權利後的1968年1月6日至18日間，自治區革命委員會召開了第二次全體擴大會議。滕海清在會議上做了長篇講話，決定正式開始屠殺蒙古人的「三股勢力」。滕海清的「作戰計劃」得到了「人民的好總理」周恩來和毛澤東夫人江青的大力支持。中共情報機關頭目康生指示滕海清「蒙古族的壞人，要由蒙古人自己抓」。到1968年5月時，滕海清又提出「挖出烏蘭夫的社會基礎」，「敢於拼刺刀，要刺刀見紅」，直接號召對全體蒙古人社會動用暴力。

中國政府和中國人認為「叛亂」了的蒙古人應該有組織。1968年7月20

5　參見：廖西嵐著《百戰將星：滕海清》，解放軍文藝出版社，2000年，1-12頁。楊海英編『モンゴル人ジェノサイドに関する基礎資料1—滕海清将軍の講話を中心に』、風響社、2009年、31頁。

6　高書華　程鉄軍著《內蒙文革風雷：一位造反派領袖的口述史》，明鏡出版社，2007年，261-262頁。楊海英編『モンゴル人ジェノサイドに関する基礎資料1—滕海清将軍の講話を中心に』、風響社、2009年、33頁。

日，中共內蒙古自治區革命委員會正式認定內蒙古人民革命黨為「非法反革命組織」，有「民族分裂」的前科。於是，早在1947年5月既已被中共強迫解散的「內蒙古人民革命黨」原成員和普通蒙古人皆被打成「內人黨員」，並命令在短期內登錄自首。從此，中國政府在自治區佈下天羅地網，號召殖民內蒙的中國人起來「從蒙古人手中奪權」，同時從鄰近的河北省和陝西，山西等地區動員「貧下中農毛澤東思想宣傳隊」大批移居內蒙古。外來的中國人在政府支持和解放軍保護下，屠殺草原上的蒙古人，搶奪原住蒙古人的土地並改造為農田。這一切，都是在滕海清將軍的直接指揮下進行。

1969年4月1日起，中共召開第九次全國代表大會。會議期間，毛澤東認為，「內蒙古的清理階級隊伍的運動已經擴大化」。毛只是講從中共體制內「清理」蒙古人的運動「擴大化」，他並不認為運動本身錯誤。在內蒙古的滕海清，因為其獨斷行為觸動了造反派利益，於是又引發了解放軍和造反派的對立。1969年7月底，中共決定肢解內蒙古自治區。把東部呼倫貝爾盟和哲里木盟及昭烏達盟分別割讓給東三省；西部阿拉善盟割讓予甘肅省和寧夏回族自治區，從而又完全恢復了歷史上中國王朝善用的對異族分而治之的統治方式。翌年11月，滕海清將軍離開了他熱愛的革命委員會主任一職。1975年10月1日，中共任名其為山東省濟南軍區副司令員，至1987年退休。

滕海清將軍自始至終認為自己「打擊蒙古人民族分裂集團」有功。因此，他拒絕在大量屠殺蒙古人一事上承擔責任。蒙古人則堅決要求把滕海清送上法庭一邊，審判中國政府所犯下的人道主義罪行。至晚到1981年8月1日，蒙古人知識分子和政治菁英代表整個民族和內蒙古自治區向中共司法機關「提出追究滕海清法律責任，並詳細陳述了理由」。然而，中共中央「念其在長期戰爭中，出生入死，為人民流血奮鬥，做了不少有益的工作，所以還從寬，不擬追究刑事責任」。[7]就這樣，滕海清「為中國人民流血奮鬥」的功績大過了他屠殺蒙古人的罪惡，最終無罪釋放。1997年10月26日，滕海清在北京一家專供中共高幹利用的「301醫院」死去。[8]

---

[7] 圖們 祝東力著《康生與內人黨冤案》，中共中央黨校出版社，1996年，299-300頁。

[8] 楊海英編『モンゴル人ジェノサイドに関する基礎資料1—滕海清将軍の講話を中心に』、風響社、2009年、31頁。

　　滕海清是文革期間大量屠殺蒙古人的象徵性人物，他的存在和中共暴力性民族政策聯繫在一起，也是中國人根深柢固的歧視少數民族的精神文化的結果。本書收錄了滕海清在內蒙古執政時期的講話和文革後期圍繞他的一些文獻，亦即是否追究滕海清屠殺蒙古人政治罪行的論爭。

　　中共高級幹部的講話帶有特殊意義。在一個沒有法制的專制政權之下，領導人物的講話就是法律而帶有生殺予奪職權。講話往往以「意見」，「批示」和「指示」等形式出現，實際上代表政府意志，具有不可抗拒的性質。

　　全部文獻曾經在日文版的『モンゴル人ジェノサイドに関する基礎資料1—滕海清将軍の講話を中心に 』（風響社、2009年）中以影印的方式出版。本次中文版屬影印版文獻的重新輸入。讀者如果願意探討文革期間的印刷文化，即排版和蠟紙刻印的獨特氛圍的話，希望直接閱讀日文版。在此次重新電子輸入時，文革期間專用的簡體字和繁體字一律統一為現行繁體字。除明顯的錯別字以外，未作任何改動。

目次 ▎ CONTENTS

編輯書前註：

本書內容為史料檔案，有些文革時期的詞彙和現今我們所習慣的正確用字並不相同。例如「付主席」（副主席）；「揮午」（揮舞）等等。這些不同的用字，為尊重歷史、呈現特殊的文革文化，我們將予以保留。

31.滕司令員關於內蒙文藝界目前形勢的報告（1968.03.27）

時間：六八年三月二十七日上午。

地點：革委會禮堂。

同志們：

首先讓我們共同敬祝我們偉大領袖、當代列寧、我們心中最紅最紅的紅太陽毛主席萬壽無疆！萬壽無疆！萬壽無疆！！！

敬祝我們偉大的領袖毛主席最親密的戰友、我們的付統帥林付主席身體健康！永遠健康！永遠健康！！！

今天，我想對文藝界談一點意見。我對文藝界的情況不夠瞭解，根據這一段時間，瞭解些片面情況，今天想談一點意見。這個意見很不全面，也不準確，僅供同志們參考。

今天，我要講的目的，就是要進一步地在文藝界發動群眾，徹底揭開文藝界的階級鬥爭蓋子。

首先講講形勢。當前，文藝界的形勢是大好的，從去年十一月份江青同志講話以後，已經是一潭死水的文藝界開始活躍起來了。由文藝界開始掀起一個挖黑線肅流毒的群眾運動，推動了全區的階級鬥爭深入的發展。目前，群眾基本上發動起來了。無產階級革命派不斷的擴大，新生的革命力量正在成長，許多單位就出了一些烏蘭夫殘黨餘孽、叛徒特務、反動文人、民族分裂主義分子、牛鬼蛇神，開始動搖了烏蘭夫在文藝界的黑基礎，有的單位對這些反動文人，民族分裂主義分子所炮製的大毒草、叛國文學進行了揭發和批判。更重要的是，文藝界尖銳、複雜的階級矛盾逐漸地暴露起來了，並為廣大的無產階級革命派所認清，為繼續深入開展這場文藝界的鬥爭創造了良好的條件。內蒙古京劇團所開創的新局面為整個文藝界當前的鬥爭做出了一個樣子。但是，文藝界的階級鬥爭仍然的十分複雜、十分尖銳的，也是十分激烈的，陰暗的角落仍然存在，階級鬥爭的蓋子沒有徹底揭開。自去年十一月間江青同志講話以

後，四個月來，文藝界的群眾運動是三起三落的形勢，從這一點可以說明這個問題。

第一個起落是江青同志講話以後，廣大的無產階級革命派受到極大的鼓舞和推動；在去年十一月下旬揪出了特古斯，這對文藝界是很大的震動，群眾還是起來了。但是，由於領導和某些群眾組織的頭頭右傾，領導不力，階級敵人利用了這一點，實際穩住了他們的陣腳，並且他們煽陰風，點鬼火，說什麼文藝界經過一九六四年整風和去年二月間逆流的考察，文藝界的陣線已經清楚了，隊伍已經樹立起來了，不要再亂了，極力地挑起群眾性的鬥爭，壓制新生力量，捂著階級鬥爭的蓋子，這樣剛剛燃起來的革命烈火就被壓下去啦。

第二個起落是內蒙古革命委員會第二次全委會擴大會議上，遵照毛主席「要把無產階級文化大革命進行到底」的教導，和中央文革指導當前運動的一系列重要指示的精神，做出了挖烏蘭夫黑線、肅清烏蘭夫流毒的決議，同時在一月十七日我講了這個問題，在這次講話以後點了把火，接著廣大的無產階級革命派揪出了王再天，開展了群眾專政運動，整個內蒙古挖黑線肅流毒的運動已成燎原之勢。文藝界的右傾遭到了衝擊，新生力量殺出來一些揪出了一些壞人。但是，正如江青同志所說的：因為敵人是狡猾的，他們有一套一套的班子，你搞掉了一套，他又上來一套。狡猾的敵人在一些群眾組織的右傾，派性的掩護下，縮了回去，退入第二線，並採用打進來，拉出去，裡勾外連，操縱造反派，明揪暗保，種種手段。在這一段敵人我們展開了合法的鬥爭，他們反對新生力量，害怕的要死，恨的革命，這時就有人大喊大叫，這是搞分裂，霸山頭，要奪取，老保翻天，等等。他們抓住新生力量革命組織的某一些缺點錯誤，大做文章，肆意攻擊，甚至無中生有，造謠中傷，力求把那些新殺出來的力量置於死地，千萬百計地防止運動向前發展。階級敵人這樣做並不奇怪，值得人們注意的倒是有些好人，甚至有些造反派內部用種種原因跟著一起鬧騰起來，起了滅火的作用。敵人的阻撓和它的破壞是很自然的，最不正常的是我們真正有些造反派也跟著敵人走了一陣，敵人牽著鼻子走，起了敵人起不了的作用。

第三個起落，就是二月中旬根據總理、中央文革和首長接見我和李樹德同志指示精神，特別是江青同志鼓勵我們把文藝界的這場鬥爭搞到底的重要指

示，這個問題我們進行了傳達，二月二十七日報據這個精神在呼市學代會上我講了講這個問題。我那次講話的目的就是要支持這些新生的革命力量，充分地發動群眾，徹底揭開文藝界的階級鬥爭蓋子。在這以後，三司的小將衝擊了文化大院，這是起了很好的作用，揪出了革命群眾組織中的壞人，在這個時候，三司中的一些群眾組織，各個大專院校的群眾組織進了文化大院，和新殺出來的革命群眾組織匯成了一支堅強的階級隊伍，這個時候，向文藝界的階級敵人發動了猛烈的進攻，在這一段的時間，敵人有些驚慌了，陣腳有些亂了，但是，由於領導不力，造反派的某些頭頭的右傾被敵人利用了，這很迅速地敵人就集聚了他們的力量，組織了反撲，他們炮製了許多謠言，流言蜚語，製造混亂，主要的是玩弄兩面手法，轉移鬥爭大方向，他們說什麼只打特古斯的旁系，不打烏蘭夫的嫡系，打哈特是為了烏蘭夫等等。把這兩股反革命的勢力（烏蘭夫與哈豐阿的力量）對立起來，企圖轉移鬥爭的矛頭，挑起群眾鬥群眾，並且利用了造反派的派性，使右傾勢力又重新抬起頭來，使運動帶來新的助力，這種三起三落不是沒有原因的，從揪出特古斯以後，某些群眾組織的頭頭開了一系列的黑會，當然參加黑會的人不一定都是壞人，但是裡邊有壞人，這些壞人有的揪出來了，有的已經退入第三線，這些壞人就利用我們群眾組織頭頭的右傾，有些群眾組織的頭頭就在那裡為敵人幫忙，就在那裡捂著階級鬥爭的蓋子。這個黑會不止一次，是多少次。當然壞人揪出來了，有些人不一定是壞人，而是好人，但是還沒有看到這些好人犯了錯誤現在有所改變，而沒有看到他們真正檢查自己的錯誤。我想還要等待這些同志認識他們的錯誤，我今天在這裡不點他們的名，給他們留點面子，希望他們轉變，（掌聲）好人犯錯誤改了就行，這個問題從特古斯揪出以後，一直到以前不久，還有人那裡開黑會幹什麼？就是他們在那裡搞什麼名堂啊？而且我們很有影響的一些人參加了黑會，當然我要重複說一句，參加黑會的人不一定都是壞人。還有一個問題，我們內蒙古地區某一些單位，某一些地區出現了為去年資本主義復辟的翻案風，為烏蘭夫翻案風，哲盟是個典型。

哲盟革命委員會建立以後，一直是把矛頭指向革命委員會，他們搶了革命委員會的材料，內蒙革命委員會政治部指出了他們的錯誤，他們反過來把矛頭指向內蒙革命委員會，他們挑起大武鬥，把矛頭指向革命委員會，指向中

國人民解放軍，包括革命委員會的委員在內，若干人在糖廠開會，策謀控告趙玉溫，大家知道，趙玉溫是革命的領導幹部，他犯過錯誤，回到毛主席革命路線，選為革命委員會主任。哲盟的政治委員阿古達木，付政治委員照納斯圖就是給烏蘭夫翻案的黑幫。石光華、雲曙碧黑幫為什麼不控訴？為什麼不鬥爭？他們搞的是什麼東西，他們就是要為資本主義翻案，為去年二、三月黑風翻案，為烏蘭夫翻案！策劃翻案是那些人是一部分，少數人，是反革命修正主義分子。他們根本就不聽中央的指示嘛，江青同志去年九月五日就講過，一系列的講話嘛，不要把矛頭指向革命委員會嘛，不要指向解放軍嘛，不要指向以毛主席為首的無產階級革命司令部嘛，革命委員會如果有缺點，那是人民內部矛盾嘛，可以幫助，可以解決嘛，為什麼採取這種辦法？這次搞的這樣大的武鬥，傷了那麼多的人，這是什麼人幹的？是反革命修正主義策劃的，是為烏蘭夫翻案的人搞的，那些策劃都是反革命，修正主義分子，對這些人必須要進行堅決的專政！不管他什麼人。我們呼市這個地區其他地區也有為烏蘭夫翻案的，不斷的有這樣的情況，但是不像哲盟那樣大的規模，那樣的明目張膽，哲盟革命委員會成立起來連一個辦公室都找不到，革命的造反派支持革命委員會嘛？是真正的無產階級造反派嘛？我相信大多數造反派是好的，主要的是那些頭頭，壞傢伙。不要看他今天戴著紅袖章，好像造反派，他造什麼人的反？是造無產階級司令部的反，是造人民的反！他們不是造烏蘭夫的反（群眾呼口號）。過去在資產階級的反都是對的，哲盟的造反派一部分從來對烏蘭夫是保的。哲盟分區除了阿古達木、照納斯圖為烏蘭夫翻案，有些造反派就是保的。一直到今天還是要保，為什麼不把矛頭指向石光華、雲曙碧啊？為什麼一定要把那套指向趙玉溫呢？這不是很明顯嘛？當然，不管那個造反派，廣大的群眾是好的，是會跟著毛主席的，是聽毛主席話的，就是那些壞頭頭在那裡搞的，真正的造反派為什麼不把那些頭頭踢開？他們繼續為烏蘭夫翻案，為什麼不專他們的政？如果真正是不把無產階級文化大革命進行到底的人，應當起來，支持革命委員會，支持解放軍。

還有一個伊克昭盟，以聯委的壞頭頭和後面的走資派的操縱搞了一個反革命暴露的一個案件，這個案件已經實行了一部分，最後算破獲了，而且這個案件是呼和浩特有關係的，有些人是插手的。這種翻案風，從北京刮了一氣，

我們內蒙翻案風首先從部隊開始，首先從哲盟、呼盟開始，其它為烏蘭夫翻案的那是不斷的有囉。給烏蘭夫翻案有幾種方法：像哲盟是一種翻法，呼盟是一種翻法，現在文藝戰線也是一種翻法，文藝界這場新的鬥爭的三起三落，說明了說明呢？它充分說明了階級敵人將要滅亡的時候，總是要垂死掙扎的，文藝界烏哈反革命的勢力，有比較強大的社會基礎，他們雖然人數不多，但是能量是相當大的。同時還說明我們的隊伍，組織裡邊有嚴重的不純、混進了有些壞人，某一些組織受了壞人、變色龍的操縱，我們造反派組織裡有那麼一些人，自己屁股不乾淨，不敢深入革命，害怕革命革到自己頭上，力圖維持現狀，還說明我們隊伍裡面右傾勢力現在在抬頭，派性比較嚴重，右傾和派性現在正在被敵人利用，文藝界現象就是說明這個問題。那些走資派、壞傢伙，在文藝界現在是非常自由的，現在養的肥頭大耳的，把他們抓起來了，實際是是把他們保護起來了。樓下群眾鬥群眾，樓上走資派在那裡坐山觀虎鬥，窺測我們造反派的動向，互相通風報信，訂立攻守同盟，看來好像群眾專政，實際上是在背後專群眾的政，現在文藝界不是抓了些人嘛？抓而不鬥，反而把他們保護起來，不管你們主觀上如何，客觀上就是這個問題。實際上就是把那些壞傢伙保護起來的，文化大院的走資派、壞人是逍遙法外，白天好像規規矩矩，晚上就回家去了，幹什麼都可以了，這不是造反派有意的把他保護起來，害怕別人抓起來嘛？另一方面，對文藝界的新生力量。階級敵人就不講了，我們走資派是怎麼樣呢？某些群眾組織的頭頭口頭上承認自過去已經犯了右傾錯誤，實際上百般辯護，為自己的錯誤翻案，口頭上支持新生力量，實際上尋找種種藉口對他們進行壓制打擊，口頭上承認他們大方向正確，原則上肯定，實際上內心不服，要抓到對方的小辮子，具體否定。有些群眾組織與社會上的右傾勢力配合起來，在背後搞小動作，總是想辦法把新殺出來的人把他搞垮，為什麼有些同志對敵人不恨，對自己的同志那樣不親，當然裡面可能有派性，但派性是一個方面，不是主要的，派性、右傾可被敵人利用，真正的根子還是在敵人那裡。就是那些變色龍、黑高參，現在在那裡搞鬼，他們背後搞祕密活動，開黑會就是一例，搞出了很多的策反的計劃，我們造反派倒不去發動群眾，那些壞傢伙到處去點火，到基層點火，上下串連八面呼應，利用我們的派性和右傾進行反撲和頑抗，而我們某些同志，被右傾和派性的紗布蒙住了眼睛，鬧的人

妖顛倒，敵我不分，有些人只看到五十天。三個月，根本就不看十七年、三十年的問題，文藝界應該是對三十年的問題，這是個很重要的原因。我們造反派有沒有被敵人操縱的，我們不是說《紅旗》的頭頭都是壞的，《紅旗》的頭頭大部分是好的，但是他們是指揮員，他們後面的黑參謀比他們高明多了！實際上他們是傀儡，紅旗的廣大群眾是好的，是要革命的，就是那些頭頭在那裡壓制他們，這些頭頭後面有黑高參，可能有小的黑司令部，這些頭頭是不聽毛主席的話的，是不聽江青同志指示的，是聽那些黑高參指示的，任何時候，廣大群眾都是好的，不管那個單位，廣大群眾都是要革命的，問題就是那些掌實權的人。什麼人掌握實權？造反派頭頭掌握實權，如果是真正的要把無產階級文化大革命進行到底的造反派頭頭，他就不會那樣，由於私心雜念很重，自己屁股不乾淨的人，容易被那些黑高參在後面操縱他，牽著他的鼻子走。由敵人通過掌實權的人壓制群眾，這實際是就是黑手，究竟是誰個捂著整個文藝界的階級鬥爭蓋子呢？從當前看來，整個文藝界的鬥爭蓋子不是那一個捂得住的，應當看到這一點。文藝界不是孤獨的，文藝界不僅僅是文藝界的問題，有種種跡象表明捂著蓋子的是那些單位的黑高參，變色龍勾結一些社會上的代理人所組成的反革命勢力，他們的後臺就是走資派、民族分裂主義分子、叛徒、特務、有的本身就是叛徒、特務、民族分裂主義分子，他們掌權的，有的直接登臺表演，不掌權的利用造反派頭頭的屁股不乾淨的人，與造反派勾結起來，有些右傾嚴重的個人主義突出的人，被他們推到第一線，加以操縱、控制以達到他們罪惡的陰謀，我看這就是文藝界的階級鬥爭蓋子不能徹底揭開的根本原因。不是那一個人能把這個蓋子捂得住的。他是與社會上有關係的，從前一段黑會看來，不僅是文藝界的問題，是跟外面有關係的。主要是八面呼應，內外勾結。如果把文藝界僅僅看成是一個孤獨的，那是不全面的。很多很多非常靈巧，只要文化大院有什麼動靜，外面就知道，外面就什麼動靜，凡是外面有什麼東西，文化大院就有什麼東西。當然，住在城市有電話可以聯繫，交通方便嘛。這種聯繫是什麼聯繫？當然，人與人的關係是政治關係，是個階級關係。現在就是文藝界的階級鬥爭蓋子，沒有完全揭開，現在怎麼樣揭開這個蓋子，突破口在什麼地方？在這個問題上，大家看法不一樣，歸結起來。有兩種看法：一種看法認為捂著文藝界的蓋子的是文聯，一種認為捂著文藝界的蓋子的是歌舞

團。我們認為文聯是個重點，它的問題主要是叛國文學，可能存在叛國集團，這個主要的人是布赫、珠嵐、瑪拉沁夫、敖得斯爾、納賽音朝克圖、朝克圖納仁等一小撮走資派和民族分裂主義分子的問題，什麼《花的原野》、《草原》，這兩個雜誌是什麼人幹的，就是這些壞蛋搞的嘛！叛國文學嘛。文聯也可能是裡通外國的一個基地，文聯必須徹底揭露；但是歌舞團是文藝界捂蓋子的重點的重點，歌舞團是文藝的縮影，它的歷史很久，問題很複雜，鬥爭很尖銳，它的黑線又粗又長。有人說：「是烏蘭夫培養民族分裂主義分子的黑母雞，」二十年中，據不完全統計，從這個歌舞團調出去的其中有五十多人是內蒙文藝界、文藝團體的負責人，而這些人目前有很多被揪出來了，被鬥了。那麼這個黑母雞，最黑的部分是樂隊，樂隊出壞人最多，現在還有壞人，在幕後操縱、控制群眾，控制群眾的實權，可能就是在這些人的手裡。這些壞人蒙蔽群眾，公然為走資派、民族分裂主義分子通福翻案，為右傾翻案，這是誰搞的鬼？大家應該想一想。我看金紹良就是其中的一個。當然，樂隊不只金紹良一個，你們比我瞭解的清楚。可能還有別的人，群眾會看的清楚的。當然，壞人只是一小撮，不能很多。要徹底揭開文藝界的階級鬥爭蓋子，就必須首先揪出變色龍，黑參謀，斬斷內外插進文藝界的黑手，掃清前進道路之障礙，只有這樣，才能把文藝界的問題徹底解決。才夠把無產階級文化大革命進行到底。上面我指的是文聯、歌舞團那些單位，也並不是其它單位就沒有了。比如說：文化館、出版社、電影，還有教育、衛生界大致都存在相同的問題，我就不一個一個講了，大家想一想就行了。我們相信群眾，依靠群眾，尊重群眾的首創精神，群眾總是知道的，誰個是好人，誰個是壞人，群眾眼睛是亮的，就是不敢起來。不敢起來，我們有責任，過去對文藝界真正要把無產階級文化大革命進行到底的革命群眾支持不夠，我相信文藝界不管那個單位，總是絕大多數群眾，革命群眾他們是要把無產階級文化大革命進行到底的，是擁護毛主席的，是擁護林付主席的，是擁護中央文革的。真正的英雄是群眾，在目前革命的大洪流中間，某一些少數的壞蛋想在這方面阻止這個洪流，等於螳螂擋車，不行的。關於我們把階級鬥爭搞徹底，依靠誰。團結誰？這個問題我在前天自治區學代會上講過這個問題，還是要依靠老造反派，老造反派在過去是有功績、有功勞的，在反對資產階級反動路線、在三月復辟逆流中間是有功勳的，也包括

我們那些頭頭現在犯了右傾錯誤的人也是有功勳的，只要那些頭頭改過來了，那就好嘛。有些人披著造反派的外衣，鑽進造反派裡來，實際是那是什麼造反派？他本身就是特務、叛徒、反革命分子、民族分裂主義分子，那不是真正的造反派，那些人是少數，這一點我們不能動搖的，一定要依靠那些堅決把無產階級文化大革命進行到底的造反派、革命的老造反派，革命的老造反派應該有責任，團結廣大的革命群眾，受蒙蔽的群眾站錯了隊的群眾把他們團結起來，革命的老造反派，對那些新殺出來的革命群眾，那些群眾組織，應當是聯合起來，團結起來。當然關鍵的問題，就是我們革命的老造反派，必須正確地對待自己，正確的對待群眾，應當主動地去團結那些新殺出來的群眾組織，主動地把那些受蒙蔽站錯了隊的那些革命群眾，團結起來，一致對敵，才能夠真正的把無產階級文化大革命進行到底。現在新殺出來這些革命群眾組織，也要尊重老造反派，過去站錯了隊，那是錯誤的。不能說站錯了隊是正確的，現在重新起來革命，在無產階級文化大革命中立新功，這是好的，應該歡迎，應該支持。新殺出來的這些群眾組織，要正確對待自己，不要認為自己的大方向現在正確，對其他的人就看不起了，對老造反派，甚至犯了錯誤的，有些右傾思想，就格格不入，這樣就不對了。總而言之，我們造反派，不管是新殺出來的，原來的，都是造反派我們都承認，都是造反派，都是不能壓，不能壓對方。我們新殺出來的群眾組織中間有沒有壞人？也不能說沒有個別壞人的，真正有壞人，也還一樣把他揪出來，揪出來我們要提高警惕，不要上敵人的當，敵人總是有空子就鑽啦，那裡方便就往那裡鑽，那裡躲得住，他就那裡鑽。在造反派裡躲不住，他就可以跑到新殺出來的造反派那裡去呀！新造反派也要提高警惕呀！階級鬥爭哪！總之，我們要把廣大的群眾充分發動起來，調動一切積極因素，團結一切可以團結的力量，實現毛主席關於團結兩個百分之九十五的偉大戰略思想，這是當前階級鬥爭形勢的需要。要牢牢記住，無產階級不但要解放自己，而且要解放全人類。如果不解放全人類，無產階級自己也不能解放的這個教導。因此，我們應當團結起來，共同對敵。在團結共同對敵的問題上，要向內蒙京劇團學習，內蒙京劇團實現了團結，他們團結一致對敵鬥爭，他們的主要組織是克服右傾，揪出自己這個組織的壞人，聯合作戰，共同對敵。京劇團目前革命的大聯合這個局面是好的（呼口號）。但是經過鬥爭的。

京劇團東方紅已經犯過嚴重的右傾錯誤，該團的小人物殺出來之後，對東方紅右傾思想經過了堅決的鬥爭，東方紅也作了多次的認真的檢討，並在造反派的頭頭中揪出了壞人，雙方聯合起來了，這是好的。我們說群眾組織中間，在文化大革命繼續縱深發展的時候，思想跟不上形勢，犯了這樣那樣的錯誤，那沒有什麼了不起，犯了錯誤，改了就行。他們的經驗告訴我們，當前革命的大聯合，就是要克服右傾，揪出自己組織的壞人，否則革命大聯合是不鞏固的，聯合起來也不能持久，在這個問題上，我希望所有的文藝界的單位，向京劇團學習（呼口號）。當然，內蒙京劇團也不是什麼問題都解決了，只能就是為了徹底殲滅敵人製造了良好的條件，要真正解決問題，還要繼續鬥爭，不能滿足現狀，停滯不前，京劇團同志不能驕傲自滿。

同志們，內蒙的階級鬥爭，是十分複雜，十分激烈的，文藝界的階級鬥爭，更加複雜，更加激烈。毛主席的革命路線同中國赫魯曉夫以及他在內蒙的代理人烏蘭夫的鬥爭，這是兩條路線鬥爭的繼續，這場鬥爭，還是在激烈的進行中，內蒙文藝界的敵人，還沒有被我們徹底把他們摧垮，他們甚至還有力量，在若干單位，在某一個時間，瘋狂地進行反撲。因此，文藝界真正的無產階級革命派，萬萬不可麻痺大意，掉以輕心，必須繼續高舉毛澤東思想偉大紅旗，遵照江青同志關於樹立階級隊伍，徹底揭露敵人的重要指示，要旗幟鮮明，立場堅定，堅決站在毛主席的革命路線一邊，堅決把文藝界這場偉大的鬥爭進行到底，不達到目的，就不收兵。我希望文教系統，衛生系統，還有其他的單位，在這場文化大革命中間，雖然做出了很大的成績，但是存在的問題還是很多的，也應當像文藝界一樣，提高警惕，按照毛主席的偉大戰略部署，真正地靠廣大的真正的要把無產階級文化大革命進行到底的老造反派，團結那些新殺出來的新力量，共同對敵。要在求大同，存小異的這個原則下，團結起來。我們一方面要支持新殺出來的這些群眾組織，另一方面我們反對那些以達到個人目的拉山頭，搞自己的小勢力範圍的那些現象，我們要反對。真正無產階級革命派，拉出來的目的，就是要衝破這個阻力，繼續對敵鬥爭，一直把真正的敵人清出來，使我們階級隊伍成為堅強的無產階級隊伍。文藝戰線的鬥爭搞了四個月了，我想真正把文藝界各界的廣大群眾真正發動起來了，我想這問題不難解決，過去的缺點，就是我們領導上支持不夠有力，旗幟還不夠鮮

明，支持的不夠。所以，敵人現在利用我們領導上的右傾，利用我們造反派頭頭的右傾思想，在那裡蒙混過關。我們要團結群眾、依靠群眾，尊重群眾革命的首創精神。革命就是要發動群眾，不發動群眾，害怕群眾，就不是真正的革命家。真正是用毛澤東思想武裝起來的革命派，是用毛澤東思想武裝起來的群眾組織的頭頭，各級領導幹部，就應當相信群眾。害怕群眾起來，就是害怕革命。誰個敢於捂著階級鬥爭的蓋子，我們就要把他揭開。不管他是什麼頭頭，資格多老，職位多高，隱蔽得多麼巧妙，只要他們不按照偉大領袖的戰略部署，不按照中央文革，不按照江青同志的指示辦事，這樣的人我們號召群眾起來把他這個絆腳石搬掉。

（據錄音整理）

《紅旗內參》112，內部刊物嚴禁外傳
原內蒙古黨委紅旗聯合總部編印
1968年4月2日

32.滕海清、吳濤首長給內蒙革委會核心小組的一封信（1968.03.30）

當前，有幾個問題，請你們研究抓一下：

第一，狠抓學習林副主席和其他中央首長三月二十四日、三月二十七日的講話，大借東風，聯繫單位情況，大反山頭主義、宗派主義、小團體主義、派性。全區都要學，重點抓呼市（我們重點自己考慮）主要抓革委會領導成員和各群眾組織的頭頭。

第二，號召全區學習人民日報、紅旗雜誌、解放軍報三月三十日文章「革命委員會好」這篇文章是毛主席親自審定後發表的。他指明了革命政權發展的方向問題和鞏固無產階級專政問題。我們革命委員會要認真討論，指出現存問題和改進意見。

第三，階級鬥爭，要大抓特抓，狠狠地抓，要及時掌握全區運動新動向，繼續反右傾，擴大戰果，乘勝前進，內蒙文藝界的運動，千萬不要冷下來。

第四，北京軍區、內蒙軍區「三支兩軍」大方向是正確的，意見取得了很大的成績。要警惕階級敵人，趁揪出楊成武、付崇碧、余立金之流，把茅頭指向解放軍，要防止為二月逆流、為烏蘭夫翻案，轉移鬥爭大方向，對破壞革命委員會、解放軍、為烏蘭夫翻案者，要實行專政。

第五，報紙對毛主席、毛澤東思想的宣傳，要緊跟中央、中央文革，按中央報刊口徑辦事。

滕海清、吳濤

一九六八年三月三十

載《東方紅通訊》內蒙古巴盟東方紅革命造反聯絡總部主辦

（內部刊物（87）1968年4月5日）

33.在慶祝《中共中央關於處理內蒙問題的決定》發佈一周年大會上滕海清同志的講話（1968.04.13）

　　無產階級革命派的戰友們，革命的同志們，中國人民解放軍指戰員同志們：

　　具有重大歷史意義的《中共中央關於處理內蒙問題的決定》發佈已經整整一周年了！

　　東方紅，太陽升，紅太陽照亮了內蒙古草原。在這個光輝的戰鬥節日裡，讓我們懷著無比深厚的無產階級感情，衷心地祝願我們各族人民的大救星，全世界革命人民心中最紅最紅的紅太陽毛主席萬壽無疆！萬壽無疆！萬壽無疆！祝願毛主席的親密戰友，我們敬愛的林副統帥身體健康！永遠健康！永遠健康！

　　一年前的今天，我們最敬愛的偉大領袖毛主席親自批准的《中共中央關於處理內蒙問題的決定》發佈了。它像一聲春雷，驅散了內蒙古上空的烏雲，它像一座燈塔，照亮了內蒙古各族人民前進的航程，它宣告了以毛主席為代表的無產階級革命路線在內蒙古地區取得了決定性的勝利，也宣告了中國赫魯曉夫及其在內蒙古地區的代理人烏蘭夫、王逸倫、王鐸之流實行資本主義復辟和民族分裂主義陰謀的徹底破產，這對革命人民是一個最大的鼓舞，對蘇、蒙修正主義和帝國主義是一個沉重的打擊。這是戰無不勝的毛澤東思想的偉大勝利，這是毛主席無產階級革命路線的偉大勝利。讓我們一千遍一萬遍地共同高呼：毛主席萬歲！毛主席萬歲！萬萬歲！

　　一年來，我區無產階級革命派和各族廣大革命群眾，遵循著毛主席親手制訂的無產階級文化大革命的一系列方針、政策和一系列最新指示，緊跟毛主席的無產階級革命路線和偉大戰略部署，忠實地執行了中央的「紅八條」，把鬥爭矛頭始終對準黨內最大的一小撮走資派及其在內蒙古地區的代理人烏蘭夫、王逸倫、王鐸之流，把他們打得落花流水，徹底批判了他們頑固推行的資產階級反動路線，擊退了他們掀起的二月資本主義復辟逆流，粉碎了他們大搞民族分裂和反黨叛國的陰謀，打垮了階級敵人來自右的和極「左」方面的猖狂反

撲，向階級敵人發起了猛烈進攻。特別是去年十一月江青同志對文藝界講話以來，我們在全區範圍內發動了一場挖烏蘭夫黑線、清烏蘭夫流毒的人民戰爭，取得了極其輝煌的戰果，全區揪出了大批叛徒、特務、裡通外國分子、叛國投敵分子、頑固不化的走資派、民族分裂主義分子和其他反革命分子，以及混進革命群眾組織裡的壞頭頭和社會上的牛鬼蛇神，破獲了一批重大的政治案件；同時，在牧區，進一步發動廣大的雅杜瑪拉沁和雅杜力克瑪拉沁，砸爛了烏蘭夫反黨叛國集團所推行的反革命的「三不」「兩利」政策，掀起了劃階級、鬥牧主的偉大群眾運動。這一切，都沉重地打擊了烏蘭夫反黨叛國集團的反動社會基礎。使我區無產階級文化大革命取得了一個又一個的偉大勝利。這是毛澤東思想的偉大勝利，是毛主席革命路線的偉大勝利。我區無產階級革命派、各族革命人民和人民解放軍駐我區廣大指戰員，在這場史無前例的偉大鬥爭中，無限忠於毛主席的革命路線，為人民立下了不朽的功勳。

一年來，我區活學活用毛澤東思想，全面落實毛主席最新指示的群眾運動，蓬蓬勃勃地開展起來了。毛澤東思想學習班如雨後春筍，遍及全區城鄉各地，毛澤東思想空前大普及，各族人民思想覺悟迅速提高，這就大大促進了革命群眾組織的思想建設，抵制和克服了各種非無產階級思想的侵蝕，幫助和教育了廣大幹部和受蒙蔽的群眾。

一年來，我區無產階級革命派和各族廣大革命群眾，還展開了持久的革命大批判運動，從政治上、思想上、理論上對中國赫魯曉夫及其在內蒙古的代理人展開了廣泛的批判，並結合本單位的情況，進行了鬥、批、改。在兩個階級、兩條道路、兩條路線的鬥爭中，人民群眾的階級鬥爭覺悟和路線鬥爭覺悟迅速提高，大大加速了各級革命委員會的建立。目前，我區七盟二市已全部建立了革命委員會，在需要建立革命委員會的九十四個旗縣（區），已有九十個建立了革命委員會，在旗縣革命委員會的領導下，廣大農村牧區無產階級文化大革命深入開展起來，無產階級專政得到進一步鞏固和加強。

一年來，我們開展了大規模的持久的擁軍愛民運動。軍愛民、民擁軍，軍民團結如一人。今天，我區軍民之間的團結已空前地加強了。通過活學活用毛主席著作和革命的大批判運動，自治區各族人民之間，也在毛澤東思想的基礎上大大增強了團結。

一年來，我們貫徹執行了毛主席「抓革命，促生產」和「要進一步節約鬧革命」的指示，全區工農牧業生產蒸蒸日上。

同志們！當前，我們內蒙古自治區到處是一派蓬蓬勃勃的革命景象，形勢一片大好，越來越好。

目前，我區挖黑線、清流毒的人民戰爭，已經進入了向烏蘭夫及其一切殘餘勢力發動全線總攻擊的新階段。鬥爭正處在近戰、惡戰、殲滅戰、拼刺刀的時候。能不能堅決、徹底、乾淨、全部地殲滅以烏蘭夫為代表的一切反動勢力，是關係到我區年輕的各級紅色政權能否鞏固的大問題，是關係到全區一千三百萬各族人民前途和命運的大問題。一句話，是關係到能否全面落實毛主席的最新指示，奪取我區無產階級文化大革命的全面勝利的大問題。

這場鬥爭的實質，正如毛主席最近指出的那樣：「無產階級文化大革命，實質上是在社會主義條件下，無產階級反對資產階級和一切剝削階級的政治大革命，是中國共產黨及其領導下的廣大革命人民群眾和國民黨反動派長期鬥爭的繼續，是無產階級和資產階級階級鬥爭的繼續。」在奪取無產階級文化大革命全面勝利的關鍵時刻，偉大領袖毛主席發出這個最新指示，最精闢地闡明了文化大革命的偉大意義，最深刻地揭示了文化大革命的階級內容，又一次為我們的勝利前進指明了航向，給我們增加了新的無比強大的思想武器。

階級鬥爭的實踐告訴我們，文化大革命越是接近全面勝利，兩個階級、兩條道路、兩條路線的鬥爭就越是尖銳、激烈，階級敵人的反抗也越是瘋狂。右傾翻案，就是當前運動的主要危險。

在內蒙古地區，為烏蘭夫翻案，為「二月逆流」翻案的反革命活動，一直沒有停息。特別是最近以來，由於我們揪出了一小撮混進無產階級司令部的陰謀家、野心家、反革命兩面派，這是毛主席革命路線的又一偉大勝利，這一偉大勝利打中了階級敵人的要害，他們驚惶萬狀。在他們驚魂稍定之後，就想乘機反撲。當前我區出現的反革命翻案活動，就是階級敵人垂死掙扎的表現。他們把矛頭指向以毛主席為首以林副主席為副的無產階級司令部，指向偉大的人民解放軍，指向新生的紅色政權——自治區革命委員會。煽陰風，點鬼火，製造流言蜚語，挑撥革命委員會和人民解放軍的關係，挑撥革命委員會和革命造反派的關係，挑撥人民解放軍各部隊之間的關係，破壞革命委員會內部的團

結，特別是領導核心的團結，妄圖分裂無產階級文化大革命的堅強柱石人民解放軍，妄圖動搖、分裂和顛覆新生的紅色政權。他們接過我們反對右傾翻案的革命口號，按照他們的反革命需要，一方面他們把我們發動和支持一度站錯隊的革命群眾起來革命，誣衊為「鼓動老保翻天」、「為二月逆流服務」，並把為「二月逆流」翻案同為烏蘭夫翻案對立起來，另一方面，他們又把我們挖烏蘭夫黑線、清烏蘭夫流毒的鬥爭誣衊為「整群眾」、「打擊老造反派」，甚至公然胡說什麼「挖黑線運動就是搞右傾翻案」。他們製造混亂，顛倒黑白，妄圖混淆視聽，以便從根本上否定挖黑線、清流毒鬥爭的大方向，保存烏蘭夫的殘黨餘孽，為烏蘭夫翻案，等待時機，以求一逞。

他們拼湊「聯社」之類的反動組織，矇騙群眾，挑撥民族關係，散佈民族分裂主義毒素，公開地為烏蘭夫喊冤叫屈，開脫罪責，有組織有計劃地大搞替烏蘭夫翻案的反革命活動。

在有的地區和單位，階級敵人的這種反革命兩面派手段，通過他們所操縱的領導權和各種宣傳工具，利用我們某些群眾組織頭頭和領導幹部的右傾保守主義、右傾分裂主義、右傾投降主義、宗派主義、山頭主義，揮舞大棒，壓制革命的群眾運動，把剛剛殺出來的新生力量打擊下去，把已經燃燒起來的革命烈火撲滅下去。

觸目驚心的階級鬥爭事實深刻地告訴我們：一切反動勢力在他們行將滅亡的時候，總是要進行垂死掙扎的。烏蘭夫反黨叛國集團雖然受到了我們一次又一次的沉重打擊，但他們人還在，心不死，陰魂未散，他們進行反革命復辟的階級基礎遠沒有被我們徹底摧毀。如果我們麻痹輕敵，喪失革命警惕，那麼一有風吹草動，牛鬼蛇神就會統統跑出來，興風作浪。

觸目驚心的階級鬥爭事實還深刻地告訴我們：我們革命隊伍內部的右傾保守思想還相當嚴重，有的人已經陷入右傾保守主義、右傾分裂主義、右傾投降主義的泥坑裡去了。這種嚴重的右傾思想，特別是某些人的右傾保守主義、右傾分裂主義、右傾投降主義給階級敵人的反革命翻案活動提供了市場，創造了條件，讓出了陣地。

右傾保守主義、右傾分裂主義、右傾投降主義，適應著烏蘭夫反黨叛國集團和一切反動勢力的政治需要，代表著這些反動階級的階級利益，實質上是階

級鬥爭在我們革命隊伍內部的反映。我們同這些犯有右傾保守主義、右傾分裂主義、右傾投降主義錯誤的同志的矛盾，目前仍然屬人民內部矛盾。但是，我們堅決地反對右傾保守主義、右傾分裂主義、右傾投降主義的鬥爭，則是一種革命隊伍內部的兩條路線鬥爭。這種鬥爭，是我區當前運動中的一個很突出的問題。

這些同志，一葉障目，不見敵人，分不清是非，看不清主流支流、現象本質，甚至糊塗到混淆敵我、顛倒黑白的地步。他們錯誤地認為受蒙蔽群眾起來革命是「老保翻天」，錯誤地認為從右傾勢力的控制中衝殺出來的革命力量是搞「分裂主義」。當階級敵人大刮翻案妖風，攻擊和破壞挖黑線、清流毒運動的時候，這些同志的鬥爭信念也發生了動搖，對這場鬥爭的大方向也懷疑起來，個別嚴重的甚至跟著敵人瞎說這場鬥爭是「資本主義復辟」。我們不禁要問：像王×××、特×××這樣陰險的敵人難道不應該揪嗎？像叛徒、特務、裡通外國分子之類的壞蛋難道不應該抓嗎？我們挖烏蘭夫黑線、清烏蘭夫流毒錯在哪裡？我們可以肯定地說，這場鬥爭的大方向是完全正確的，這場鬥爭是在以毛主席為首、林副主席為副的無產階級司令部的英明指示和親切關懷下進行的，是完全符合毛主席的偉大戰略部署。那些認為我們挖黑線是「資本主義復辟」的同志，不管他們主觀願望怎樣，實際上正在充當烏蘭夫反黨叛國集團的代言人，起著破壞運動的作用。

為了更好地向階級敵人發動全線總攻擊，我們必須反對右傾保守主義、右傾分裂主義、右傾投降主義，這是當務之急。如果聽任右傾保守主義、右傾分裂主義、右傾投降主義自由氾濫，那麼這場鬥爭肯定會半途而廢。我們誠懇地希望這些同志及時猛醒，丟掉包袱，輕裝上陣，闊步前進。

無產階級革命派的戰友們，革命的同志們！當前我區兩個階級、兩條道路、兩條路線鬥爭正處在關鍵的時刻。現在比以往任何時候都更加需要我們提高階級鬥爭觀念，提高路線鬥爭覺悟，發揚徹底革命精神，下定決心，排除萬難，全面、主動、不停頓地向敵人進攻，不獲全勝，決不收兵！

我們完全相信，同烏蘭夫反黨叛國集團進行過殊死搏鬥，從粉碎「二月逆流」的急風暴雨中衝殺出來的我區廣大無產階級革命派，決不會辜負偉大領袖毛主席的殷切希望和親切教導，一定會繼續高舉毛澤東思想偉大紅旗，高舉毛

主席革命路線的戰鬥旗幟，在奪取無產階級文化大革命全面勝利的偉大鬥爭中不斷地立新功。

「大海航行靠舵手，幹革命靠毛澤東思想。」要奪取挖烏蘭夫黑線、清烏蘭夫流毒鬥爭的徹底勝利，根本的根本，就是靠偉大的毛澤東思想。全區各族革命人民一定要更高地舉起毛澤東思想偉大紅旗，堅定地貫徹執行毛主席的無產階級革命路線，進一步辦好毛澤東思想學習班，條條落實、全面落實毛主席的最新指示。要進一步深入地開展革命的大批判，徹底肅清中國赫魯曉夫及其代理人烏蘭夫反革命修正主義、民族分裂主義的流毒，繼續發展和鞏固無產階級革命派的革命大聯合和革命三結合，搞好各單位的鬥、批、改。要進一步執行毛主席「擁軍愛民」的指示，大力加強軍民之間、各部隊之間在毛澤東思想基礎上的革命團結。要進一步執行毛主席「抓革命、促生產、促工作、促戰備」的方針，突出無產階級政治，反對經濟主義，反對鋪張浪費，要節約鬧革命，使革命和生產都獲得新的豐收。各級革命委員會一定要堅決執行我們偉大領袖毛主席關於「革命委員會要實行一元化的領導，打破重疊的行政機構，精兵簡政，組織起一個革命化的聯繫群眾的領導班子」的指示，把各級革命委員會建設成為突出無產階級政治、有無產階級革命權威、能夠率領革命群眾對無產階級的敵人進行戰鬥的革命司令部，率領全區軍民奪取無產階級文化大革命的全面勝利。

最後，讓我們高呼：

打倒黨內最大的一小撮走資派！

打倒烏蘭夫！打倒王逸倫、王鐸！

打倒山頭主義、宗派主義、小團體主義！打倒反革命兩面派！

堅決擊退右傾翻案風！向階級敵人發動全面的總攻擊！

堅決反對右傾保守主義、右傾分裂主義和右傾投降主義！把挖黑線、清流毒的人民戰爭進行到底！

堅決捍衛毛主席親自批准的「紅八條」！

無產階級文化大革命全面勝利萬歲！

毛主席的革命路線勝利萬歲！

戰無不勝的毛澤東思想萬歲！

偉大領袖毛主席萬歲！萬歲！萬萬歲！

《學習材料》第二集
呼和浩特市革命委員會政治部
原載《內蒙古日報》
一九六八年四月十四日

34.滕海清、吳濤同志關於整黨、建黨問題的六點意見（1968.05.20）

整黨建黨問題，中央已於去年十一月有明確指示，請按照中央規定執行，上海的整黨建黨工作，文匯報也有一些介紹，可以參考，結合自治區情況，有幾點意見，供討論、研究時參考。

一、通過大辦黨員毛澤東思想學習班，整頓黨的隊伍，是整黨的基本道路，學習班可否吸收少數先進群眾參加，請參考。採取內查外調相結合的辦法，把黨員的政治歷史搞清楚。黨員在運動中的政治表現，需要群眾評議。在學校班中，在思想上大力批判劉、鄧建黨路線；在組織上把不符合黨員條件的人清除出去。這樣才能達到思想革命化和組織革命化。

二、旗、縣以上單位的黨政機關和重要的企業事業單位（如包鋼、二冶、一、二機廠等等），是整黨的重點。這一些單位，幹部多，問題也比較複雜。

三、工廠、農村、牧區等基層單位，最好能在今年七月底前，把黨支部建立起來，基層黨委（公社黨委）也要建起來。起碼應當有臨時黨委。

四、成立革命委員會的單位有核心小組，可以領導整黨建黨。這些單位的事情好辦一些。有些單位（如各原部、委、廳、局）是領導小組，這些領導小組，有的三結合的，如何領導整黨建黨問題，要研究解決。可否在領導小組建立核心小組（或臨時黨委）請考慮。

五、清除出黨的人，主要是有政治問題的人（特務、叛徒、頑固不化的走資派），其次是有歷史問題的人。對思想落後或站錯隊、甚至犯了嚴重錯誤，但十七年基本上還好的人，還是盡量教育，留在黨內。凡是一切壞人，都要清除出黨。

六、在建立起支部的地方，要吸收一批新黨員，入黨條件一定要掌握嚴一點。在新的黨章未出前，基本要按現黨章，如入黨手續，預備期等問題。

整黨工作，五月份做好準備，六、七月份要形成高潮。整黨與審幹要抓緊結合起來。

吳濤同志又指示：自治區革委會的核心小組，在整黨前，可以開辦整黨建

黨毛澤東思想學習班，吸收各盟、市負責整，建黨的同志參加短期學習，學習毛主席關於整、建黨指示，學習黨內兩條路線鬥爭的歷史，學習毛主席的無產階級建黨路線，學習中央關於整建黨指示，領會吃透整、建黨精神。在整建黨工作中，要強調走群眾路線，階級路線，真正建設成一個毛澤東思想的黨。

35.滕海清同志、吳濤同志在烏盟革委會常委彙報文化大革命情況時的講話（1968.05.25）

當朱志明同志談到如何理解「三右」主義時，滕司令員說：「三右」主義，實質上是對敵人，對走資派講的。那個時候，全國都出現了翻案風，烏盟報事件，不管你們主觀願望如何，客觀上是幫了敵人的忙，迎合了敵人的需要。戰鬥口號，你們常委是研究過的，打個電話問我們一下，不是就好了嗎！那個時候敵人躍躍欲試，你們幫了忙，做了蠢事，我想今後會聰明一點。我們挖黑線、肅流毒，他們沒有理由說不挖。有人便借此說是「壓制老造反派」「帶鍬的資產階級反動路線」。革命靠群眾，我們要支持受蒙蔽站錯隊的群眾起來革命，別人犯了錯誤就不讓人家起來革命，一輩子不讓人家翻身，不符合毛澤東思想。當然老保翻天有，但是少數，主席講要三個相信、三個依靠。有些人借機翻案，內蒙這樣的情況並不算多，其他地方搞得很凶，實際上是走資派操縱的，是走資派在起作用。他們起來翻案，我們堅定一點就頂住了，你們這裡搖擺性很大，呼市也有搖擺，呼三司搖擺很厲害。包頭學生搖擺，工人堅定。我在北京看了你們的小報很奇怪，搞這個幹什麼？現在有些同志思想還是不服氣，思想問題要等待。吳濤政委指出，挖肅鬥爭就是搞階級鬥爭，矛頭是對準敵人的，大方向完全正確。有些人反映是「整老造反派」「站錯隊的參加挖肅鬥爭就是老保翻天」。我們應該全面的看問題，老造反派應當肯定。但造反派隊伍是不是百分之百正確，不能這樣說，我們黨內還有走資派，黨外有黨，黨內有派，革命造反派隊伍也是如此，不作階級分析地講老造反派是不行的，挖肅鬥爭清理階級隊伍，並不是對準造反派，有壞人抓出來，你的隊伍就更堅強了，更純潔了，對革命有利，並沒有什麼壞處。烏蘭夫是劉鄧在內蒙的代理人，烏蘭夫與其他省市的省委書記不同，那個有像他在一個地區呆這麼長時間的，他有民族問題，流毒很深，死黨分子、走資派、叛徒、特務、地富反壞右分子，勢力不小。在挖肅鬥爭中鑽到造反派裡的人，完全有，特古斯在去年就是個造反派，還是響噹噹的，進革委會時都叫他進，那個時候抓他，群眾有情緒，讓群眾自己抓出來嘛，我們從黨內、軍內挖出了一批走資派，是打擊

誰了？再純潔也純潔不過我們的黨，我們的軍隊，不是也挖出了揪出了壞人？

站錯隊的允許不允許他革命？是好人站錯隊改了就好，敵人就沒有站錯隊的問題了，他一直站「對隊」，站在資產階級立場上，站錯隊的就是好人，是我們的同志，階級兄弟，多數是認識問題，有些是立場問題，立場問題也可以轉。東北的宋任窮保了一年多，不檢討，只有打倒，他就是頑固不化。要允許站錯隊的群眾革命，歡迎他們立新功，不能說是「老保翻天」，中央也有些人犯錯誤，中央還是一批二保，像余秋里，幹部站錯了隊，站過來就好了。

滕司令員指出，你們所犯的那樣嚴重的錯誤，就是因為對形勢估計錯了，看支流多了，這個支流，那個支流，把很多支流匯在一起認為是主流，對主流卻沒有看到，這是犯錯誤的根本。

有少數人活動很猖狂，很反動，你們沒採取措施，不堅決果斷地處理，這與你們對形勢的錯誤估計是分不開的，光看現象、支流，對本質和主流看的少了，對多數少數沒作分析。

滕、吳首長問了豐鎮情況，全盟抓了多少壞人，206案件進展情況後，盟領導同志請示關於豐鎮提出要處理五十四名小學教員，有的已經開除了的問題，如何處理？

滕、吳首長指出：放在運動後期處理，這是中央精神，把他們放在學校，可以不讓他們教課，幹其它活，否則下去不得了，打亂了中央部署。

當請示農村要不要搞挖肅鬥爭時，滕司令員說：農村牧區劃階級，不要搞挖肅，大批判就是肅流毒，農村劃階級鬥牧主要搞，有壞人也可以揪出來。要依靠貧下中農、團結中農，辦學習班，清查壞人，一些守法的地主讓他勞動，不守法就鬥他，把他們都集中起來幹啥，還是監督勞動嘛，還是掌握穩一點，搞大批判，對地富反壞右的言論可以批判，發現新的地主可以劃，把他們圈起來不勞動不行。要抓幾個典型，總結經驗，有的農村搞的好。

滕、吳首長對改造公檢法的老戰士問題，自留地問題都作了指示，並瞭解了各級革委會成立情況及工農牧業生產情況。

當趙軍同志談到擺脫不開事務工作糾纏時，吳政委指出：事務工作做一百件，不學習也不行，天天讀要堅持。滕司令說，以前被造反派牽著鼻子走是可以的，現在是革委會了，不能再讓造反派牽著鼻子走了，有的牽的對，有的就

牽錯了。吳濤政委說：對待受蒙蔽群眾，始終是個問題。滕司令員說：老保是有想翻天的，但是政權在我們手裡，他們怎麼也翻不了天，有些地方復辟了，我們慢慢地有計劃地總要搞他。有人說，公檢法百分之八十是壞人。其實大多數還是好的，我們要看大方向，看基本的，大多數是好的，光看支流問題，鑽在裡面就會出不來。陰暗角落總是有的，文化大革命以後還會有。有人說我們壓制造反派，真正受壓制的是假造反派，或者根本不是造反派，是資產階級造反派。對真正的造反派我們怎麼會壓呢？我們只能支持。

當盟的領導幹部彙報到幹部問題時，滕司令員說：站出來的幹部要大膽幹工作，不要怕犯錯誤，不幹事就是更大的錯誤。犯點錯誤怕什麼，有錯誤就改是聰明人，做了壞事但本質是好的幹部，還是要扶起來的，至於烏蘭夫的死黨分子、走資派、叛徒、特務、地富反壞右分子都要清理出去。大多數幹部是好的，被群眾鬥一鬥，觸觸靈魂有好處。領導不要搞兩面派，楊成武就是搞兩面派，搞兩面派遲早要垮臺。有問題擺到桌面上來，吵嘴都可以。有些領導支一派，壓一派，以為自己聰明，其實群眾覺悟後，什麼都抖露出來了，帳不用你算，群眾向你算，兩面派都是沒有好下場的。（吳插話：小聰明，大愚蠢），搞兩面派想保護自己，其實保是保不住的，只能造成自己垮臺，是好人怎麼也垮不了，是壞人躲也躲不了。要克服山頭主義、宗派主義，要學習毛澤東思想。不能把小將養的嬌生慣養，有了錯誤不批評，就是害了他。犯錯誤不怕，把他教育過來就好，最怕的是有偏心。對自己的一派親，這樣必然犯錯誤，領導要特別注意讓小將要大膽的幹，推上第一線，犯錯誤沒關係，可以變成經驗。不要把小將捧上天，那就糟糕了。盟革委會機關可以吸收少量的優秀的小將參加。

當彙報到報紙問題時，滕司令員說：你們的報紙當時是你們掌握，還是人家掌握？革委會當家，還是人家當家？到底是什麼人當家？紅衛兵的小報無所謂，這是革委會的機關報，不是紅衛兵報。報紙、電臺是個大問題，出了問題就了不得。

在市委們彙報完情況後，滕、吳首長又講了幾點意見，茲將滕司令員的講話整理如下：

講幾件事：

1、你們前段走了一段彎路，對問題作了檢查，應該說，還是個認識問題，這說明革委會常委之間學習、研究毛主席的最新指示、中央精神差，沒有跟上，起碼是跟得不緊。革委會成立這麼久了，為什麼發生這些問題？革委會要真正成為領導廣大群眾向階級敵人戰鬥的堅強指揮部，你們怎麼在向階級敵人發動進攻時，發生了動搖？這說明什麼問題？說明你們對毛主席的偉大戰略部署，中央精神沒有跟上，頭腦很不清醒，這是應該接受的一次教訓。檢討大家是都檢討了，思想通不通還是個問題。那時，你們本來不應該發生這個問題，如有問題不好解決，應該請示。林副主席說，要不犯錯誤有三條，其中一條是大小事情多請示。起碼你們應該打個電話請示一下，對你們有幫助。看來是小事，實際上不小，開始你們沒認識到這個問題。

2、這個問題從常委來說是認識問題，跟不上，從社會上看是什麼問題？你們沒把問題的本質看透。把反擊右傾翻案與挖肅對立起來，本身就是為烏蘭夫翻案，不看本質，無非是用所謂反擊右傾翻案來抵制挖肅鬥爭，轉移鬥爭大方向，實際上就是為烏蘭夫翻案，這就是本質。有些人跳的那麼高，那麼屬害，聯繫的面那麼廣，說明什麼問題，不是為烏蘭夫翻案又是什麼？我們挖黑線挖什麼，第二次全委（擴大）會議上講了，挖烏蘭夫的三股勢力，三月四日在包頭講了，三月二十五日、二十七日都講了，不但我們講，中央報紙都講，中央不發文件，就是用報紙來指導文化大革命運動。你們沒看出問題的本質，好像還是方法問題，這是什麼問題，為什麼直到現在還有兩派？不論從什麼道理上講，我們向階級敵人進攻與反擊右傾翻案都是完全一致的，什麼人翻案？就是烏蘭夫的勢力。把他們統統挖出來，揪出來就翻不了案。用不著更多的道理來解釋。你不挖他，他就要翻案、復辟，進行垂死掙扎，這就是你死我活的鬥爭，不能把這個問題看成是方法問題。文化大革命要取得勝利，從政治上、思想上、組織上、經濟上取得全面勝利表現在什麼地方，思想上就是要肅清流毒，讓毛澤東思想佔領每寸土地，組織上就是把階級敵人挖淨，政治上要把走資派搞臭，理論上要批透，只有這樣，經濟上才能奪取勝利。為什麼敵人這樣一搞翻案，你們就搖擺，最大的教訓是中央的東西學習太少，因而看不出本質，只抓支流。不是有人大肆宣傳呼市資本主義復辟了嗎？這是什麼人說的，只有階級敵人才這樣說，真正的無產階級革命派絕不會這樣說，內蒙、烏盟各

個旗縣都成立了革委會，人民當家作主，他說是復辟，這不是敵人嗎？不是替烏蘭夫宣傳嗎？

　　3、這裡面可能有壞人操縱，沒有「高明」的人，十七、八歲的娃娃能想的那麼全？很大可能裡面有壞人。革委會被牽著鼻子走，你們被什麼人牽著走的，為烏蘭夫翻案的人牽著你們的鼻子走了，你們糊塗就糊塗在這裡，沒看出問題的本質，應當說大多數是認識問題。但有壞人，而且很「高明」，報紙口號發表的一些東西，不是有組織有計劃的嗎？報紙掌握在你們手裡，還是人家手裡？我看你們沒經驗，精力顧不過來，內蒙日報也出了問題，但沒你們的那麼大，報紙趕快改組，這是機關報，不是紅衛兵小報，不是群眾組織的報紙，應當接受教訓。階級鬥爭就是有反覆，只有主動出擊不斷進攻，敵人才沒有喘息的機會，你鬆一鬆，他攻一攻，你攻他就防。你們打亂沒打亂敵人的陣腳，我們不瞭解。總懷疑裡邊有人搞鬼，是內部有人，還是外部有人，總是有人搞鬼。內蒙古日報四·一三點名批評的很嚴重，你們的影響很大，全區各地都有影響。批評了你們，你們作了檢查，但應採取有力措施。林副主席說：光做思想政治工作，沒實際行動，就不是毛澤東思想。你們有些問題不採取斷然措施還是不行。後面的傢伙不搞出來還是要搗亂的，什麼人搗亂，就是烏蘭夫勢力。問題還是在革委會，如果革委會是個堅強的戰鬥指揮部，這些問題完全可以解決。革委會有權威，完全可以頂住，那個地方搞不好，問題還在革委會，山西就是革委會內部思想不統一。周發言同志是軍隊的，革委會主要還是趙軍，你們大家要支持趙軍同志。革命小將也要支持趙軍，大家都要支持趙軍。許集山同志對這裡的情況比較熟悉，要支持趙軍，大家團結一致，同心協力。革委會是新生事物，沒有經驗，大家研究討論，有些問題不要那麼急，天塌不下來，要請示上級，不要急急忙忙。革委會要實行集體領導，大家討論問題就好辦。革委會要有權威，緊跟毛主席，按毛澤東思想辦事，辦對了群眾才相信，才擁護，否則怎麼會擁護呢？前段走了彎路，可以吸取教訓。革委會忙於事務不能很好地學習，上面的東西什麼都看不了，那是不行的，做了一百件小事，沒做一件大事，一百件小事頂不上一件大事，方向路線錯了，其它做了很多事也頂不上。要組織一個精幹的核心小組辦事組應付事務要考慮那些放在第一線，那些放在後面，都在第一線忙於事務不得了。我們革委會也沒經驗，開

始也是忙得很，終日辛辛苦苦，成立了核心小組辦事組後，可以想些問題。沒幾個同志掌握全盤，非犯錯誤不可，就事論事，吃老本，老本吃光了就犯錯誤，領導班子要統一思想，統一在毛澤東思想的原則基礎上，大膽工作，大家挺身幹，不怕犯錯誤，越是困難越是要出來，不要形勢好一點就出來，形勢不好就躲躲閃閃，這就不好，這就是老滑頭，不是革命者。

4、革委會的正副主任、常委，不能是那一派的頭頭。對造反派的思想政治工作要狠抓，對不良傾向要加強教育，組織他們好好學習。特別不能支一派，壓一派，有些單位有這個情況，起碼是親一派，疏一派，這樣也要犯錯誤。對革命小將要幫助、愛護，犯了錯誤要批評，要求嚴格才能鍛鍊他們，考驗他們。你們這裡與呼市一樣，沒有大亂過，也沒有大型的武鬥，和和平平，容易對敵情估計不足，認為沒什麼敵人，這是右傾情緒。

5、群專問題，不少旗縣兩派，出了很多毛病，你抓我的，我抓你的，互相抓，這樣不行，要很快糾正。群專主要是教育、動員群眾，一般案件發動群眾搞，重大案件革委會要組織專案，群專可以配合，與群眾結合起來搞。有的地方搞抓人，不去教育群眾，光去抓人，這個問題搞不好，打擊面就過寬了，要很快糾正。要規定，這派不能抓那派的人，有壞人自己揪，不能這一派專那一派的政。群專抓人要經革委會討論，這是指重大案件，其它的就讓群眾鬥，一般讓群眾自己揪。兩派互相揪，就會把敵人放跑，要注意這個事，不要光求抓多少，要向縱深發展。走資派，地富反壞右分子比較容易抓，階級鬥爭不是看抓人多少就是成績大，要看抓的要害。抓的人多，司令沒抓住，還是不解決問題。要分析敵情研究情況，不調查是不行的，完全可以調查嗎？特別是公檢法，把情況瞭解了，才能動員群眾，不瞭解情況就打不中敵人的要害，包頭為什麼發動的晚，搞的比較好呢？就是先摸情況一直搞下去，沒有停止，一直是主動進攻。呼市進展比較慢一點，成績還是大的。對敵情不斷分析，不打無準備之仗，才能打中要害。

依靠誰的問題。要依靠決心把無產階級文化大革命進行到底的無產階級革命派，團結受蒙蔽站錯隊的群眾。要分清兩類不同性質的矛盾，有些是好人犯錯誤，有些就是敵人。

工作方法。要調動機關人員的積極性，核心小組辦事組搞個七、八個人，

研究情況，應付外面的東西。

　　一元化領導問題要解決，革委會本身要思想統一，本身不統一叫什麼一元化，那是二元化、三元化，不能你搞你的，我搞我的，要經常碰頭研究思想情況，重大問題要碰頭，核心小組辦事組可選一些軍隊、地方比較可靠的同志，一般會議讓他們參加，這樣可以解決問題，不瞭解意圖，機關就不好做工作。

　　6、派性問題，革委會研究的事情，外面就已知道，開完會大字報就出去了，那不行，要強調民主集中制。革委會裡邊有歷史問題的，要調查清楚，不要急急忙忙處理。一般歷史問題沒搞清，不要搞鬥爭，搞清後報上級審批，如查清是叛徒、特務，要採取措施，內部處理，一般情況下，可以交群眾批鬥，一定要落實，不能匆忙。革委會對這些問題要慎重，這是有關革委會的威信問題，匆匆忙忙搞錯了，今後別人就不相信你了。下面旗縣一、二把手有問題，可採取調動的辦法，來解決這個問題，真是壞傢伙，放在那裡不行。

　　上一段批評了你們的錯誤，也是對全區其它地方的教育，如果都這樣無政府主義還行，我們是有政府的，報社、電臺不得了，一點不能出亂子。

　　烏盟報紙是錯的，是轉移鬥爭大方向的，有的是好人犯錯誤，有的是壞人插手。還在那裡為烏盟報辯護，現在還明目張膽地到外地宣傳，為烏蘭夫翻案，不得了，什麼想不通，群眾通了，壞人一輩子也通不了。

　　　　　　　　　　　　　　　　　（記錄稿、未經本人審閱）

　　　　　　　　　　　　　　　　　　《聯合戰報》第二十三期
　　　　　　　　　　　　　　　　　　呼和浩特群眾專政總指揮部
　　　　　　　　　　　　　　　　　　一九六八年六月七日

36.滕海清同志在烏盟革委會常委會、 聯指黨委會上的講話（1968.05.28）

今天找同志們談事件。

一、在階級鬥爭尖銳複雜的情況下，革委會怎樣掌握鬥爭大方向。這個問題掌握不好，其他工作再有成績，也是暫時的。會出很大偏差，如何掌握鬥爭大方向呢？革委會常委要把學習毛主席著作制度建立起來，堅持下去，做到雷打不動。最重要的是在「用」字上狠下功夫。大方向就是毛主席的一系列最新指示，中央指示精神。前段你們走了彎路，恐怕就是在這個問題上出了毛病，這是值得大家注意的。

革委會才成立。它是個新生事物。大家沒經驗，出些問題，也沒有什麼了不起，但要有統一的看法。出了問題大家集體負責是好的。你們常委是領導全盟三百萬人民的核心。有些同志以前是造反派，現在參加了革委會。革命領導幹部和革命群眾代表在組織上把我們安排在重要位置上，我們就要對黨和群眾負責。我們應當在群眾之中，而不是在群眾之上。地位變了，如果思想也跟著變，不是在群眾之中，而是在群眾之上，脫離群眾，這樣下去，就要犯錯誤。要知道我們責任的重大。全盟的工作做的好與不好，主要責任在我們身上。我們絕不能辜負毛主席、黨中央對我們的希望，絕不能辜負群眾的信任和要求。因此，要兢兢業業，團結一致，進行工作。這些道理好懂，做起來就不容易了。

二、要集體領導。大家對待問題，旗幟要鮮明，態度要明朗，不要做和事佬。旗幟鮮明，就是高舉毛澤東思想的旗幟，高舉毛主席革命路線的旗幟。忠不忠於毛主席，忠不忠於毛澤東思想，忠不忠於毛主席的革命路線，要看行動。對問題不能抱沉默態度。旗幟不鮮明，該講的不講，不拿出主見，這樣，領導班子的集體領導就形不成，就會少數人說了算，旗幟一定要鮮明，要勇於負責，不要怕犯錯誤。軍隊同志要這樣，地方老造反派更應該如此。毛主席說：「革命委員會要實行一元化的領導。」首先，我們要在內部把大方向抓住，其次分工負責。要敢於負責，敢於承擔責任，不要遇事你推我，我推你，

都推給一、二把手，這樣不行。如果旗幟不鮮明，對群眾就有影響。不講話就是默認。群眾最會察顏觀色。因此，革委會要統一思想，統一認識，統一口徑。問題要大家討論決定，民主集中。工作要有分工，定期檢查，向核心小組及常委會彙報工作，這才能瞭解情況。為什麼情況不明？主要是一天到晚辛辛苦苦，忙於事務。是不是不能瞭解情況？很能瞭解情況，很多人在下面嘛！比方差不多的單位都有解放軍支左，你說他們掌握不掌握情況？他們對情況基本是瞭解的。革委會是不是找他們定期彙報、收集他們的情況了？當然，他們的情況也不一定百分之百的正確，但可以供我們參考。還有其它方面，都是可以瞭解情況的。

三、革委會內部要開展積極的思想鬥爭。對有些不健康的東西，不正當的小動作，要批評幫助。要敢於指出缺點和錯誤，要進行思想政治工作。這樣，領導班子才能成為革命的，有代表性的，有權威的領導機構。這個問題同志們應當注意。革委會內部不能有當面一套，背後一套的兩面派，對於這樣的人，在革委會內部要進行教育，指出他的錯誤。教育後如果不改，就要進行鬥爭，包括造反派在內。這樣，革委會才是真正高舉毛澤東思想偉大紅旗，緊跟毛主席的偉大戰略部署，有戰鬥力的機構。如果革委會裡邊思想不集中，不統一，不抓活思想，也就根本談不上抓群眾的活思想了。內蒙革委會從籌備到成立，革委會成員中有很多活思想。我們採取的方法就是學習毛澤東思想，對錯誤的東西進行批判，把問題提到兩條路線鬥爭的高度來認識。這樣，才能使犯錯誤的人改過來，不使他垮臺。

地方的革命領導幹部，要特別注意這個問題。要有革命的精神狀態，有徹底革命的精神，敢於負責，敢於承擔責任。實際上，在工作中犯些小錯誤，並沒有什麼了不起，錯了就改。上次講過，革委會要支持趙軍同志。自己要是腰杆不硬，自己負責，但其他人要支持他，互相支持。大家要挺起腰杆敢於負責。軍隊要支持革委會，尊重革命領導幹部，並經常幫助他們。告訴革命造反派、紅衛兵小將，要支持革委會，支持革命領導幹部。如出問題，就出在革委會內部。很多地方出問題都不是出在群眾身上。山西就是典型的例子。革委會內部各支一派，思想不統一，對革命損失多大！這樣，怎麼能使革委會成為革命的，有代表性的，有無產階級權威的領導班子？群眾怎麼能相信你？在革委

會工作要公道，不管出什麼問題，特別是處理造反派的問題，該如何處理就如何處理，不能親一派，疏一派，應該一視同仁，否則敵人就會鑽空子。敵人想分化革委會是很自然的。內蒙革委會籌備小組成立後，敵人謠言很多，什麼這是一派，那是一派，實際上是挑撥我們的關係，希望我們有裂縫可以鑽進來。我們一直很警惕。實際上完全是無中生有。我們是很團結的，包括小將在內都是這樣。敵人散佈謠言，無非是想分裂革委會，這是他們慣用的手段，我們沒有上敵人的當，因為我們是互相信任的。如果互不信任，敵人就會利用這個東西。我們千萬不要聽片面的東西。毛主席早就講過，要警惕糖衣炮彈的襲擊。敵人有兩種手法：一種是真槍實彈，一種是資產階級的捧場，可以把你捧上天去。有些同志經不起捧場，這邊一捧，那邊一拆，就裂縫了。因此，我們的同志頭腦要清醒，否則就會上當。

四、思想工作要跟上去。跟不上，就可能出現另外情況。當然，今天批評你們嚴格一點，我想批評嚴一點有好處。我來了幾天，時間不長，和同志們接觸談話中，發現你們對前段走的彎路有顧慮。今天講的比較嚴格。如果你們跟上去了，形勢可能像包頭那樣，發展很順利。如跟不上，就會出現不足了。

現在如何跟？這次群眾非採取行動不可，就看革委會領導表什麼態，關鍵就在這裡。今天講話主要是點火，能不能點起來，不一定。點起來了，你們怎麼辦？滅火還是支持，要看你們的行動。如果有人衝你們，也沒有什麼了不起，應當堅決支持正確的群眾起來革命。如果還是態度曖昧，不敢表態，甚至個別同志做小動作，就不利了。包頭開始情況沒有你們好，根本沒有動，一點火，一下子動起來了，跟的很緊。我們要求他們主動進攻，不停頓地進攻。現在一直還在進攻，比呼市還快，基本上沒走彎路。為什麼呢？因為他們跟上了。楊、余、傅事件後，學生有些波動，工人沒有動，一直穩住了陣腳，繼續發展勝利。在這種情況下，軍隊也要態度明朗。前段有錯誤，沒有團結緊。這次應當口徑一致，堅決站在毛主席革命路線一邊，緊跟內蒙的既定部署。

核心小組，是個戰鬥指揮部，怎樣才能在關鍵時刻發揮作用，指的正確，方向明，決心大，很快就能把敵人的陣腳打亂。不要停頓，要繼續進攻。大家不要顧慮那樣多，要相信群眾，不要劃那麼多條條框框。在文化大革命中，貼幾張大字報，鬥一鬥，有什麼了不起的？要打破框框，大膽發動群眾。現在要

繼續發動，不是講一次話就能發動的。講話總是有人擁護，有人反對的。要繼續發動群眾，跟上去。

旗縣同志來了也要講清，有些事要注意。現在中心問題是發動群眾，打破條條框框。有些政策界限，群眾發動起來後再教育群眾。

生產要專門有一個班子領導。生產不能脫離革命，要以革命帶動生產。要直接抓階級鬥爭。要專門搞一個班子，指揮戰鬥。階級鬥爭，比過去打仗難多了。過去打仗，部署好了，打進去就行。現在對隱藏很深的敵人，主要靠鬥智，不能靠鬥勇。不研究敵人的策略，不掌握敵人的情況，就打不穩，打不準，打不狠。所以，要研究情況。知己知彼，才能打勝仗。

五、工作如何抓，如何掌握情況？根據包頭情況，很多人是很瞭解情況的。領導要根據新情況，下新的決心。有些單位觸不動，就找造反派來，找群眾來，支持他們的行動，領導親自上第一線點火，這樣就能把群眾發動起來。你們過去的錯誤，就是對待受蒙蔽站錯隊的群眾的態度。要支持他們起來革命。就是有人借機起來翻天，也沒有什麼關係。讓他翻幾天，跳一跳也好。特別在這種情況下，不要被支流衝擊大方向。除機關本身搞，還要統一部署，專門下去，掌握情況，發動群眾。否則機關管什麼用？

總之，這次決心大一點，不會犯大錯誤。犯了錯誤，我們會來承擔。群眾運動是天然合理的，有些支流問題，只要領導好，沒有什麼關係。不要光看支流。什麼叫群眾運動，把群眾發動起來才有運動。群眾運動總是朝著正確方向走的。雖然有些支流，朝羊腸小道上走，但可以幫助他們克服。我的中心意思是思想要跟上去。部隊幹部、支左人員思想都要跟上去，與革委會行動一致，那麼，這一仗進攻戰就可能打殲滅戰，壞事就能變成好事，使運動更深入一步。

地方幹部要大膽地幹，軍隊支持你們，上級支持你們，腰杆應該很硬，軟就不行了。內蒙批評你們，是支持你們，不要認為下不來。不批評你們，就要犯大錯誤。支持你們，你們腰杆挺起來。對不同意見的造反派要做工作，不能壓制。對你們只能批評幫助，把他們壓垮就不對。有壞人要揪，是群眾的事。

在常委發言時，滕司令員又指出：

文化大革命後，每個人要有新的精神狀態。革命領導幹部要有新的面貌，這是一個很要緊的事。犯了錯誤，改了就好，挺起腰杆幹，不要灰溜溜的。一

般人哪個不犯錯誤？只有我們偉大領袖毛主席才不犯錯誤，犯了錯誤就改，沒有背包袱的必要。新的領導幹部應該是生動活潑，生龍活虎。紅衛兵小將就是生龍活虎，敢說敢幹。沒有經驗，幹錯了，沒關係，錯了就改。紅衛兵想的天真，但精神狀態好。老幹部最討厭，有些是老滑頭。關鍵時刻躲躲閃閃，打仗時就是逃兵。

對小將，還是要愛護，壞人只是少數。在挖肅運動中，要打的穩，打的準，打的狠。對認識不到的，要教育他們。小將犯錯誤，我們老頭就好過嗎？培養的接班人老犯錯誤，我們就對不起黨和毛主席。對群眾還是要提高他們，這個問題不能動搖，不能把造反派搞垮。壞人只是少數，絕大多數是好的，要依靠他們，幫助他們。老不批評，他們就會犯大錯誤，我們就對不起毛主席。中央文革對小將那麼愛護！但對壞人要狠，要抓，對小將要愛護。

絨毛廠造反派是好造反派，但中間不可能沒有壞人。絕不能把造反派搞的灰溜溜。我批評是批評沒把壞人揪出來。廣大群眾是好的。壞人是少數。不是要你（指賈成元）回去把造反派搞的灰溜溜的，主要是要把壞人搞出來，號召無產階級革命派把馬蜂窩捅開，無論如何不能對造反派潑冷水。人與人的關係只能是階級的關係，政治的關係，不能是其它關係。好造反派還是好造反派，功勞是老的，要立新功，要不斷革命。文化大革命就是搞階級鬥爭。與誰鬥？與敵人鬥，與劉少奇鬥，與烏蘭夫鬥，與大大小小的走資派鬥。機關裡有，應不應該鬥？應該鬥。這樣，隊伍才能更純潔。群眾起來了，問題就好解決了。

把集寧問題解決了，旗縣問題就好解決了。呼市問題不解決，盟市問題就不好解決。關於突破問題。群眾發動起來就好突破了。解剖一個麻雀，總結經驗，指導運動，突不破的地方就能突破。要相信群眾的大多數，關鍵問題是把群眾發動起來，不要劃框框。我們半年後才出了個六條。讓群眾充分發動起來後，領導再拿出框框。

（記錄稿，未經本人審閱）

《聯合戰報》
呼和浩特群眾專政總指揮部
1968年6月7日

37.滕司令員在聽取關於察右中旗情況彙報後的講話（1968.05.29）

　　中旗文化大革命的主流還是好的，革命委員會做了很多工作。在抓毛主席思想的學習，抓生產等方面是有成績的。但是，也出現了一些支流問題，這些是值得重視的。支流多了，就會把主流沖散，階級鬥爭本來很複雜，政策性強，我們沒有經驗，掌握不好，可能有偏差。文化大革命向縱深發展，抓得不好，不但不能向縱深發展，反而會後退，各項工作會受損失。我們應以革命帶動一切，革命就靠毛澤東思想，你們那裡出現的問題比較嚴重。實際上沒有把毛主席的最新指示完全落實下去。當然，沒有一點錯誤是不可能的，有了缺點錯誤怎麼辦。應很快糾正。根據你們的問題，談幾點意見：

　　一、各級革委會，支左部隊應認真學習毛澤東思想，不但要學習，而且要落實，落實就是用，落實得怎麼樣，要檢查。中央報紙社論，都是毛主席司令部的聲音，往往我們不重視學習。文化大革命形勢發展很快，不好好學習就會落後於形勢。你們那裡學習毛主席著作群眾運動掀起來了，是好事。如何長期堅持下去，是比較艱巨的工作。養成群眾自覺學習的習慣很不容易。學習毛主席著作應扎扎實實，要學一條，用一條，不應這個統計，那個統計，不應今天統計掛毛主席像，明天統計唱語錄歌，給群眾找麻煩。群眾對毛主席是無限熱愛的，毛主席著作學好了，他就更加熱愛毛主席，對毛主席的無產階級感情就會更加深厚，貼毛主席像，背語錄，就會自動去搞。不應你下命令。群眾嘗到學習毛主席著作的甜頭，生產搞好了，各方面的工作都做好了，團結搞好了，壞人壞事出來了，就會更加深刻地感受到毛主席的偉大，內心熱愛毛主席。當然，有些人沒有養成學習習慣也應有一點制度，無組織無紀律不行。現在大家都參加學習，是很好的現象。我們應該組織力量，大力宣傳學習毛澤東思想，使我們的工作做得更加扎扎實實。對好的單位和個人，應進行鼓勵和表揚，調動廣大群眾學習毛主席著作的積極性。革命委員會，支左部隊應狠抓這一條，千條萬條，這是第一條，毛主席怎麼說，就怎麼幹，而且應快，應聞風而動。長久了，就養成學習毛主席著作的自覺性。

在農村應是辦學習班。學習毛澤東思想，把新舊對比，憶苦思甜，讓革命的大批判結合起來。把批判劉鄧、批判烏蘭夫、批判本地區本單位的壞人壞事結合起來。農村大批判，不能像城市，學校那樣，搞大字報，大標語，主要是搞學習班，鬥私與批修相結合，搞地頭、炕頭批判，家家戶戶都搞。聯繫實際，批判「三自一包」、「四大自由」、「階級熄滅論」等等，筆伐不行，就口誅。

二、各級革委會可能鑽進個別壞人，這也沒有什麼奇怪，開始情況不完全暸解，鑽進了個別壞人是可能的。壞人總是打著「紅旗」反紅旗的，很能蒙蔽一部分人。對個別鑽進革委會的壞人怎麼辦，這個問題大家顧慮比較多。這裡應說明一下，壞人不是只犯一般錯誤的人，壞人是指烏蘭夫的死黨分子，頑固不化的走資派、叛徒、特務、沒有改造好的地富反壞右分子，現行反革命。革委會有壞人，應當揪出來，趕出去。有些幹部群眾不敢揪，害怕這樣做是不是炮打無產階級司令部、攻擊新生的紅色政權。其實道理很簡單。新生的紅色政權是有很多革命的代表組成的機構，有革命幹部的代表，有軍隊的代表，有革命群眾的代表，都應當是堅定地站在毛主席革命路線方面的。壞人就不站在毛主席革命路線一邊，他就不是無產階級司令部的人，為什麼不可以趕出去呢？這倒不等於攻擊紅色政權，炮打無產階級司令部。把他們趕出去，無產階級的紅色政權機構就更加純潔。有些人有問題，到革委會後又做了很多壞事，這樣的人，群眾有意見，可不可以批判？教育以後不改，可不可以趕出去？我看可以。這個問題不應顧慮那麼多。革委會幾十個人，揪出一、二個壞人，能垮了台？垮不了。只能是更加堅強，並不損害革委會的威信。對這些人採取什麼方式揪是另一個問題，現在有人就是要破壞革委會，有從外部來的，但更主要是防止內部有壞人搞鬼。堡壘最容易從內部攻破，希望同志們注意。這裡一定要嚴格區分兩類不同性質的矛盾。有人犯錯誤，改了就是好人；有人顛覆，破壞革委會，做壞事，也可能不一定是反革命，經過批評鬥爭，他堅持不改，可趕出去。新生的紅色政權，既要抓思想革命化，又要抓組織革命化，只搞一化是不行的。對革委會內揪出的一些壞人，可以批判、鬥爭，但不要遊街、打人、掛黑牌。

三、有個比較普通的問題，過去群眾對現在已經站出來的領導幹部貼了

大字報，反對過他，批鬥過他，現在這些幹部站出來了，進革委會了，他不但不感謝群眾對自己的教育，幫助自己觸了靈魂，反而以種種藉口，用各種手段進行打擊報復，甚至利用一派去打擊反對過自己的一派。這些幹部如繼續這樣做，就要垮臺。這是政治的，原則的錯誤。就是站在資產階級反動立場上，反攻倒算，對這些人，領導上要告訴他們，你過去工作中有錯誤，群眾批評你是對的，是幫助你，應該感謝他們，不要埋怨，更不能打擊報復，你執行資產階級反動路線，有錯誤，為什麼不能批判？文化大革命是觸及每個人靈魂的大革命，為什麼不能對你貼大字報？你現在為什麼要打擊報復？你還不是站在資產階級立場上嗎？應該嚴格講清，不改的話，就要垮臺。不要以為站出來了，當了領導就不能碰了。這樣做，實際上是抵制文化大革命，反對文化大革命，就是反攻倒標，打擊報復，鎮壓群眾。鎮壓群眾就是鎮壓革命，就要垮臺。各級幹部都要注意這個問題，包括軍隊幹部在內。現在出現有些過去站錯隊的，受了群眾批評的軍隊幹部，現在要翻案。他們乘挖黑線的機會，整那些鬥過自己的人，要知道翻不了的，那時你不站在毛主席革命路線一邊，反對中央八條，為什麼不能批你，你錯了，改了就行，現在想翻案，我看只能翻跟斗，越翻越深，製造打倒自己的條件。地方幹部，×××是很不對的，為什麼姿態那樣不高，這不能說對文化大革命不理解，而是抵制文化大革命，繼續搞下去就要垮臺。這實際上就是政治上的打擊報復。這個問題不一定光是×旗有，其他地方也可能有，這不是什麼認識問題。這是對群眾的態度問題，是對毛主席革命路線忠不忠的大問題。

四、對犯錯誤的老造反派的態度問題，在內蒙許多地方存在著這個問題。造反派犯錯誤，是難免的，有的犯得多一點，有的犯得少一點，有的在這個問題上犯，有的在那個問題上犯，他們犯錯誤，自己有責任，但領導也有責任，沒很好地教育他們，當然有些時候你說了，他聽不進去，犯了錯誤。我們有些同志老是把造反派犯錯誤看的那麼嚴重。為什麼看得那麼嚴重？有壞人只是少數，群眾與壞頭頭要嚴格區別開來，對犯錯誤，過去反對過自己的老造反派，現在才去壓的方法，利用一派壓一派，總想吃掉一派，這是什麼問題？為什麼不允許別人犯錯誤呢？你自己不也犯過錯誤嗎？造反派，紅衛兵小將沒有經驗，文化大革命又是史無前例的，怎麼可能不犯錯誤？應該教育他們，等待他

們。不能報復、壓垮、吃掉。如果把他們壓垮、吃掉。那就是個嚴重錯誤，是違背毛主席革命路線的。我們的老造反派都是犯過錯誤的，你教育好一點，他少犯一點；你教育不好，他多犯一點，不管怎麼樣，總要犯一點錯誤，一點不犯錯誤的造反派是沒有的。文化大革命中，包括很多老幹部不犯錯誤的很少，有的改得快一點。幾十年的老幹部都犯了錯誤，為什麼不准造反派，紅衛兵小將犯點錯誤呢？一犯錯誤就看得這麼重，硬是要把他們吃掉、搞垮。為什麼不允許人家革命？×旗對×犯錯誤的老造反派，採取的態度完全是錯誤的。這個組織裡有壞人，讓他們自己去揪，你用「群專」去搞他，不就是鎮壓群眾？壓垮了，群眾還是要起來的，思想認識問題，壓是壓不掉的。將來有反覆，就可能在這個問題上。有些人不看後果，光求當時痛苦，沒想到這就是鎮壓群眾。毛主席說對造反派要做艱苦細緻的政治思想工作，對犯錯誤的老造反派要「幫助、批評、聯合。」你們沒有很好執行毛主席這個教導。當然有些事可能是下面做的，但你們知道思想有問題，否則下面不會這樣做這個問題要很好處理，兩派要聯合起來，有壞人自己抓。否則，挖黑線、肅流毒的運動是搞不下去的。你多工作，有壞人他們自然會揪，要相信大多數群眾是要革命的。這個問題你們回去後要很好地做工作，兩派工作都要做，那一派壓人家也是錯誤的，不該抓的人要放，否則要栽跟頭。文化大革命有各種觀點，這些觀點要在毛澤東思想的指導下統一起來，兩大派要在毛澤東思想旗幟下聯合起來。

五、群眾專政問題。各旗縣要很好整理一下隊伍，總結一下經驗，有些人不行要調整，最好由軍隊領導，真正沒派性的，比較好的人，也可以參加，領導權要抓好。前一段沒有經驗，犯些錯誤是難免的。「群專」的根本任務就是發動群專，教育群眾，如果還是「群專」幾個人在搞，搞少數人專政，那與舊的公檢法有什麼區別？「群專」要發動群眾教育群眾，有些案件可以交給群眾。廣大群眾是瞭解情況的，是壞人還是好人群眾是能分清的。「群專」只搞少數人專政，不去發動群眾，教育群眾，光抓人，這樣的「群專」，應當取消！這個問題有普遍性。應當總結一下。加強領導。人員要改組，找比較好的幹部掌握。「群專」的任務，一是發動群眾，二是掌握政策。要堅定地依靠群眾，一切通過群眾。群眾真正發動起來了，「群專」就要掌握政策，區分兩類不同性質的矛盾。我看有一些老的叛徒、特務不一定要關起來。交給群眾批鬥

就是囉！牛鬼蛇神也不一定都抓，有一些可以交給群眾批鬥，監督勞動。真正要抓的是現行反革命分子，現行特務，重大政治案件的骨幹。還有其他重要的壞人，該抓的也要抓。有些大家都知道的歷史反革命分子，現在做壞事，交給群眾鬥他就是了，投機倒把分子是要打擊的，但要打擊主要的。要發揮「群專」的威力，就要掌握政策，都抓還了得，不該抓的別抓，有些壞人限制他們只有、監督勞動就可以了，這就發揮群眾階級行了。「群專」要教育群眾，掌握政策，不能打人，開始抓起來就打，那有這個道理，打人就是不行。「群專」指揮部的人一定要政治歷史清楚，沒有問題，沒有派性的。

那些兩派隊裡情緒嚴重的地方，盟裡考慮可以取消「群專」。有了資產階級，小資產階級派性，自然互相抓。那一派掌權，另一派就吃虧，資產階級派性專政就是資產階級專政。

公社以下不要搞「群專」小組，把群眾發動起來就行了，生產大隊裡有什麼樣的壞傢伙，群眾還不知道？公社以下還是搞發動群眾。

總而言之，「群專」成績很大，不要潑冷水，應當總結經驗。

這幾點你們可以傳達。

（記錄稿，未經本人審閱）

38.以毛主席最新指示為綱，狠抓階級鬥爭，團結一切革命力量，向階級敵人發動更加猛烈的進攻
——滕海清同志在集寧群眾大會上的講話（1968.05.28）

同志們：

首先讓我們共同敬祝我們偉大領袖，當代列寧，我們心中最紅最紅的紅太陽毛主席萬壽無疆！萬壽無疆！

敬祝我們偉大領袖毛主席最親密的戰友林副主席身體健康！永遠健康！

在文化大革命中，我來集寧已經是第二次了。在此期間，整個烏盟地區在偉大的毛澤東思想光輝的照耀下，發生了極為深刻的變化。我以萬分興奮的心情向烏盟革命委員會，廣大無產階級革命派和廣大革命群眾，駐烏盟地區的中國人民解放軍致以敬意，並向你們學習。

當前，我國無產階級文化大革命正處在階級全面勝利的關鍵時刻。烏盟地區的挖烏蘭夫黑線、肅烏蘭夫流毒的偉大鬥爭，正在向縱深發展，形勢好得很。我想就目前出現的一些問題，談點個人看法。我來集寧時間很短，瞭解情況不深，所談的問題僅供同志們參考，講得不對的也請同志們批評。

當前烏盟地區的革命形勢一片大好。

烏盟革命委員會成立以來，高舉毛澤東思想偉大紅旗，突擊無產階級政治，在大抓毛澤東思想的大普及、建立和加強革命的三結合，加強無產階級革命派的思想建設等方面，做了大量的工作，取得了顯著的成績。駐烏盟地區的中國人民解放軍，在「三支」「兩軍」工作中，也做出了巨大的貢獻。為把烏盟建設成一個紅彤彤的毛澤東思想大學校打下了良好的基礎。在這場偉大的鬥爭中，烏盟革命委員會狠抓了活學活用毛主席著作，開辦了各種類型的毛澤東思想學習班三萬多期，參加一百多萬人次，把學些毛澤東思想的群眾運動不斷推向新的高峰。毛澤東思想的大普及，使人們的精神面貌發生了巨大的變化，使無產階級在思想上進一步取得統治的地位。從而大大地推動這場挖黑線，肅流毒的鬥爭不斷向前發展。

烏盟革命委員會成立以來，遵照毛主席的「千萬不要忘記階級鬥爭」的偉大教導，狠抓了階級鬥爭，帶領廣大革命群眾，開展了一場挖烏蘭夫黑線肅烏蘭夫流毒的人民戰爭，實行了革命的群眾專政，揪出了一批烏蘭夫死黨分子。頑固不化的走資派、叛徒、特務和沒有改造好的地富反壞右分子。粉碎了他們妄圖顛覆無產階級專政，復辟資本主義的罪惡陰謀，在這場鬥爭正向縱深發展的時候，出現了一些支流問題，發生了《烏蘭察日報》嚴重的錯誤事件。《烏蘭察日報》事件的發生，進一步揭露了敵人，教育了領導和群眾，出現了一個更加生動活潑的鬥爭向面。烏盟革命委員會對待這個錯誤事件是嚴肅的，態度是好的。召開了一系列會，總結了經驗，吸取了教訓，正在使這件壞事變為好事。

在這場挖黑線、肅流毒的鬥爭的推動下，在革命大聯合的基礎上，烏盟十七個旗縣（市）和三百多個公社，普遍建立了革命委員會。其中十三個旗縣實現了上下一片紅。這場把無產階級專政的基礎力量（革命群眾代表）、堅強柱石（人民解放軍代表）、領導骨幹（革命幹部代表）緊密結合在一起的革命委員會進一步加強了軍民的團結，軍政的團結，幹群的團結，強化了無產階級專政。

烏盟各地遵照我們偉大領袖毛主席關於「擁軍愛民」的教育，堅持開展「擁軍愛民」活動，加深了軍民之間的魚水之情，進一步地把我們的軍民團結發展到一個嶄新的階段。

革命促進了生產。全盟工農牧業生產得到了很大的發展。

總之，烏盟地區文化大革命的發展是正常的，成績是主要的，主流是好的。

今年「五一」社論《乘勝前進》一文中指出：「中國赫魯曉夫等黨內最大的一小撮走資派，那些混進黨內的叛徒、特務、反革命分子，他們代表的就是國民黨反動派的利用，就是帝國主義，資產階級和地富反壞右的利益。他們完全錯誤地估計自己的力量，利令智昏，竟敢反對以毛主席為首的無產階級司令部，妄圖瓦解無產階級專政，在中國復辟資本主義。無產階級文化大革命的洪流，把這樣一小撮反革命黑幫從陰暗的角落裡沖刷了出來，使他們的醜惡面目現形於光天化日之下。這是一個少有偉大歷史意義的勝利。

無產階級文化大革命越是接近全面勝利，兩個階級，兩條通路、兩條路線

的鬥爭，越是複雜，越是深刻。敵人不甘心於他們的失敗，他們還要作最後的掙扎。他們用各種方式從事破壞和搗亂，作垂死掙扎的鬥爭。」這兩段文章高度概括了全國形勢，它完全符合內蒙地區的情況，也符合烏盟地區的情況。毛主席經常教導我們，全面地分析形勢。他說：「誰要是只看見光明一面，不看見困難一面，誰就不會能很好地為實現黨的任務而鬥爭。」所以，我們在空前大好的形勢下，在充分肯定我們已經取得的偉大勝利的同時，還必須對當前運動中存在的問題，做出足夠的估計，進行必要的分析，應當高度的警惕。

我們烏盟和集寧地區，同全國全區一樣，當前運動的主要危險是右傾翻案。以烏蘭夫反黨叛國集團為代表的一切反革命分子，所掀起的右傾翻案妖風，在集寧地區兩年來的無產階級文化大革命中，一直沒有停息過。這種反革命妖風，到了《烏蘭察布日報》事件發生前後，已經達到了十分囂張的地步。《烏蘭察布日報》事件本身，就是右傾翻案的突擊一例。《烏蘭察布日報》不是群眾組織的報紙，是烏盟革命委員會的機關報，它是要傳達毛主席和黨中央的聲音的，是代表烏盟三百萬人民說的話的，它竟敢這樣搞，是蔑視中央和內蒙革命委員會的。《烏蘭察布日報》事件的出現，絕不是偶然的、孤立的。它是集寧地區兩個階級、兩條道路、兩條路線鬥爭進一步深化的必然結果，是集寧地區右傾的翻案妖風在社會輿論上的集中反映。

回顧一下集寧地區的挖黑線、肅流毒運動，我們可以清楚地看到，面臨滅頂之災的階級敵人，為了進行垂死的掙扎，對抗這場偉大的革命風暴，從一開始就妄圖控制運動的領導權，把運動引入他們設計的軌道，夢想在「挖黑線」的旗號下玩弄以攻為守的策略，偷偷溜掉。當越來越多的革命群眾投入鬥爭，越來越多的站錯隊的革命群眾起來革命，群眾運動的熊熊烈火就要燒到這些階級敵人頭上的時候，他們索性拋棄假旗號公開咒罵和破壞挖黑線、肅流毒運動，並且首先從社會輿論上對無產階級革命派和革命群眾實行猖狂反撲，妄圖把剛剛點燃的群眾運動的烈火一舉撲滅。

《烏蘭察布日報》事件所造成的惡果是嚴重的，流毒是很廣的。階級敵人製造這一事件的目的，就是破壞這一場偉大的挖烏蘭夫黑線，肅烏蘭夫流毒的運動，企圖把沒有被揪出的黑線人物保起來，把已經被揪出的黑線人物扶起來，一句話，就是為烏蘭夫翻案，為二月逆流翻案，為牛鬼蛇神翻案，為資產

階級反動路線翻案。

《烏蘭察布日報》事件的出現，突出的暴露了三個問題：

一、它說明集寧地區的階級鬥爭仍然是十分尖銳、十分複雜、十分激烈的。階級鬥爭的蓋子還沒有徹底揭開，階級敵人的陣腳還沒有亂，他們進退有序，正在對我們實行有組織、有計劃，有步驟的抵抗和反撲。

圍繞《烏蘭察布日報》事件所進行的這場鬥爭，實質上就是兩個階級、兩條道路、兩條路線的鬥爭。鬥爭的焦點，是奪取領導權的問題，是政權問題。階級敵人活動特點主要有三個方面：

第一、打著「緊跟中央，擁護烏盟革委會」的旗號，強烈反對內蒙革委會把烏盟革委會同內蒙革委會中央對立起來，妄圖否定在中央的領導、親切的關懷下，由內蒙軍委會直接領導的這場挖黑線、肅流毒的鬥爭；妄圖以挑撥離間的手法，破壞和分裂新生的紅色政權。

第二、惡毒挑撥駐集寧地區的各支左部隊的關係，打一家，捧一家，製造矛盾，破壞「三支」「兩軍」工作，妄圖動搖和分裂無產階級文化大革命的堅強支柱──偉大的中國人民解放軍。

第三、他們別有用心地把一部分革命造反派捧之為「布爾什維克派」「忠於毛主席派」「中央文革派」，又把另一部分革命造反派誣為「復仇派」，「還鄉團」，「二月逆流派」，竭力分裂無產階級革命派之間的關係，分裂無產階級革命派同站錯隊的革命群眾之間的關係，轉移鬥爭大方向，挑動群眾鬥群眾。特別是當廣大受蒙蔽群眾起來革命，積極投入挖黑線、肅流毒鬥爭的時候，他們驚慌萬狀，猖狂地掄起「不准老保翻天」的大棒，鎮壓群眾革命運動。

階級敵人所玩弄的這一套鬼把戲，說穿了，就是反革命兩面派，就是打著紅旗反紅旗，就是在「反翻案」的幌子下搞翻案，就是在「緊跟中央」的招牌下反中央，其目的就是捂住階級鬥爭蓋子，抹殺烏盟地區的無產階級文化大革命。

二、《烏蘭察布日報》事件的出現，暴露了領導思想上的嚴重右傾。首先敵情不明，心中無敵，口裡喊的要向階級敵人進攻，向那裡進攻，敵人在什麼地方都不知道，打的是糊塗仗。處處有階級鬥爭，卻看不見階級鬥爭；天天談階級鬥爭，卻抓不住階級鬥爭，抽掉了階級鬥爭的具體生動的內容，把階級鬥

爭變成了一個抽象的空洞的東西。即使看見了階級鬥爭，也抓住了階級鬥爭，卻不敢實行無產階級專政。當然，敵人總是少數，他們就在幹部隊伍中，在造反派隊伍中，在群眾中。嚴重問題是領導心中無數。可以說，敵情不明，這是當前比較突出，比較普通，比較嚴重的問題。

其次，領導缺乏高層建築的戰鬥姿態，對敵鬥爭沒有殺氣，沒有狠勁，手軟，不敢搞馬蜂窩，不敢實行主動進攻，優柔寡斷，在階級敵人面前軟弱無力，十足的書生氣，階級鬥爭觀念淡薄，被階級敵人牽著鼻子走，處於被動挨打的地位。

對內部的兩條路線鬥爭上，也是貌似公允，不偏不倚，怕撕破臉皮，影響團結，搞調和，搞折中，甚至有的深怕矛盾激化，造成分裂和對立，怕亂。他們不懂得矛盾只有充分暴露，才能徹底解決的道理。因此，他們有時掩蓋矛盾，掩飾太平，起到麻痺自己，鬆懈鬥志，縱容和保護敵人的作用。總之，不敢在領導班子內部和廣大群眾之中積極地有意識地開展路線鬥爭。

第三．不敢充分、廣泛、深入、放手地發動群眾。有的領導，甚至受資產階級派性的影響，親一派，疏一派，支一派，壓一派，相信和依靠一部分革命群眾，排斥和壓制另一部分革命群眾。他們對親近的那一派，偏聽偏信，遷就袒護，不敢摸老虎屁股；他們對不親近的那一派，不問大方向對不對，常常抱冷淡態度，過多地加以指責，有的地方甚至壓制，打擊他們，總想把他們壓垮、吃掉。他們不是按照凡是符合毛澤東思想的就支持，不符合毛澤東思想的應當抵制，批評，幫助他們改正錯誤。這實際上是資產階級的派性作怪。他們對原來受蒙蔽的革命群眾起來革命，口頭上也說支持，可是一旦真的發動起來了，卻又顧慮重重，就怕他們搞翻案。他們不看站錯隊的革命群眾「十七年」來的全部歷史，就是咬住「五十天」的錯誤不放，不相信這些同志能夠改正錯誤，能夠立新功，其實，就是不相信毛澤東思想的無比威力。不相信絕大多數人能夠站到毛主席革命路線上來。為什麼不怕敵人搞復辟，單怕受蒙蔽群眾起來革命。是好人犯錯誤，改了就好。當然受蒙蔽的群眾要起來革命，就不能否定過去的錯誤，錯誤還是錯誤。有人怕「老保翻天」，翻資產階級的天，翻資產階級反動路線的天，有什麼不可以。毛主席教導我們要做到「二個相信」「三個依靠」，如果總是把受蒙蔽的群眾排斥在一邊，怎麼能團結百分之九十

五以上群眾呢？！怎麼能完成偉大的鬥爭任務呢？！

總之，當前領導思想上的右傾是嚴重的。有認識問題也有革命的精神狀態問題。認識問題是主要的。主要是思想落後於革命形勢的發展，落後於廣大群眾的革命需要，對這場鬥爭的新特點和偉大戰略意義，很不理解，因此，指揮不利，不想打仗的樣子。有的領導，抓不住主流和本質，淹沒在現象和支流裡，把自己弄到了顛倒是非、混淆黑白的地步。現在已經到了必須痛下決心，徹底反掉右傾的時候了。

三、《烏蘭察布日報》事件，也暴露了一部分造反派同志存在著許多糊塗觀念，存在著和平麻痺思想，存在著嚴重的政治搖擺性，暴露了一部分造反派隨著敵偽的變化，不能正確的對待自己，唯我獨革，使我獨左，「老虎屁股摸不得」。 自己以為自己是「響噹噹」的只能表揚，不能批評，聽他的話就是相信和依靠造反派，不聽他的話，就是不相信和不依靠造反派。甚至總想左右領導幹部，按自己意願行事。也嚴重地暴露了我們有些革命中要總結階級鬥爭經驗，不善於同隱蔽的敵人作鬥爭的弱點，在《烏蘭察布日報》事件上，我們很多小將是上了當的，看不見自己隊伍裡混進些壞人，就是說我們造反隊伍中有少數敵人這樣一個嚴重的事實，有的小將甚至中了敵人利用資產階級派性設下的圈套，讓敵人牽著鼻子走了，也有少數人是十七年中屁股不乾淨的造反派，對這場運動有不好情緒，有的公開捂蓋子，包庇壞人，這是十分危險的。這些人怕挖黑線、肅流毒。怕查到自己頭上。如果你是一般歷史問題，交代清楚就行了，用不著怕，如果是烏蘭夫死黨分子，叛徒、特務、怕也沒有用，總要把你炮擊來的，不如主動地坦白支持，還可以爭取從輕處理，重新做人。總之，現在也是我們造反派必須痛下決心，來一場自我革命的時候了，不革自己的命，這場革命是搞不好的。

從以上情況來看，敵人的猖狂反撲，有些領導的嚴重右傾，有些小將們左右搖擺，形成了一個複雜的鬥爭場面。這裡，充分說明了集寧地區階級鬥爭的蓋子還沒有徹底揭開。

有沒有黑線可挖？有！挖淨沒有？沒有！敵人在哪裡？可能就在你身邊。

文藝界就是有人捂蓋子，捂得很死。「報社事件」的出現，僅僅是一種反動思潮的反映嗎？肯定有壞人搞鬼！難道僅僅是報社的問題？一是要揪出隱藏

在背後的黑手！我相信烏盟報社的廣大群眾是有智慧，有能力把階級鬥爭蓋子揭開，把黑手揪出來了。

公檢法的蓋子就是沒揭開。公檢法是公開包庇敵人的合法機關，必須徹底砸爛。過去與王××，滕××勾勾搭搭的，都是些什麼人？為什麼那麼多的反黨叛國政治案件就是破不了？

盟委大院、公署大院始終是個謎，為什麼死水一潭？為什麼一到關鍵時刻，一下倒在這一邊，或者一下倒在另一邊，要是沒人指揮，為什麼那麼口徑一致，行動一致？

絨毛廠很值得注意，可能就是一個馬蜂窩。為什麼建廠十二年來派進去七個黨委書記都給擠了出來？絨毛廠與集寧地區的運動關係極大，真正的革命派必須把這個馬蜂窩捅開。我們相信絨毛廠的革命造反派和廣大革命群眾是好的。是可以捅開馬蜂窩，揪出壞人的。

為了更快地打開集寧地區的運動局面，把鬥爭推向一個新的高峰，我認為必須注意解決下面幾個問題：

一、加速提高各級領導和廣大革命群眾的路線覺悟，是當前運動中的一個重要問題。

無產階級專政下的階級鬥爭，突出的表現為黨內兩條路線的鬥爭。在這場挖黑線、肅流毒的運動中，兩個階級的鬥爭必然要反映到我們革命隊伍中來，成為我們革命隊伍內部的兩條路線鬥爭的主要內容。運動越是深入，越是接近全面勝利。這種鬥爭也越是尖銳，越是激烈。

現在，我們的各級領導以至每一個同志，都面臨著兩條路線鬥爭的嚴峻考驗。你舉什麼旗幟，走什麼道路，替誰說話，為誰服務？這是個原則問題、立場問題。毛主席教導我們：「不是東風壓倒西風，就是西風壓倒東風，在路線問題上，沒有調和的餘地。」在今天具體地說：你是揭階級鬥爭的蓋子，還是捂階級鬥爭的蓋子？你是堅持無產階級黨性，還是堅持資產階級派性？你是主動地不停頓地向敵人進攻，還是動搖、妥協以至投降？你是做徹底的無產階級革命派，還是作小資產階級半截子革命家？一句話，你是把無產階級文化大革

命進行到底，還是讓革命半途而廢？這些問題，實際上就是你擁護和執行什麼路線的問題，你站在哪一邊的問題。這正如林副主席所提出的，「在現實的階級鬥爭中，站在哪一邊，這是個立場問題，是個首要問題，其他都是附帶的問題。」

路線鬥爭不是抽象的。我們不是看人們喊的口號如何，而是看你的行動怎麼樣。在今天具體地說來，你在路線鬥爭中究竟站在哪一邊，主要看你當前這場偉大的挖黑線、肅流毒的鬥爭抱什麼態度，也就是對反右傾翻案的鬥爭抱什麼態度。

現在有的人把這場偉大的挖黑線、肅流毒的運動，同反對右傾翻案風對立起來。按照他們的邏輯，「反對右傾翻案就是鎮壓老保翻天，而挖肅運動正是支持老保翻天，打擊造反派。」結論：你要反對右傾翻案風，就是把這場運動來個「急剎車」。這種人，如果不是別有用心，至少也是糊塗人。

毛主席最近深刻地指出：「無產階級文化大革命，實際是在社會主義條件下，無產階級反對資產階級和一切剝削階級的政治大革命，是中國共產黨及其領導下的廣大革命人民群眾和國民黨反動派長期鬥爭的繼續，是無產階級和資產階級階級鬥爭的繼續。」還是我們偉大導師毛主席總結豐富的階級鬥爭實踐，對無產階級文化大革命的偉大意義和階級內容所做的最深刻的概括，給我們進一步指出了當前鬥爭的大方向，大大地提高了我們的路線覺悟，提高了我們對當前這場鬥爭的認識和進行到底的決心。我們這一場挖烏蘭夫黑線、肅烏蘭夫流毒的群眾運動，正式沉重地打擊了代表國民黨反動派的利益、代表帝國主義、資產階級利益的中國赫魯曉夫反其在內蒙古的代理人烏蘭夫和他的死黨分子，混進黨內的組織、特務、反革命分子。這場鬥爭已經取得顯著的成績。內蒙革命委員會在領導這場鬥爭中儘管有這樣那樣的錯誤，都是前進中的缺點錯誤，是難以避免的，一經發現，也是不難糾正的。但是，這場挖黑線、肅流毒的鬥爭的大方向是對的，主流是好的。廣大無產階級革命派和人民群眾是擁護、支持並積極參加這場鬥爭的。在我們的隊伍裡，有少數人惡毒污衊、攻擊和破壞這場偉大的鬥爭，否定這場鬥爭的大方向，那他們實際上就是站在了國民黨反動派、資產階級和地富反壞右一邊，充當了階級敵人的代言人。

當前這場挖黑線肅流毒的鬥爭，同反對右傾翻案風，從階級內容和根本

目的上來說，二者是完全一致的。我們所要挖的那些人，正是階級敵人為之翻案的那些人；我們所要打的那些人，也正是階級敵人所要保的那些人。如果我們挖得徹底、挖得乾淨。就能從根本上攻擊右傾翻案風，防止右傾翻案風。當然，完全挖乾淨，挖徹底，一個不剩，是很難的。但是，我們可以肯定地說，哪裡挖的徹底一些，哪裡翻案風就會小一些，哪裡挖的差勁，哪裡的翻案風就會囂張起來。集寧地區有些單位的事實，生動地說明了這一點。

應當看到，那種把挖肅運動同反對右傾對立起來的人，多數還是認識問題，通過實際鬥爭和專心地說服教育，還是可以正面認識，扭轉過來的。但是，如果經過一而再、再而三的幫助教育，還是死不回頭，堅持反對以破壞這場戰鬥，那就只能證明你與黑線有聯繫，或者你就是黑線人物。如果你是好人，為什麼這樣仇視這場運動？老實說，我們有決心有膽量揭這場鬥爭，不怕敵人的攻擊和反對。敵人就是反對就是囂張，就越能說明我們挖對了，挖準了，挖到他們頭上了。我們要把他們的反革命社會基礎連根拔掉，他們怎麼能不掙扎、不抵抗、不反撲呢？他們的掙扎、抵抗、反撲是毫不足怪的，只要我們領導和廣大革命群眾頭腦清醒，就一定可以戰勝他們的。

今天，毛主席的革命路線已經取得了決定性的勝利，廣大革命群眾的思想覺悟有了很大的提高。在這種支流下，敵人更要翻案，就必須摟過我們的革命口號做幌子，這樣才能欺騙一部分群眾。所以，今天階級敵人的翻案活動的一個主要特點，就是打著紅旗反紅旗，在「反翻案」的幌子下搞翻案。這些敵人公開上陣不行了，他們常常把好人和革命的小將推到台前，自己在幕後開黑會，上黑綱，說黑話，刮陰風，點鬼火，製造空氣，施加影響。我們有些造反派和革命小將，缺乏階級鬥爭經驗，不善於同隱蔽的敵人作鬥爭，就稀裡糊塗上了當，進了圈套。當然，對於敵人玩弄的這種把戲，我們有相當多的同志是能夠看穿的，他們也曾積極地作過鬥爭，但是得不到有力的支持，反而受到很大的壓制，甚至有些領導也在那裡壓制他們。

所有這些，說明了加速提高各級領導和廣大群眾的路線覺悟，的確是當前運動中急待解決的大問題。提高路線覺悟的一個關鍵，就是更好地活學活用毛主席著作，用毛主席最近發出的英明指示武裝自己的頭腦，摸熟敵人活動的新手法，掌握階級鬥爭的新特點，在鬥爭實踐中逐步學會同隱蔽的敵人作鬥爭，

學會同反革命兩面派作鬥爭，提高我們觀察形勢分析敵情的政治敏銳性。提高路線鬥爭的自覺性是很難的，但是，只要我們有一顆無限忠於毛主席的革命路線的紅心，堅持在鬥爭中活學活用毛主席關於無產階級專政的理論、路線、方針、政策、以鬥私批修為綱，認真改造世界觀，我們就一定能逐步提高路線覺悟。

二、真正放手地發動群眾，立即實行革命力量的總動員，打一場名副其實的人民戰爭

敢不敢真正放手地發動群眾，敢不敢把一切一切革命力量全部動員起來敢打人民戰爭，這是決定這場鬥爭成敗的關鍵，也是檢驗我們的各級領導是否真正反掉右傾的重要標誌。

怎樣才能把群眾發動起來了？首先是廣大群眾對這場鬥爭的偉大意義有了正確的理解，能夠積極地，自覺地投入到這場運動中來了，其次大多數單位已經形成了一支能夠帶動群眾相積極敵人衝鋒陷陣的骨幹力量；還有，陰暗的角落已經插進了鐵掃帚，該亂的單位正在開始亂或者已經亂起來了；最後，逍遙派正在減少，而且越來越少了，也就是說，廣大革命群眾參加到這個偉大鬥爭的行列裡來了。

怎樣才能把群眾發動起來？這幾件事要好好下功夫：首先，要引導群眾開展艱苦細緻的調查研究，分析敵情，做到有方向，有目標。這樣就可以選好突破口，抓住要素，集中火力，打去主要敵人，在鬥爭中把多數群眾發動起來，沒有方向，沒有目標，群眾就不可能充分發動起來。

其次，要向放手發動群眾，奪取文化大革命的全面勝利，就必須堅定地依靠決心把無產階級文化大革命進行到底的真正的無產階級革命派，也就是真正的革命的左派。對老造反派要進行階級分析，要相信這裡邊大多數人，特別是老造反派的頭頭，絕大多數人是好的，是可以信賴和依靠的；但是能夠自覺地把文化大革命進行到底的人，在數量上不一定佔優勢，而是在政治上佔優勢。中間狀態的人還是比較多的，此外，還有一部分人是落後的，掉隊的，犯了錯誤的。真正的壞人也是少數。因此，每一個革命領導幹部正確對待革命造反

派，既要依靠他們，更要嚴格要求他們，教育他們，幫助他們，愛護他們，不斷地提高他們。特別是對待我們隊伍中暫時落後的人，要作艱苦細緻的思想工作，耐心地等待他們覺悟過來。不教育不幫助，不嚴格要求，他們就不能真正成為依靠力量。

每一個問題要特別注意、就是正確對待犯了錯誤的老造反派的問題。我們一定要本著毛主席關於「批評、幫助、聯合」的方針，既要嚴肅又熱情地幫助他們改正錯誤，肯定他們過去的成績，幫助他們從錯誤中吸取教訓，鼓勵他們立新功。不要把他們搞得灰溜溜的；沒有犯錯誤或者錯誤比較少的單位，不要翹尾巴。各級領導對於反對過自己，事實證明犯了錯誤的造反派，決不能採取壓制、歧視、打擊的態度。這是一個原則問題。

第三、團結一切可以團結的革命力量，調動一切可以調動的積極因素。要特別注意正確對待原來受蒙蔽群眾的問題，一定要支持他們起來革命。要支持就是真支持，誠心誠意地支持，滿腔熱情地支持，而不是假支持，採取三心二意，或者明支暗壓的態度是不行的。誰要在自己階級兄弟身上亂打棍子，而把階級敵人放在一邊，這是個立場問題。受蒙蔽的群眾必須隨時警惕自己身邊的壞人搞翻案，有人搞老保翻天，要堅決他們揪出來。

另外要做好知情人的工作。這些人中有一般群眾，也有一部分環節幹部。他們與黑線有一定聯繫，但又不是黑線任務；他們過去犯過錯誤，但又不是三反分子，他們有一般歷史問題，但又不是專政對象；他們在運動中犯過嚴重錯誤，但又不是壞頭頭。對這樣一些人；也要採取團結、教育、改造的方正，指示出路，鼓勵他們揭蓋子，立新功，在鬥爭中改造自己。

三、掀起革命大批判的新高潮，把挖黑線與肅流毒結合起來

前一段運動中，我們對革命大批判抓得不好，領導不力，這是一個很大的弱點。最主要的是沒有把挖黑線肅流毒結合起來，存在著「一揪二鬥三不管」的現象，即使鬥了，多半採取簡單粗暴的辦法，舉舉牌子，遊遊街，出出醜，沒有從政治上、思想上、理論上鬥倒鬥臭，這實質上是明揪暗保。這樣做危害很大，不能教育群眾，提高覺悟；不能夠真正制服敵人，徹底打倒，不能大破

大立，保證毛澤東思想佔領一切陣地。實際上等於放縱了階級敵人，助長了右傾翻案，使我們已經取得的勝利又有重新喪失的危險。

今後怎麼辦？要狠抓一下革命大批判，結合當前挖黑線運動和各時期鬥爭持久地展開下去，正如中央兩報一刊「五‧一六」編輯部文章的要求的那樣：「一切無產階級革命派的同志們，必須高舉毛澤東思想的偉大紅旗，堅決按照毛澤東思想辦事，堅持無產階級的高度原則性，批判以中國赫魯曉夫為代表的反革命修正主義路線，批判右傾機會主義形『左』實右的反動思想，批判各種反馬克思列寧主義、反毛澤東思想的反動流派，批判無政府主義，批判山頭主義、宗派主義，批判資產階級以及一切剝削階級意識形態的各種表現，把革命的大批判進行到底，為無產階級文化大革命的全面勝利，從思想上掃清道路。使毛澤東思想的偉大紅旗，在各條戰線上搞搞飄揚。」

四、加強領導，依靠群眾，讓群眾專政在對敵鬥爭中發揮更加巨大的威力

政權，就是階級鎮壓之權。如果僅僅承認階級鬥爭，不敢對敵人實行無產階級專政，那他就違犯了毛澤東思想，他就不是真正的馬克思主義者。

靠誰來實行無產階級專政？毛主席教導我們：「專政是群眾的專政」。革命的群眾專政，這就是紅色政權在實行鎮壓職能方面所必須遵循的革命原則。

群眾專政在前一段時間裡，發揮了巨大的威力，取得巨大的成績。這是不容抹煞的。為了不斷提高和進一步改進群眾專政工作，必須注意幾個問題：

第一、必須明確：群眾專政就是群眾專政，而不是群眾專政指揮部的專政。群眾專政區別於羅瑞卿的舊公檢法，就在於它堅決地走群眾路線，而不是依靠少數人去搞祕密活動。階級敵人不管多麼狡猾，多麼隱蔽，他們總是活動在群眾中間。只要我們真心放手發動群眾，努力提高廣大群眾的階級鬥爭觀念，使他們能夠分清什麼是壞人，什麼是好人，那麼，各種各樣的階級敵人就滑不過廣大群眾雪亮的眼睛，逃不脫群眾專政的天羅地網，就一定能夠統統揪出來。

第二、讓群眾發動起來，敵人揪出來以後，對於應該專政的對象，應該交

給群眾去專政。什麼人該抓，什麼人該管，什麼人該批鬥，由群眾充分討論。經過審判以後，還要交給群眾去抓、去管、去批鬥。當然現行反革命分子以及重大政治案件，不宜公開者，交公安部門管理會處理。

第三、群眾專政一定要防止資產階級派性，宗派主義的干擾。要堅決反對利用群眾專政支一派打一派，壓垮對方，即使對方是犯了錯誤的一派，也絕不容許通過專政去壓垮他們。一定要警惕階級敵人利用資產階級派性，把水攪渾，擴大打擊面。

為了嚴格防止有人利用群專報私仇，打擊好人，包庇壞人，各地一定要採取有效措施克服資產階級的派性專政，立即制止逼供信、變相刑訊的作法。絕不容許少數人私設公堂，刑訊逼供。審要在群眾中審，鬥要在群眾中鬥，一切要通過群眾。另外，在問題沒有處理之前，不要開除趕走，停發工資。

第四、加強領導、教育組織、狠抓政治思想工作，狠抓政策觀念的教育。加強領導的中心問題，就是解決領導想問題。主管群眾專政工作的各級領導，一定要明確靠誰專政，專誰的政，是群眾路線，還是少數人路線，是無產階級黨性專政，還是資產階級派性專政，以及群眾專政怎樣堅持配合當前階級鬥爭等問題。這些問題不解決，就可能犯錯誤。

五、關鍵問題在於加強領導

當前運動中的關鍵問題在於加強領導，加強領導的基礎在於反掉右傾，反掉右傾的要害又在於徹底打倒「怕」字。

怕什麼？怕亂、怕錯、怕得罪人、怕頂牛、怕告狀、怕搞不好關係、怕出亂子，一句話，怕犯錯誤。這些「怕」字，歸根結底是個「私」字，這樣搞革命、搞生產，都是搞不好的，還會犯更大的錯誤。

他怕這怕那，其實真正可怕的事情，他們卻一點也沒有引起警惕，敵人再多不可怕，可怕的是他們看不到敵人。一時犯了右傾情緒也不可怕，可怕的是他們不承認自己右傾，看不見自己已經成了運動的阻力。這些同志怕得有點出奇，敵人睡在身邊，他們並不害怕，可是群眾一旦行動起來，在對敵鬥爭中，做了一點「越軌」的行動，他倒怕起來了。他們怕揪錯幾個人，出偏差，不好

收拾，就是不怕敵人消滅掉，養痛遺患，流下資本主義復辟的黑種子。說到底，就是一怕群眾，二怕革命。怕群眾；怕革命的人，都沒有好下場，從怕群眾可以發展到鎮壓群眾，從怕革命可以發展到鎮壓革命。結果呢，怕犯錯誤倒犯了更大的錯誤。

我們反右傾並不是提倡「左」傾，「左」傾實質上仍是右傾。我們反右傾，要注意別有用心的人形「左」實右。

怎樣才能反掉右傾呢？

重要的一條，就是好好的學習毛主席著作，全面落實毛主席的最新指示。在毛主席的每一個最新指示中，都要一條高舉階級鬥爭的紅旗，都要遵循不斷革命、徹底革命的指導思想。每落實一個最新指示的過程，都不能不是同保守思想作鬥爭的過程。只有不折不扣地貫徹最新指示，自覺地在自己頭腦中開展思想鬥爭，才能跟上不斷發展的形勢，適應現實鬥爭的需要。

第二條，在領導班子的內部，特別是在核15級領導內部，一定要頑強地、積極地、自覺地開展兩條路線鬥爭。對「三右」主義，敢於打進攻戰，敢於刺刀見紅。不要把眼睛盯在小節問題上，要狠抓方向問題，路線問題，大節問題，立場問題，政策方針問題。對方向性錯誤的苗頭，要「見微而知著」，一露頭就抓住不放。特別是當班長的，一定要帶起頭來，硬著頭皮頂逆流，頂歪風，頂「三右」。

還有一條很重要，這就是各級領導一定要放開腳步，到群眾中去，到火線上去。毛主席老早就給我們指出了一條克服右傾頑症的有效途徑，他說：「有一個治好這種毛病的法子，就是拿出一些時間到群眾中去走一走，看看群眾在想些什麼，做些什麼，從其中找出先進經驗，加以推廣。這是一個治好右傾頑症的有效藥方，奉勸人們不妨試一試。」

同志們！烏盟和集寧地區兩年來的無產階級文化大革命，已經取得了偉大的勝利，形勢無限好，前景越來越好，我們正處在一個新的革命高潮中。我們要放開眼界看未來，堅定不移向前進。我們要更高的舉起毛澤東思想偉大紅旗，抓緊兩個階級，兩條道路，兩條路線的鬥爭，團結一切革命力量，組成浩浩蕩蕩的革命大軍，向階級敵人發動更加猛烈的進攻。要在毛主席的革命路線的指引下，以「只為朝夕」的革命精神，鼓足幹勁，力爭上游，緊跟發展的新

形勢，乘勝前進！奪取無產階級文化大革命的全面勝利！

打倒中國赫魯曉夫！

打倒烏蘭夫！

打倒王逸倫、王鐸！

誓死保衛毛主席！

誓死保衛林副主席！

誓死保衛黨中央！

誓死保衛中央文革！

誓死保衛江青同志！

無產階級文化大革命全面勝利萬歲！

偉大的、光榮的、正確的中國共產黨萬歲！

戰無不勝的毛澤東思想萬歲！

毛主席的革命路線勝利萬歲！

偉大的領袖毛主席萬歲！萬歲！萬萬歲！

《新文化》第三十二期

內蒙古宣教口文化戰線新文化編輯部

一九六八年六月四日

39.滕海清同志對固陽地區無產階級文化大革命的重要指示（1968.06.09）

（一九六八年六月九日下午三點三十分在四九〇五部隊接見固陽縣革命委員會、四九〇五部隊、人武部、固陽中學群眾組織等單位主要負責人的重要指示。）

根據所訊問的情況，作了以下具體指示：

固陽我沒來過。但有些印象，也深刻、也不深刻。兩派鬥爭看樣子很厲害，從去年六月至今年二月二十六號兩派問題沒得到徹底解決，但兩派對立時間較長。內蒙、烏盟毛澤東思想宣傳隊都解決過，但至今拖得時間這麼長，包頭問題解決了，你們的問題還沒解決，應該開頭看一看，過去一段是什麼問題，不是要總結經驗嗎？到底是什麼問題，是資產階級派性還是被壞人利用？找一找有好處。回頭看，不是算老賬，不是這個意思。你們大致爭論的觀點，一是造反派，一是保守派，而且軍隊（××××部隊）也陷進去了，把部隊機關搞成幾派，把戰士也搞成兩派，後果很嚴重。從去年八、九月份就著手解決，始終拔不出來，部隊是好部隊，不是壞部隊，是毛主席親自領導的部隊。造反派兩派有這麼多問題，部隊領導有「私」字，這是一方面，但還有其他原因，固陽武鬥在烏盟來說，是不是第一，你們小將武鬥的前線是什麼人，是學生。武鬥後面指揮的是什麼人？你們造反派中有壞人，我們掌握得有材料，希望你們自己揪出來，不然，為什麼會搞這麼長？部隊陷入，部隊是不想支持壞人的，自被壞人利用了，使文化大革命受了損失，不回頭看是不客觀的，兩派互相對立，互不承認，現在不是那個時候了。毛主席最新指示，在你們這裡一直沒有落實，是廣大群眾不願跟毛主席走，還是壞人在那裡挑撥是非？真正的壞人不一定是你們學生，你們可以回憶，武鬥時有些奇怪的現象，白天武鬥，晚上在一塊打麻將、喝酒，到底是什麼人？你們兩派，內蒙革委會都表態了，都是造反派，都有錯誤，不能有錯誤不承認，百分之百的都對是不現實的，也是不可能的，不能不承認錯誤，你們老是把眼睛看著對方，各派錯誤叫各派自己講，為什麼對立這麼久？一是你們有派性，這也是難免的，根本問題有壞人

在後面操縱，是幹部還是社會上的，你們小將最容易吃虧，往往是偏聽偏信，毛主席的最新指示你們聽不下去，壞人一搞，你們就聽進去了。昭盟有個××煤礦武鬥很厲害，四月份才解決，結果兩個壞人是一夥的，可能是特務，怎麼搞武鬥？計劃好了，帶著群眾鬥，鬥了再去佈置，群眾發動起來了，才搞清楚。這個煤礦過去每天產煤××××噸，以後每天才產×××噸，還供不上自己燒。

你們固陽有這些現象，你們好好想一想，你們都很聰明，毛主席最新指示好好學一學，實際上是階級鬥爭。是共產黨與國民黨的鬥爭。這些國民黨不是過去拿槍的國民黨，而是披著造反派外衣的國民黨，他們人數不多，但能量很大，用革命的口號來破壞無產階級文化大革命，這些現象，旗、縣、烏盟比較突出，達茂也比較複雜，如果這個問題不解決，無產階級文化大革命要取得全面勝利是不可能的。我們要把國民黨全部消滅。內蒙的國民黨就是烏蘭夫的死黨、叛徒、特務、沒有改造好的地、富、反、壞、右，形成了修正主義的社會基礎。他們利用我們「四大」跳出來了。文化大革命把我們的群眾發動起來了，把敵人也發動起來了，以後毛主席革命路線取得勝利，好人轉過來了，壞人也混進來了。

目前的問題，過去沒解決的問題，姿態要高一些，不要算老賬。要在游泳中學會游泳，不犯錯誤那不可能，造反派互相間不要算老賬，過去錯了，改了就行，有時這個問題認識不清，有時那個問題認識不清。各強調對方的錯誤沒有必要，也不符合毛澤東思想。一點錯誤不犯，只有不革命，有部分人站錯隊是認識問題，跟不上形勢。要算帳，要算少數人的賬，要算敵人的賬，新賬老賬一齊算，要把他們揪出來。共產黨就是要消滅國民黨。造反派沒有這樣一個決心，沒有這樣一個膽略，沒有這樣一個氣魄，沒有這樣一個姿態，就不能把敵人揪出來。好人壞人要以毛主席革命路線作標準，站隊站錯了，轉過來就歡迎的，大家都回到毛主席革命路線上來。敵人一定會混進階級隊伍裡來，好像過去是朋友，風雨同舟，要搞他，過意不去，其實，人與人之間的關係是階級關係，賀龍、肖華、楊成武，不也爬過雪山，越過草地，風雨同舟，也打過仗，可能也打過勝仗，但是一定時間會暴露，現在揪出來了，不用階級鬥爭去看怎麼能行呢？現在成了反革命，這些人都是資產階級的代理人，到一定時間

就會篡黨、篡軍、篡政。解放軍夠純潔了，建軍四十年來它也有壞人，共產黨是光榮的、偉大的、正確的黨，還出了個劉少奇，怎麼能設想我們之中沒有壞人呢？敵人不可能在土裡，不可能在空中，而是在人群之中，不是在這一派，就是在那一派，有些人打著紅旗反紅旗，有些人表現很「左」我們就看不清楚了，不把這些人揪出來，這個政權就不能鞏固，我們國家成立快二十年了，奪取政權二十年，鞏固政權明年也是二十年了。搞資本主義復辟，光靠上邊那些人行嗎？沒有社會基礎行嗎？要不搞文化大革命我們的國家就會變顏色。敵人要想復辟就得有基礎。

革命委員會幾乎全部成立了，無產階級革命派還按去年七、八月間的做法搞，就非常不對了。從去年五、六月份以後到八、九月份奪權成立革命委員會，毛澤東思想照亮了內蒙古草原，砸爛了舊的機器要奪取全面勝利，就得扎扎實實落實毛主席的最新指示。六八年過去了一半，你們學校革委會還沒有成立，你們想等到文化大革命取得全面勝利才成立嗎？

舊縣委、公檢法要狠狠地把階級鬥爭的蓋子揭開，舊班子是不行了，縣委、縣人委裡也有一部分壞人，可能有叛徒、特務，不把蓋子揭開不行。你們要注意以下幾個問題：

1、你們兩派現在不但不聯合，而且不想聯合，要想把人家吃掉，這就是軍閥，過去軍閥大魚吃小魚，你們兩派都是造反派，要各自檢查自己的缺點，各自把壞人抓出來，這是區別真革命派，假革命派，完全革命派和口頭革命派的區別，楊成武這個王八旦吹得不得了，一般人員看不出來。造反派想壓一派，吃掉一派就是軍閥，為什麼只許自己革命，不許人家革命，這樣搞是要犯錯誤的。現在不是過去造反派對待保守派的時候了。中央八條以後，都成了造反派，現在還採取壓的辦法，實際上是軍閥主義，這樣做要反對，不然敵人就會利用我們錯誤，破壞文化大革命。當然不一定小將的思想是反動的，「壓」，敵人高興，但壓是壓不垮的。正確是不可能的，百分之百的正確就是毛主席、林副主席和中央文革。我們犯了錯誤就要改，以我為核心是最蠢的，向群眾要是不行的，不要採取這麼個傻辦法，恰恰會被敵人利用。核心只有一個就是以毛主席為首的無產階級司令部，壞人不是老講壞話，而是把你捧的高高的。你們革命小將，不能受了批評垂頭喪氣，受了表揚就翹尾巴。楊成

武就是這樣，今年捧這個，明年捧那個，今年壓這個，明年壓那個，他要篡軍反黨，要接受教訓，不要發展下去。你們表面聯合思想不聯合，再繼續下去就要犯錯誤啦！我們應求大同存小異，團結起來共同對敵，我們團結了，敵人就不好受，敵人就沒有空子可鑽，毛主席說：「**誰是我們的敵人？誰是我們的朋友？這個問題是革命的首要問題**」。不能把敵人當成朋友，更不能把朋友當成敵人。要把兩類矛盾分清，真正的敵人並不出頭露面，武鬥並不在前面。固陽這個問題不是突出問題但也是嚴重的。

2、革命委員會對兩派要一視同仁，對造反派要求要嚴格，不嚴格反叫他們犯錯誤，我們有責任。不能親一派，疏一派。沒問題不要怕反對，心裡沒有鬼怕什麼？革命委員會應當是永遠忠於毛主席，永遠忠於毛澤東思想，永遠忠於毛主席革命路線的領導班子，工作人員也要這樣，不但要思想革命化，也還要組織革命化。歷史不清楚的要搞清，不管那些人只要夠這個條件都可以，武裝部人家反對對了，應該感謝人家，革命委員會領導幹部也要感謝人家，不要認為你過去整我，我下不了臺，不要埋怨，埋怨就是對文化大革命不理解；就是抗拒文化大革命。造反派對他們要相信。對賀芝林、王風培的問題由四九○五部隊派人去調查。過去××××部隊上了當。這個部隊沒派性，不會親一派，疏一派。對懷疑的問題不是壞事，該怎樣是怎樣，搞清了不更好嗎？對這些幹部要分清幾個界限：

①政治歷史與政治問題要分清。政治歷史是指家庭出身，成份等等，叛徒、特務是政治問題。地富子女與地富不一樣，地富子女生在地富家裡，想不生也不行，問題看以後走什麼道路。這是歷史問題，如果不搞清這就面積大了。

②還有現實問題。我們現在重點要搞現行反革命。有些問題交給群眾專政。我們要挖出烏蘭夫死黨分子、叛徒、特務、民族分裂分子。至於流氓交給群眾專政，要把界限分清楚，不然打擊面就寬了。

群眾專政指揮部，兩派聯合不好的，經兩派研究，可以取消。各派有壞人自己抓。要是真正革命派就自己抓。在革命委員會領導下，發動群眾揭露。群專單純抓人，沒有意思，最好那一派的壞人那派自己揪，重大案件調查清楚，通知那一派，經革命委員會批准，該調查的調查，該批鬥的批鬥。

　　辦學習班是一種辦法，但是主要靠發動群眾，把群眾發動起來，回去辦，這樣沒有死角。造反派不要認為自己派裡有壞人不光彩，有壞人是客觀存在，揪出來才能說造反派有戰鬥力。共產黨揪出了壞人，不還是光榮偉大的嗎？解放軍揪出了壞人不還是鋼鐵長城嗎？

　　地方上站出來的幹部要大膽的工作，不要怕犯錯誤，軍隊要支持，造反派要支持，在廣大群眾監督下積極工作。要大膽發揮革命小將的作用，要用，要嚴格一點，不講就害了他們，給他們任務，要他們完成。

　　革委會是政權機關，不是造反總部，主任和委員不是那一派的頭頭，是為十五萬人民服務的，是為革命利益服務的，要反對無政府主義，不能各持己見成為革命委員會的意見，那就是少數服從多數，不能搞兩面派，不准那個委員在背後搞小動作。有些問題不單是自由主義，實際上是兩面派，要建立核心小組，統一思想，統一口徑，統一認識。重大問題要經核心小組，常委會討論，這樣才像革委會的樣子，經過討論定下來的問題，一定要這樣辦。不管你有多少總部，都要在革委會領導下進行工作。不能牽著革委會的鼻子走，要實現一元化的領導。集中，絕不是像過去的第一書記一樣，個人說不算，不是「一言堂」，而是「群言堂」，這是群眾路線反對極端民主化，反對無政府主義，現在是有政府，不能這麼辦。一元化領導還沒有經驗，現在有解放軍、革命幹部、革命群眾組成堅強的領導班子。我們的武器是毛澤東思想，領導革命，領導生產。革委會要真正成為無產階級的司令部。

　　公檢法軍管問題可叫××××回去，由四九〇五接下來他們（××××）上了敵人的當，不要否定他們的成績。公檢法隸屬軍管會領導，革命委員會的指示要執行，要發動群眾揭蓋子過去的公檢法是敵人的合法機關，但還是有好人的，壞人要搞出來，公檢法要徹底改造。

　　衛生院、文教口也要徹底改造，他們裡邊存在大量的牛鬼蛇神。

　　首先要把縣委、人委搞好，階級鬥爭要狠抓，有右傾要改，要跟上去。敵人利用我們的右去，右傾掩護敵人，對敵人要狠一點，要徹底把他消滅。

　　你們（指兩派）不是延安和西安的矛盾，還是延安的矛盾。兩派要盡快聯合，成立革命委員會。

　　支左工作，革委會，造反派要擁護軍隊。軍隊也要支持革委會、造反派

也要支持革委會，有什麼問題可以協商處理，反對革委會不對。要結合一個整體。

　　肖付司令員指示：你們不能挑撥兩個軍隊的關係。這個軍隊任務很重，要互相聯繫，大力支持。

　　滕司令員臨上車前，又對兩位小將說：「你們能不能在十天內把學校的革命委員會成立起來。十天後，我們還要打電話查問這件事。」

《紅旗內參》219期

1968年7月15日

40.滕司令員5月31日下午3時在接見卓資縣革委會全體委員時所作的重要指示（1968.05.31）

　　接見開始，由縣革委會武仁旺同志對參加接見的王守忠、李德明等同志一一作了介紹。當介紹「八一八」呂長達同志的時候，滕司令員說：你是「八一八」的，你們要起模範作用了！當介紹到劉巨禮同志的時候，滕司令員問：你是公安局的，公安局怎麼樣？你那裡呆多久？（劉巨禮：呆了十多年。）公安局階級鬥爭蓋子揭開了沒有？（劉巨禮：還沒有徹底揭開。）你十多年應該對公、檢、法清楚嘛！公、檢、法要徹底改造。公、檢、法在過去，不僅是執行修正主義路線。你們這個地方我不瞭解，很多地方的公、檢、法是公開包庇壞人的地方。內蒙什麼重大案件也破不了，烏盟也是這樣，是什麼原因？這個機關，本來是無產階級專政機關，搞不好，不是專資產階級的政，而是專無產階級的政。很危險了。過去是烏蘭夫搞的，打著「紅旗」反紅旗，我們不知道，是受蒙蔽。現在烏蘭夫被揪出來了，大家很清楚了。過去執行了烏蘭夫的民族分裂主義路線，現在應該劃清界線。公、檢、法機關，旗縣我不清楚，盟以上包庇了很多壞人。有些本來是很好的人，不是好人改造了壞人，而是壞人改造了好人。派了很多的好同志，結果不知不覺地被壞人改造了。變成了包庇壞人的機關。文化大革命中，毛主席講了嘛，「**徹底砸爛公、檢、法，公、檢、法垮了我高興。**」證明毛主席把公、檢、法看透了。公、檢、法不起好作用，搬了蘇修戈柏武的那一套，搞祕密活動，不依靠群眾，不發動群眾。內蒙公、檢、法過去包庇了很多壞人。內蒙的王再天一直搞了二十年。王再天過去我不知道，以後才知道了。他是蒙族幹部，想挽救，可是他是壞人，挽救不了，他下面有一幫人。公、檢、法為什麼要軍管？軍管的目的，就是徹底把建立公、檢、法以來的蓋子揭開。當然公、檢、法的人，不都是壞人，但公、檢、法確有壞人，把群眾發動起來，把壞人揪出來，你自己（指劉巨禮同志）是站出來的領導幹部，回去要把公、檢、法的階級鬥爭蓋子揭開。革命領導幹部要起模範作用，這是熱愛不熱愛毛主席，忠於不忠於毛主席，擁護不擁護毛主席的重

大問題。

過去公、檢、法的階級鬥爭蓋子沒揭開，有很多原因，烏盟革委會右傾很嚴重，旗縣多少有點影響，階級鬥爭蓋子揭不開，這次他們開了會，烏盟革委會常委很虛心，作了檢查，很好。這是認識問題，跟不上形勢，文化大革命已經取得了偉大勝利，現在運動正向縱深發展，有的還停留在原來的階段，對這場「挖肅」鬥爭有很多同志不理解，看不慣。也有些階級敵人在搞鬼，把反對為「二月逆流」翻案和挖黑線運動對立起來。烏盟這個問題是嚴重的，很多的同志上了當。把「挖肅」鬥爭和反對為「二月逆流」翻案對立起來，這實際上是錯誤的。挖黑線挖什麼？內蒙革命委員會已作了決議，挖黑線就是挖烏蘭夫的社會基礎，烏蘭夫死黨、烏蘭夫的黑線人物、叛徒、特務、頑固不化的走資派、民族分裂主義分子，加上他的社會基礎沒有改造好的地、富、反、壞、右分子，把他們統統地挖出來。

在內蒙地區，右傾翻案，就是為烏蘭夫翻案。文化大革命以來，右傾翻案風一直沒有停止。楊、傅、余事件出現以後，階級敵人乘機搞翻案，有些人衝擊「挖肅」鬥爭。人家下了圈套，可是有些人就鑽。具體表現是烏盟小報的問題，烏盟小報不是孤立的，後面有黑手，他們真正為烏蘭夫翻案搞的，我們沒有看到，增加了我們思想上的右傾。當然，烏盟革命委員會這段有很大成績，但搞的不深，比方，為什麼公、檢、法的蓋子揭不開，文教、衛生的階級鬥爭蓋子揭不開，為什麼？有人在捂著。他們就是怕「老保翻天」。過去站錯隊是有錯誤的，他們已經回到毛主席革命路線上了。但是有一部分人就是壓，實際上壓了很多同志，這是很危險的，是違背毛主席團結大多數人的教導的。他們跟著階級敵人一齊喊「老保翻天」，這實際上是階級敵人興風作浪，我們不少人還跟著喊。革命委員會有右傾，是認識問題，外邊敵人在搞鬼。軍管會應下決心，把公、檢、法的階級鬥爭蓋子揭開。你們公、檢、法有參加縣革委會的委員，要回到本單位，在軍管會的領導下，把階級鬥爭蓋子揭開。因為你們比較瞭解情況，這也是對你們的一次考驗。

第二個問題，你們領導幹部執行了資產階級反動路線了沒有？站錯隊了沒有？（眾：執行了，也站錯隊了）你們革委會很不錯，有這些領導幹部參加了革委會，站錯隊是好人犯錯誤。好人犯錯誤就是這個含意。階級敵人就無所謂

有站錯隊的問題。過去犯了錯誤，改了就好。你們參加了革委會，這是很不容易的。革命委員會是史無前例的，新生事物。這是廣大無產階級革命派把我們放在了領導地位。這是無產階級革命派經過兩年多的文化大革命嚴峻考驗，在兩個階級、兩條道路、兩條路線的鬥爭，領導幹部在這一鬥爭中鍛鍊、教育過來的，這是對我們的很大信任。革命領導幹部參加到革委會後，對廣大群眾應抱什麼態度？是要勤勤懇懇為人民服務，完全、徹底為人民服務，在工作中受到考驗，在實際行動中，改正過去的錯誤。凡過去那種舊思想，搞登船坐地，這個地方我不知道，別的地方有。沒當上常委、副主任，小將當上了，就不舒服。文化大革命就是要解決如何對待群眾，如何對待自己，首先是如何對待自己的問題，希望領導幹部不要繼續犯錯誤。現在，革命群眾，領導上把你放到主要位置上，這就是從政治上很相信你了。因此，革委會的委員不僅為十幾萬人民服務，是為中國七億人民服務，不能有其他私心雜念，搞名利地位。不能和小將比。過去紅衛兵小將有，他們沒經驗，有點要求，是可以理解的。我們革命領導幹部有這樣的思想就不對了，有就是很大的私心。這種情況其它地方有，革命領導幹部到革委會後，不如小將，私心很重。就是在名利地位上搞這些東西，這樣搞下去自己要垮臺。運動中沒有打倒，不一定參加了革委會就打不倒。如果進了革委會沒有很好地改造自己，將來會搞出來，還要打倒你的。革命領導幹部在革委會中要進一步來考驗自己。革命委員會，根據毛主席總結出來的三條經驗，實行一元化的領導。從革命幹部來說，就是要在新的機構中，進一步考驗我們。對自己要有個正確的態度，把自己既當革命的動力，又是革命的對象。為什麼叫臨時權力機構，就是考驗我們，包括群眾代表在內，我們參加臨時權力機構中，我們如果不繼續改造自己，鍛鍊自己，可能被革命所淘汰。

再一個問題，革命委員會是一個有代表性的，有無產階級權威的臨時權力機構，是代表整個人民利益的，不是派性的，不是哪一派的革委會的委員，不是哪一派的委員，不是哪一派的頭頭，是全縣革命派的頭頭，革委會如何正確對待群眾，是做一派的頭頭，還是做各派的頭頭，這是正確對待群眾的問題。我發現很多地方是親一派，疏遠一派，背後搞小動作。造反派有錯誤，我們應該及時指出。應對革命組織一視同仁。都是造反派，親一派，疏一派，這是違

背毛澤東思想的。前天一個旗彙報了有這個情況，他們親一派，疏一派，我給他們講了，繼續下去要垮臺的。有些造反派在兩年文化大革命中，大大小小都有錯誤。不是這方面犯點錯誤，就是那方面犯點錯誤，沒有錯誤的造反派是沒有的，這也不奇怪。這場文化大革命是新的事物，沒有經驗，喝幾口水，在游泳中學會游泳，犯錯誤改了就好了。對犯錯誤的造反派要採取「幫助、批評、聯合」的辦法，對他們的錯誤要嚴格批評，不批評就害了他。如果他們繼續犯錯誤，就會越犯越大。革命委員會，包括造反派在內，不能有派性，有派性應該改正。革命委員會是新生事物，新成立不久，不可能沒有缺點錯誤。革命委員會不能把造反派的錯誤看得過於嚴重，革命群眾組織也是這樣，不能把革命委員會的缺點、錯誤看得過於嚴重，他在鬥爭中不斷發展、完善。看支流，不看主流，結果看不到大方向，看不到主流。革命委員會也不可能是十全十美的，總有缺點錯誤，各自都不要認為自己什麼都對。老造反派對革命委員會要看主流。主流就是緊跟毛主席的偉大戰略部署。文化大革命向縱深發展，每個時期都有它的重點，那一段離開了重點，實際上是違背了毛主席的偉大戰略部署，不知不覺就犯了錯誤。

革命領導領導要大膽工作，當然你搞工作，在工作中總是會有錯誤的，只要按照毛主席的指示辦事，犯了錯誤就改，改了沒什麼。如果不敢大膽工作，束手束腳，怎麼能辦好呢？鼓足幹勁，才能爭上游，現在共同的特點是，腰杆子不硬，工作中百分之六十到七十是對的，錯誤百分之二十到三十，成績還是主要的。你怕負責任，應辦的不辦，應做的不做，事情做的少，本身就是很大的錯誤。我們經過文化大革命以後，我們的人，機關思想革命化，組織革命化，文化大革命後有新氣象、新面貌，首先在於我們的人，人的覺悟提高了，路線鬥爭覺悟提高了，精神好了，這就是對幹部的考驗。經過二年的文化大革命，應該有新氣象。工作水平，人的思想應有大的飛躍，大的進步。如果文化大革命以後，機關還和過去一樣，幹部還是那樣，證明文化大革命你們並沒有解決問題！或者沒有完全解決。這個問題怎麼解決：一是要好好學習毛主席著作，學一點，用一點；再一個是開展批評和自我批評，思想提高了，不正確的東西擺在桌面上。有錯誤幫助。我們地方就是思想鬥爭不開展，有東西不拿到桌面上，拐彎抹角，不能單刀直入，光打防禦戰，不打進攻戰，這不是馬克思

主義者，是不符合毛澤東思想的。打進攻戰就是思想交鋒，批評幫助，治病救人，這樣才會使我們少犯錯誤，才會使我們革命委員會真正有戰鬥力。革委會有三方面的代表，軍隊幹部要尊重地方幹部，這是我軍的歷來傳統。地方幹部要主動搞好工作，跟軍隊幹部、群眾代表搞好團結，搞好關係。這關係不是搞私人關係，人與人之間的關係，只能是階級的關係，政治的關係，誰學習毛澤東思想好，我們就向誰學習，不符合毛澤東思想就批評，這是一條標準。軍隊要支持革委會，幫助革委會，這是大方向。包括群眾組織也應該是這樣，不管革委會有多大的缺點、錯誤，都應該是批評、幫助、扶持，不能拆臺，這是個大方向問題。個別人有缺點、錯誤，就幫助、批評。甚至有個別壞人，搞清後把他清出去。犯錯誤就幫助、批評、教育，把他爭取教育過來。這和階級敵人不一樣，革委會那麼多人，百分之九十幾是好的，林副主席在四月九日講話中說，你們反對××人，就是反對毛主席、反對黨中央，反政反民。林副主席這個講話，帶有普遍意義。革委會也和造反派一樣是新生事物，會犯這樣那樣的錯誤，但是只能幫助，不能拆臺。我們革命委員會各委員，既要民主，又要集中，要在民主基礎上的集中，在集中指導下的民主。革委會要堅持民主集中制的原則，有什麼問題可以拿到會上討論，以少數服從多數的原則，最後集中起來，形成決議，統一口徑堅決去辦。真正有意見可向上級反映，所有委員不能搞小動作，凡搞小動作的人，將來會抓住的，不管擁護你的派，反對你的派也一樣。

我們支左部隊，要幫助革委會，大力支持革委會。革委會不對的就抵制、幫助，不要看到不對不講，為人民服務嘛，不要有什麼面子過不去，那是不好的。凡正確的我們就支持，不符合毛澤東思想的就不支持。不支持不等於不作工作，旗幟要鮮明。旗幟鮮明不是站到那一派，站到那一派是支派不支左。所謂旗幟鮮明，就是凡符合毛澤東思想就支持，不符合毛澤東思想的就不支持，就給他們指出，這樣才叫旗幟鮮明。特別現在都是造反派，沒有什麼保守派了，我們都要支持，我們支持的是符合毛澤東思想的東西，不符合毛澤東思想就不支持。

烏盟地區出現的這股妖風，是從烏盟報社開始的。他們說什麼「老保翻天。」本來現在是無產階級革命派掌權嘛，還有什麼「老保翻天。」站錯隊

的人，現在起來革命，揭階級鬥爭蓋子，甚至有站錯隊的人起來揭造反派組織內部的壞人，這是好事。以「老保翻天」壓制人家革命。你們是「決心把無產階級文化大革命進行到底的無產階級革命派」，就應該把無產階級文化大革命進行到底，包括自己組織有壞人要揪出來，不要和敵人睡在一起了，有的本來是披著造反派外衣的壞人，呼市特古斯不是造反派嘛，東縱大樓上很堅決，成立內蒙古革委會時，有人提名進革委會，特古斯實際是個大壞蛋嘛。工會的白明潔也是造反派，他是個壞蛋，這種情況多得很。那時他們造資產階級反動路線的反，是有陰謀的，以後他們造無產階級的反。所以對老造反派不用階級觀點分析去看，只是說什麼風雨同舟。彭、羅、陸、楊、楊成武、肖華等打過好多仗，經過長征，現在不革命了，成了反革命。不能講風雨同舟，不用階級分析是不行的。賀龍算是老帥，不很老嗎？現在他不革命了。看一個人，要看他擁護不擁護毛主席，堅持不堅持毛主席革命路線，光叫的好，不革命不行。楊成武實際上搞山頭主義、搞宗派主義、搞篡黨、篡政、篡軍，那天他不講毛主席的好話！實際內心搞他的那一套。現在階級敵人就是打著「紅旗」反紅旗。寫反革命標語的，他口頭上也喊革命，實際上對毛主席有刻骨仇恨，他是階級敵人嘛。不用階級分析，光是說老造反派，老將、老帥、老同志、老同學，「老」是靠不住的。真正的標準是靠毛澤東思想。看人不能光看他的言論，而要看他的實際行動。過去站錯了隊，現在讓人家起來革命。自己組織內有壞人不揪，就以感情代替政策，這是錯誤的，我們說站錯隊是他們的錯誤，回到毛主席的革命路線上來，就應該歡迎，對他們應做大量的工作，爭取教育他們，這樣才能團結大多數。「老保翻天」個別地方是有，這是壞人。原來就是壞人。所謂老保翻天，就是造無產階級的反。現在，他們跳出來是好事，這樣可以把他們揪出來。怕「老保翻天」各地都有，老保翻天內蒙沒出現，個別地方階級陣線不清。他們起來搞革命委員會，這是有的，是個別的。內蒙經過大亂，階級陣線是清的。「四‧一三」以前，呼市究竟是造反派多？我問他們說：造反派有六、七萬人，實際開會三、四萬人，保守派實際遊街十幾萬人，以後保守派垮了，造反派幾十萬人了。站錯隊的人，大部分回到毛主席革命路線上來了，符合毛澤東思想，就應該把他們團結起來，揭開階級鬥爭蓋子。包頭八、九十萬人，真正頂過來

的造反派只有一、兩千人，其他是保守派，去年五月二十六日保守派解散了，造反派才佔優勢嘛。現在都成了造反派，現在是造反派掌權，怎麼說是「老保翻天」呢？這次烏盟小報的口號為什麼常委通過了，就是有嚴重的右傾嘛！造反派的右傾有兩個：一是對站錯隊的同志的態度；一是怎麼正確對待自己。你們那個組織就那麼純，沒一個壞人？再純還能比軍隊純，軍隊還出現了楊、傅、余，羅瑞卿、肖華等。共產黨內出了劉、鄧、陶。造反派是一哄而起的，就那麼純，沒有壞人呢？怎麼不用階級分析看問題，這不好。這是對待群眾的態度問題。造反派的功勞是否定不了的，所以毛主席的革命路線取得了偉大勝利，主要靠造反派，靠保守派還能取得勝利嗎？呼市去年五月二十六日保守派徹底解散了，二十七日遊行的沒有了，二十九日、三十日基本停止了，黃、王、劉、張抓起來了，黑手斬斷了，受蒙蔽的群眾沒有指揮了。現在的情況，毛主席革命路線取得了偉大勝利，無產階級革命派堅決站到毛主席革命路線上。造反派內部有個別壞人，是少數，他們把矛頭指向革委會，指向解放軍，指向無產階級革命派，只要我們提高警惕，反掉右傾，壞人是可以被統統抓出來的，是沒有什麼了不起的。現在和去年情況不同了，去年我也有點害怕，幾十萬保守派沒有了。現在無產階級革命路線佔優勢、掌了權，我是放心的，他翻不了天了。有的人想不通，怕亂，有右傾，有些人對敵情看不清。烏盟小報的問題發生在三月二十六日。看來和楊、傅、余事件結合起來了，乘那個機會搞的。楊、余、傅是三月二十四宣佈的，二十五日才公開暴露在社會上，這沒什麼關係，教育了造反派，教育了群眾。知道右傾的危害就行了。

因為我沒有來過，不認識你們，不瞭解情況，看到其它地方一些情況，講了一些意見，供參考。

特別是革命領導幹部，要正確對待自己。林副主席說：沒有犯錯誤的就不要再犯了，沒有打倒的就不要打倒了。但是，不要認為參加革委會就打不倒了，不正確對待自己，不正確對待群眾，同樣是會垮臺的，會倒的，沒有倒的就不要從那個道道上走了。

支左部隊要支持革委會，幫助革委會，不要拆臺。革委會有錯誤就批評、幫助。否則，就會使親者痛，仇者快。

　　別的因不了解情況，沒來過這地方，來看看。三月二十七日離開了內蒙，兩個多月了，不了解情況，今天就要回去。

（記錄稿，供各委員學習參考）

內蒙古《紅旗內參》219期

1968年7月15日

41.大辦毛澤東思想學習班,狠抓革命大批判,把我區「挖、肅」鬥爭推向新階段

——六月十四日滕海清同志在內蒙古自治區大辦毛澤東思想學習班、革命大批判現場會議上的講話

(1968.06.14)

同志們:

首先讓我們共同敬祝我們偉大的導師、世界革命的偉大領袖毛主席萬壽無疆!萬壽無疆!

敬祝我們偉大領袖毛主席的親密戰友林副主席身體健康!永遠健康!

我從三月初離開包頭到現在,已經三個多月了。在此期間,包頭市的革命形勢發生了巨大的變化。包頭市革命委員會和支左聯合指揮部高舉毛澤東思想偉大紅旗,在毛主席革命路線的指引下,在人民解放軍的有力支持下,充分發揮工人階級主力軍的作用,各項工作取得顯著的成績。毛澤東思想更加深入人心了,階級鬥爭向縱深發展了,已經出現了一派生氣蓬勃的新的戰鬥局面。整個包頭市在毛主席的革命航道上飛速前進。這是毛澤東思想的偉大勝利,這是包頭市廣大人民群眾艱苦奮戰的結果。我代表內蒙古自治區革命委員會、內蒙古軍區向包頭市八十萬人民和包頭地區的中國人民解放軍致敬!

在包頭市召開的全區大辦毛澤東思想學習班、革命大批判現場會,是在全區革命鬥爭不斷深入的大好形勢下召開的。這個大會開得很好。這是個群英會,是個階級鬥爭經驗的交流會,是一個進一步搞好「挖、肅」鬥爭的動員大會。這對於全區進一步大立毛澤東思想,進一步搞好「挖、肅」鬥爭,奪取無產階級文化大革命的全面勝利具有重大意義。我希望把這些先進經驗很快傳播、普及,在全區開花結果,成為推動這一場「挖、肅」鬥爭的巨大的動力。

同志們,今天內蒙古地區整個形勢一片大好。毛澤東思想照亮了內蒙古草原。內蒙古在飛躍、在前進!

首先是一個波瀾壯闊的活學活用毛澤東思想的群眾運動已經形成。從今年三月全區學代會召開以後,出現了一個毛澤東思想大傳播、大普及的新高

潮。全區有七百多萬革命群眾參加了毛澤東思想學習班的學習。從城市到農村牧區，從學校到工廠、街道，從集體單位到家庭，大辦學習班。學習毛主席著作，大搞鬥私批修，處處蔚然成風，普遍開展了「三忠於」活動，人們的精神面貌發生了深刻的變化。在這個偉大的群眾運動中，先進集體和個人不斷湧現，繼杭錦後旗、寧城縣等先進單位出現以後，又出現了包鋼、包頭二冶、杭後的五四大隊等先進集體，出現了學趕超的新局面。「數風流人物，還看今朝。」一代新人正在毛澤東思想的哺育下迅速成長。這是我們偉大祖國興旺的主要標誌。

其次，偉大的挖黑線、肅流毒的人民戰爭正在向縱深發展。全區挖出了大批烏蘭夫死黨分子、民族分裂主義分子、頑固不化的走資派、叛徒、特務。沉重地打擊了中國赫魯曉夫及其在內蒙古的代理人烏蘭夫反革命勢力，粉碎了他們妄圖顛覆無產階級專政，復辟資本主義的罪惡陰謀。特別是最近以來，全區許多單位高舉毛澤東思想革命批判大旗，深入開展了革命的大批判，把挖黑線與肅流毒、組織革命化與思想革命化真正結合起來，全區的挖肅鬥爭出現了一個更新的局面。

第三，新生的紅色政權接連建立和加強，進一步鞏固了無產階級專政。全區旗縣以上單位基本上實行了一片紅。特別是我們偉大領袖毛澤東指出了建設革命委員會的根本方向之後，全區各級革命委員會普遍開展了兩條路線鬥爭的學習，狠反右傾機會主義，右傾分裂主義，右傾投降主義，提高了路線鬥爭的覺悟，增強了團結，加強了革委會的思想建設，各級新生的紅色政權在領導這場偉大的「挖、肅」鬥爭中，已經顯示出朝氣勃勃的強大的生命力。

革命推動了生產，一個不斷上升的生產建設新局面已經出現。全區工業生產以占全區工業總產值百分之七十的呼包二市為例，五月比四月增長60%；農業春耕生產比去年大有進展，牧業接羔成活率近80%。這些事實充分證明了偉大領袖毛主席指出的「革命就是解放生產力，革命就是促進生產力的發展」的偉大真理。

林副主席指導我們：「毛澤東思想為廣大群眾所掌握，就會變成無窮無盡的力量，變成威力無比的精神原子彈。」全區工作的一切成就，都是毛澤東思想的偉大勝利，是毛澤東思想為廣大群眾掌握的結果。我們偉大領袖毛主席就

在我們內蒙坐鎮，就在內蒙古指揮戰鬥，我們必須乘風破浪，闊步前進！

　　同志們，我們內蒙古自治區的無產階級文化大革命正處在一個極為重要的關鍵時期。我們面臨的任務是光榮而又艱巨的，我們要把「挖、肅」鬥爭推向一個更新的階段，開展一個整黨建黨的群眾運動，同時還要狠抓革命，猛促生產，迎接即將來臨的生產建設新高潮。在這種情況下我們必須十分注意存在的問題，注意糾正我們工作中的缺點錯誤。

　　目前在我們內蒙地區存在一些什麼問題？根據我們偉大領袖毛主席的教導來衡量檢查一下，就可能看得清楚些，透徹些。

　　毛主席教導我們：「無產階級文化大革命，實質上是在社會主義條件下，無產階級反對資產階級和一切剝削階級的政治大革命，是中國共產黨及其領導下的廣大革命人民群眾和國民黨反動派長期鬥爭的繼續，是無產階級和資產階級鬥爭的繼續。」

　　毛主席在「五一六」《通知》中指出：全黨必須「高舉無產階級文化革命的旗幟，徹底揭露那批反黨反社會主義的所謂『學術權威』的資產階級反動立場，徹底批判學術界、教育界、新聞界、文藝界、出版界的資產階級反動思想，奪取在這些文化領域中的領導權。而要做到這一點，必須同時批判混進黨裡、政府裡、軍隊裡和文化領域的各界裡的資產階級代表人物，清洗這些人，有些則要調動他們的職務。」

　　「混進黨裡、政府裡、軍隊裡和各種文化界的資產階級代表人物，是一批反革命的修正主義分子，一旦時機成熟，他們就會要奪取政權，由無產階級專政變為資產階級專政。這些人物，有些已經被我們識破了，有些則還沒有被識破，有些正在受到我們信用，被培養為我們的接班人，例如赫魯曉夫那樣的人物，他們現在睡在我們的身旁，各級黨委必須充分注意這一點。」

　　林副主席說：「無產階級文化大革命，就是要消滅資產階級思想，樹立無產階級思想，改造人們的靈魂，實現人的思想革命化，挖掉修正主義根子，鞏固和發展社會主義制度。」

　　毛主席這一系列偉大教導，揭示了文化大革命的根本內容，是對馬克思列寧主義無產階級專政學說創造性的發展，對鞏固無產階級專政，繼續進行社會主義革命，都具有深遠的歷史意義。

　　我們遵循毛主席這一系列偉大教導所進行的這場鬥爭，已經取得了偉大的勝利。按照毛主席關於在社會主義條件下繼續革命的理論、路線、方針、政策來衡量一下：我區無產階級與資產階級之間的這一個根本矛盾徹底解決沒有，共產黨與國民黨反動派的鬥爭徹底解決沒有，「三裡」「五界」的資產階級代表人物、睡在我們身邊的赫魯曉夫那樣的人物、國民黨反動派的殘渣餘孽挖完沒有？他們的反黨、反社會主義、反毛澤東思想的罪惡陰謀在政治上、思想上、理論上批倒批臭沒有？人們的思想革命化的程度怎麼樣？這一系列根本問題可以說都還沒有徹底解決。無產階級與資產階級、共產黨與國民黨之間在政治、思想領域裡的誰勝誰負的問題還沒有徹底解決，特別是意識形態領域裡的階級鬥爭還遠遠沒有解決。全區鬥爭的發展是不平衡的。有的地區、有的單位階級鬥爭蓋子還沒有徹底揭開，還有陰暗角落；有的地區、單位和部門的走資派、烏蘭夫死黨分子、民族分裂主義分子還沒有批倒批臭，他們人還在、心不死，在有的單位他們還有權有勢，有的單位雖然無權但卻有勢，也就是他們還有一部分人，為他們陰謀活動。有的地區隱藏得比較深的敵人還沒有挖出來，他們的反動社會基礎還沒有徹底摧毀，隨時有復辟的危險。還有不少的地區、單位和部門的運動處於停滯狀態，原地踏步，不能繼續深入下去。階級敵人雖然越挖越少，不是越挖越多，但鬥爭越來越尖銳、越複雜。他們日暮途窮，垂死掙扎，困獸猶鬥；他們使用慣用的伎倆，造謠言，放暗箭，煽陰風，點鬼火，挑撥離間，混淆是非，千方百計地企圖動搖和分裂以毛主席為首、林副主席為副的無產階級司令部，動搖和分裂偉大的中國人民解放軍，動搖和分裂新生的紅色政權，敵人的這一切破壞活動在楊成武，付崇碧，余立金反黨集團被揪出之後，其囂張程度達到相當嚴重的地步。也就是我們「挖肅」鬥爭取得很大成績，但是我們並沒有把敵人徹底挖乾淨。他的社會基礎還沒有徹底摧毀，所以說這個鬥爭是有起伏的。

　　存在上述問題的主要原因是不是來自兩個方面。一方面階級敵人的反撲、掙扎和頑抗，這是必然的；另一方面我們隊伍中存在著右傾機會主義，右傾分裂主義，右傾投降主義，這是原因之一吧，但是，這仍然是一個很危險的問題。我們的「挖肅」鬥爭能不能夠繼續深入下去，能不能進入一個新的階段，就是要克服右傾機會主義，右傾分裂主義，右傾投降主義。看起來，右傾機會

主義，右傾分裂主義，右傾投降主義在某些地區、某些同志頭腦裡還沒有徹底解決，或者解決的不很好。這也是不少的地區、單位和部門的運動處於停滯狀態，甚至有的地區、單位和部門階級鬥爭蓋子還沒有徹底揭開的主要原因。所以，今天在內蒙地區必須進一步解決如何繼續革命、深入革命、徹底革命的問題，要進一步解決在目前的情況下，這場政治大革命又如何革法的問題。

如何繼續革命、深入革命、徹底革命，是擺在各級新生的紅色政權、廣大無產階級革命派面前的一個極端重要的問題。這個問題包頭市最近三個月的階級鬥爭實踐和其他先進地區的階級鬥爭實踐，已經為我們提供了解決這些新問題的很好的經驗，這個辦法概括起來說，就是高舉毛澤東思想偉大紅旗，大辦學習班、狠抓大批判、組織大會戰。運用革命大批判的武器，主動向階級敵人發動猛烈的進攻，集中目標，集中火力，打擊主要的敵人，真正把敵人打翻在地，從政治上、思想上、理論上批到、批臭，使他們永世不得翻身，從而達到進一步教育、解放幹部，教育廣大群眾，鞏固和發展革命的大聯合、三結合，促進人的思想革命化，鞏固無產階級專政的目的。這些好經驗我建議在全區迅速推廣。

根據目前全區存在的一些問題，對於如何繼續革命的問題，談幾點具體意見供同志們參考，有不對的話請同志們批評幫助。

一、進一步提高各級領導和廣大革命群眾的階級覺悟和路線鬥爭覺悟，因為這是當前新形勢下把革命繼續推向前進的一個首要問題。

無產階級專政下的階級鬥爭，突出地表現為黨內兩條路線鬥爭。路線鬥爭滲透到各個領域，貫徹於各個方面，任何人都避免不了的。「不是東風壓倒西風，就是西風壓倒東風，在路線問題上沒有調和的餘地。」

毛主席的革命路線是我們的命根子，是我們的生命和靈魂，是取得勝利的根本保證。毛主席的革命路線就是無產階級的階級路線，就是我黨的根本路線，即群眾路線。不懂毛主席的革命路線，就不懂得為什麼在社會主義條件下要繼續革命，革誰的命，怎樣革命等一系列的根本問題。在當前複雜尖銳的階級鬥爭中稍微離開毛主席的革命路線，我們就要犯錯誤，工作就要受損失，鬥爭就要受挫折，就要走彎路。

路線鬥爭的覺悟是每一個革命者的根本覺悟。階級鬥爭抽調了路線鬥爭

的內容，階級鬥爭是抽象的空洞的，同樣，階級覺悟離開了真正的路線鬥爭覺悟，那這樣的階級覺悟也是經不起考驗的。路線鬥爭覺悟，說到底就是你站在那一邊的問題。就是舉什麼旗，也就是舉紅旗還是舉白旗、舉黑旗的問題。走什麼路，是走社會主義道路還是走資本主義道路的問題。是執行什麼路線，是執行毛主席的革命路線還是執行劉鄧的資產階級反動路線。替誰說話，是替階級敵人說話，還是替革命群眾說話。為誰服務的問題。所以說，路線鬥爭覺悟就是站在那一邊的問題。一句話，你不是站在無產階級這一邊，就是站在資產階級那一邊。你想站在中間道路是沒有的。站在那一邊就是看你舉什麼旗、走什麼路、執行什麼路線、替什麼人說話、為什麼人服務的問題。林副主席說：「在現實的階級鬥爭中，站在那一邊，這是個立場問題，是個首要問題，其他都是附帶的問題。」站在那一邊的問題不能很好的解決，就無法解決團結一致、共同對敵的問題，就不能完成社會主義條件下繼續革命的偉大鬥爭，就會迷失方向，就會陷入機會主義的泥坑。我們有些同志有些糊塗觀念，以為自己一次站對了隊（比如去年二、三月逆流中站對隊的），就可以一勞永逸了，就可以永遠是正確路線的代表，可以躺在上面吃老本了。這種觀點是十分錯誤的。殊不知一個革命者隨時隨地都有一個站隊問題，隨時隨地都有一個分清誰是我們的敵人，誰是我們的朋友這樣一個革命的首要問題。比方說，我們有些幹部在這一點工作上做對了，那麼就是他站隊站對了，站在了毛主席革命路線上了。工作中那一點沒按毛主席的革命路線去執行，那就是站隊站錯了。我們的造反派也是這樣嘛，你過去站隊站對了，但是，毛主席的革命路線取得決定性勝利以後，你就沒有按照毛主席的偉大戰略部署認真落實毛主席最新指示，違反了毛澤東思想，那就不能說你在這一段時間你站隊站對了。你就可能是站錯了。也就是我們有些同志標榜自己一貫正確，從造反以來就是正確的，就是沒有錯誤的，這樣的事情實際上不可能的。任何工作、任何人在革命中都可能犯這樣或那樣的錯誤，犯錯誤不犯得那樣長、不犯得那樣大，那就是最聰明的人了，他就是改得快，犯了錯誤就改，這就是最聰明的人了，就是能夠按照毛主席的指示辦事。如果標榜自己一貫正確，一貫就是正確的路線的代表，實際上是騙人的，不可能的。有些同志站在資產階級、小資產階級立場上，但他並不自覺。為什麼有些同志一遇到風吹草動就搖擺不定呢？這是什麼問題呢？

也就是站在那一邊沒有站對的問題。為什麼對敵鬥爭右傾不狠，而對自己的同志、階級兄弟的鬥爭那麼起勁呢？為什麼我們有的領導同志被敵人牽著鼻子走呢？敵人要他怎麼辦就怎麼辦。為什麼有些同志對以毛主席為首、林副主席為副的無產階級司令部的聲音聽不進去，貫徹不下去，而對敵人的謠言聽得進去，信以為真，並且幫助敵人說話呢？歸根到底，就是這些同志路線鬥爭覺悟不高，站在那一邊的問題沒有真正解決。因此，提高各級領導和廣大群眾的路線鬥爭覺悟，是革命形勢的需要，是對敵鬥爭的需要，是繼續革命、奪取無產階級文化大革命全面勝利的需要，是每一個無產階級革命派的當務之急。路線鬥爭說到底是個立場問題，是站在毛主席的革命路線，還是站在劉鄧資產階級反動路線，這就是個立場問題，雖然有些同志站錯了隊，經過教育馬上就改過來了。當然，立場問題，按照毛主席講的，也是可以改變的。只有那些少數頑固不化的走資派，他們的立場是不會改變的。

當前內蒙地區既要反右，又要防「左」，主要還是反右。同時要注意階級敵人搞形「左」實右，破壞毛主席的革命路線。當前以「三右主義」為代表的右傾機會主義路線和毛主席的無產階級革命路線的對立和鬥爭，是決定現在階級鬥爭、挖肅運動能否向縱深發展，擴大戰果的一個關鍵問題。中央在報紙上經常講，右傾是主要危險，「三右」主義是中央提出來的，「三右」主義在我們內蒙地區同樣是存在的。不反掉「三右」主義，我們要把階級鬥爭搞好，把「挖肅」運動搞深入，搞徹底，戰果擴大，是不可能的，就要受阻礙。

現在我們有的同志提出來了，挖肅鬥爭是不是搞的過多了，是不是現在要防「左」了，那麼從現在看來，「左」的現象在個別地方是有的，主要的還是右傾，很多「左」的地方還不真正是我們自己的革命群眾、革命領導幹部搞的，而是階級敵人在那裡搞形「左」實右，破壞毛主席的革命路線。他們想把水攪渾，轉移鬥爭大方向，逼著我們領導和我們的造反派犯錯誤。如果我們以毛主席的革命路線戰勝了以「三右主義」為代表的右傾主義路線，整個革命形勢就會以高屋建瓴之勢闊步前進。

路線鬥爭首先是從對形勢認識的分歧開始的，鬥爭的焦點主要有兩個方面，一個是對階級敵人，對敵情的認識和估量；另一個是對群眾的認識和態度。這種路線鬥爭歷來在我們黨內就存在的。從陳獨秀開始，我們黨內的

「左」傾機會主義和右傾機會主義路線的錯誤，都是對形勢認識上的分歧開始的，一個是對敵人估計過高，一個是對敵人估計過低。另一個就是對群眾的力量認識不足，不相信群眾。陷入右傾錯誤的一些領導和一些革命造反派的頭頭，他們既看不到敵人的存在，又看不到群眾的偉大力量。甚至弄到敵我不分，人妖顛倒，混淆革命陣線的程度。他們低估了敵人的力量，看不見資本主義復辟的危險性，不瞭解無產階級專政下階級鬥爭的主要特點，是階級敵人鑽到我們的「肝臟」裡來，打著紅旗反紅旗。在無產階級專政條件下，我們對敵鬥爭是同不拿槍的敵人作鬥爭的，不是像打美國鬼子打蔣介石那樣，槍對槍，炮對炮，看的很清楚。現在敵人他不能夠有那樣的地位了。現在的敵人，他們改變了策略，他們就是鑽到我們隊伍的內部，他們也是打著擁護毛主席、擁護社會主義、走社會主義道路，打著「紅旗」反紅旗。所以我們對這樣一些敵人，我們很多同志在鬥爭策略方面是沒經驗的，特別是我們一些革命小將，他們對拿槍的敵人鬥爭沒有經驗，對隱藏的敵人的鬥爭也是缺乏經驗的，他們現在是學習，正在學習同隱蔽的敵人作鬥爭。我們有些同志認為文化大革命進行兩年了，還說我不懂得階級鬥爭，你簡直是對我太看不起了。這不是看得起看不起的問題，階級鬥爭就是有一個時間鍛鍊的問題。敵人有那樣幾千年鬥爭的歷史，有幾千年壓迫人民群眾的歷史，他們有一套壓迫人民、顛覆人民、破壞革命活動的伎倆。我們革命的特別是青年同志，革命才上陣，當然了，毛澤東思想學得好一些，那麼就可能用得好一些，腦子裡就清醒一些，如果他們吃老本，那就根本在階級鬥爭中糊裡糊塗。他們也害怕群眾，自己不革命，又死捂階級鬥爭不讓人家革命。現在不就是有這一樣的人嗎？革命委員會中不是也有這樣的領導幹部麼！造反派的頭頭也有這樣的人麼！他們就是害怕群眾麼！害怕群眾起來革命麼！那麼就沒有辦法就死捂階級鬥爭的蓋子麼。實際上就是在鎮壓群眾麼，害怕群眾，害怕革命。當然現在說起來大多數同志是認識問題，但是，矛盾是轉化的，如果繼續地害怕群眾，害怕革命，將來就可能由一個真革命者變為假革命者或者變為不革命的了。林副主席尖銳地指出：「害怕群眾運動是右傾機會主義分子、資產階級革命家的本性，他們在運動前挑剔缺點，誇大缺點，目的是散佈鬆勁、洩氣、埋怨、悲觀情緒，否定成績，否定黨的總路線。」林副主席講麼，群眾運動是天然合理。當然在群眾運動中出現這樣和

那樣的缺點，那是不可避免的，但是大方向是天然合理的。不發動群眾運動，害怕群眾運動，害怕群眾起來，那不是一個真正的革命家。在我們隊伍裡不是也有這樣的人，在偉大的「挖、肅」鬥爭進入高潮時期，階級敵人強烈反抗的情況下，他們同敵人唱一個調子，這樣的同志當然不是敵人了，還是好同志了。當然由於他們思想落後於形勢、跟不上形勢，不能夠分清是非，如果敵人一反抗，一威脅，他們幾乎被敵人拉過去了，或者同敵人唱一個調子。前一段不是有人說，說什麼「呼市已經完成了資本主義的輿論準備和組織準備」，「挖、肅鬥爭是帶鍬的劉鄧路線！」竭力分裂革命造反派的隊伍，散佈流言蜚語，把矛頭指向新生的紅色政權，把反右傾翻案與「挖肅」鬥爭對立起來，妄圖否定這場鬥爭的大方向。前一階段不是就有這樣的起伏嘛？其它地方我看多少有點，包頭不知道有沒有。為什麼會產生右傾？林付主席十分深刻地指出：「沒有階級觀點，沒有階級鬥爭觀點，是右傾思想的根源，是右傾機會主義思想最根本的根源。」

　　兩條路線的鬥爭，也是兩種世界觀的鬥爭，資產階級世界觀沒有改造好的，私字作怪，資產階級派性作怪，站在資產階級的立場上，用資產階級的觀點，去確定對資產階級鬥爭的路線，必然不會是無產階級的革命路線，所以，加強資產階級世界觀的改造，是提高路線鬥爭覺悟的一個重要環節。毛主席教導我們說，世界觀的轉變是根本的轉變。路線鬥爭站在那一邊的問題也就是世界觀的問題。沒有改造好的，或是沒有改造的資產階級世界觀的人不可能咱在無產階級路線一邊。真正是改造比較好的，無產階級立場堅定的人，他對階級鬥爭、路線鬥爭頭腦是清醒的，明確的。要向無限忠於毛主席革命路線的好幹部們和同志學習，只有徹底改造世界觀，無限忠於毛主席，才會不遇到任何險風惡浪，永遠堅定地站在毛主席革命路線一邊。反右傾的主要辦法，就是要大學毛澤東思想，特別是認真學習毛澤東關於社會主義條件下繼續進行革命的理論、路線、方針、政策和方法，適時地進行革命形勢的教育，首先對階級鬥爭的形勢要有一個清醒的、符合毛主席革命路線的認識。解決路線鬥爭問題的主要辦法，就是以毛澤東思想為武器，展開面對面的積極的思想鬥爭，本著「團結——批評與自我批評——團結」的方針和「既要弄清思想又要團結同志這樣兩個目的」，熱情地幫助那些犯錯誤的同志，當然有些同志由於毛主席著作學

得不好，在某些問題、某些思想、某段時間裡他的言論行動離開毛主席的革命路線，對這些同志既要嚴肅又熱情地幫助他們。提高人們的思想覺悟，擺事實，講道理，弄清那些做法是符合毛主席革命路線的，對那些不符合毛主席革命路線的，既嚴肅又熱情地幫助同志。著重於提高人們的路線鬥爭覺悟，認清產生右傾機會主義路線的社會根源和認識根源，搞右傾當然是要搞思想的，我們覺得思想問題有的是通過大節去抓小問題，有的是通過小節抓大問題，思想問題我們到底以抓什麼問題為主呢？思想問題我們主要還是抓立場。立場改變了思想，思想改變了立場，在提高路線鬥爭覺悟時，有些同志可能在文化大革命中有些搖擺。但這些問題應當作為經驗教訓，不是著重於追究個人責任。只有這樣，才能克服右傾，團結同志，輕裝上陣，推動這場人民戰爭的勝利進行。

　　二、高舉革命大批判的旗幟，大力辦好以狠抓對敵鬥爭為中心內容的毛澤東思想學習班，使學習班成為向階級敵人進攻的主要戰場，是當前新形勢下繼續深入革命的重要形勢。

　　包鋼、二冶以至整個包頭市正在開展的一場轟轟烈烈的向階級敵人發起總攻擊的群眾運動，一個顯著特點，就是革命的大批判搞得好。他們以大辦毛澤東思想學習班為基本形勢，以對階級敵人的大揭發、大批判為中心內容，以無產階級革命派為骨幹，團結一切可以團結的力量，展開一場對主要敵人的大會戰。這個辦法好！這樣就把大辦學習班與革命的大批判緊密結合起來，鬥私與批修緊密結合起來，挖黑線與肅流毒緊密結合起來，組織革命化與思想革命化緊密結合起來。具體地說：他們把各種類型的人員組成學習班，以無產階級革命派為核心，團結受蒙蔽的群眾，教育爭取知情人，把敵人放在學習班裡，展開面對面的尖銳鬥爭，會內會外相結合，面對面背靠背相結合，大中小會相結合，群眾揭發批判與專案相結合，形成了一個大揭發、大批判的高潮。他們還把牛鬼蛇神放在班組裡，一邊監督勞動，一邊批鬥，天天批，天天鬥。這樣會內會外，鬥有對象，批有目標，形成一場真正的人民戰爭。發現新的線索就窮追猛打，一打到底，使「挖肅」鬥爭深入一步，這樣敵人鬥臭了，制服了，自己階級覺悟、政治警惕性大大提高了，也挽救解放了一大批幹部。廣大群眾反映：這樣的學習班好極了！領會毛主席指示深，聯繫群眾緊，它既是鬥私的陣

地，批修的戰場，又是階級教育的大課堂，錘鍊「忠」字的大熔爐。

目前，在全區這場挖黑線肅流毒的運動中，有不少單位的革命大批判還沒有認真開展起來，挖黑線與肅流毒沒有緊密結合起來。這個問題主要是我們對革命大批判的偉大意義認識不足。革命大批判是毛主席的偉大戰略部署中的主要內容，搞不搞革命大批判，是革命不革命、真革命假革命的分水嶺。現在可以清楚地看到，沒有革命的大批判，就不能大立毛澤東思想；沒有革命的大批判，就不能實現人的思想革命化；沒有革命的大批判，就不能真正鞏固無產階級專政。包頭二冶工人同志說的好：「大批判不搞，敵人不倒；大批判搞不透，敵人不臭；大批判搞得好，敵人一個跑不了；大批判搞得深，徹底刨掉『修』字根」。那種「一揪二遊三不管」的做法，實際上就是形「左」實右。有些單位把敵人把走資派管起來，有的管也不管了，既不批又不鬥，把那些傢伙養得肥頭大耳，實際上敵人還在背後活動。只把敵人揪出來，不揭露他們的罪惡，不肅清他們的流毒，就沒有在政治上、思想上、理論上把他們批倒批臭，這正如把敵人擊潰了，但沒有把他們埋葬。只「挖」不「清」，實質上是對敵鬥爭中只打了擊潰戰，沒有殲滅戰，仍然埋下伏筆資本主義的種子，這是十分危險的。

為此，全區要像包頭市那樣，大辦以狠抓階級鬥爭為中心內容的學習班，搞好大批判，通過革命大批判，把挖肅鬥爭推向更深入的新階段。一方面要把已經挖出來的敵人揭深批透，逐步落實定案；一方面又要進一步深挖，把隱藏得很深的叛徒、特務和一切反革命分子統統挖出來。

通過革命的大批判，進一步把廣大革命群眾發動起來，陷敵於人民群眾的汪洋大海之中，加強和鞏固群眾專政，充分發揮群眾專政的巨大威力。

通過革命大批判，促進毛澤東思想的大普及，讓毛澤東思想佔領一切陣地，實現人的思想革命化。

通過革命大批判，把應當解放的幹部解放出來，密切幹群關係，促進革命大聯合和革命的三結合，鞏固新生的紅色政權。現在很多幹部沒有解放出來，真正的走資派沒有批深、批透、批倒、批臭，應當解放的幹部有很大一批沒有解放出來，這個問題當前必須應當解決的。我們要敢於革命、善於革命，敢於把一小撮走資派打倒。我們要敢於解放幹部，敢於大膽地把他們解放出來。在

解放幹部問題上現在有一種派性在那裡作怪。你要解放，他要打倒，不是按照毛主席實事求是指示辦事。很多單位某些人確實在感情辦事。對幹部應看他一貫的歷史及在文化大革命中的表現。即使在文化大革命中執行了資產階級反動路線，犯了方向路線錯誤，歷史上沒有問題，這樣的幹部應該解放出來。這些幹部應該改正錯誤。這個問題現在看來還沒有徹底解決。

通過革命的大批判，通過批判右傾機會主義和形「左」實右的反動思想，批判各種反馬克思列寧主義、反毛澤東思想的反動流派，批判無政府主義、宗派主義，批判資產階級以及一切剝削階級意識形態的各種表現，把無產階級革命派的思想建設向前推進一步。

大批判從自治區籌備小組成立後就抓了。但是抓得不狠，有些地方開展得不好。前一階段我們在「挖肅」鬥爭中取得很大勝利，打了一個很大的掃蕩戰。一些過去是明顯的地、富、反、壞、右，這些傢伙本來就是專政的對象，但是他們利用我們的「四大」，在文化大革命中跳出來，甚至有的鑽進造反派隊伍、紅色政權裡來。前一階段展開了一個大掃蕩，對這些壞傢伙過去實行專政，現在實行專政，將來還要對他們實行專政。如果把這些傢伙揪出來了，對他們不揭露，不批判，就不能肅清他們在人民群眾中的流毒。只有深入開展大批判，教育了群眾，這樣就是實行了群眾專政。

同時，揪出了一批叛徒、特務、烏蘭夫死黨分子，對他們進行了一些批判，但是現在看來，這種批判是很不深入，很不夠的。在無產階級專政條件下，敵人在我們手下，我們可以用大批判從政治上、思想上、理論上把他們批到批臭，使得沒有一個相信他們，這樣就使一小撮階級敵人孤立了。

三、抓住主要矛盾，實行重點進攻，組織革命的大會戰，集中兵力打殲滅戰，打一場真正的人民戰爭。

林副主席指示我們：「文化大革命是個長期的任務。這中間有大戰役，有小戰役，要持續很長的時間。只要資產階級思想存在一天，我們就要戰鬥一天，要一直打到底。」

包鋼目前正在展開的一場氣勢磅礴的革命大會戰，完全符合林副主席這一正確指示。

大會戰，就是與國民反動派的大決戰，國民黨反動派，拿槍的敵人被消

滅了，剩一點跑到臺灣，但遲早要消滅，不拿槍的還有些叛徒、特務，混進我們革命群眾中，甚至混進我們黨裡。我們隊伍中的這些人仍然是國民黨，仍然是我們的敵人。走資派、中國赫魯曉夫在內蒙的代理人烏蘭夫實際上就是國民黨，他們的殘黨餘孽和社會基礎就是國民黨。為了奪取無產階級文化大革命的全面勝利，我們與國民黨反動派之間的鬥爭，必須殺他幾個回合，沒有幾次大會戰是不能堅決、徹底、乾淨、全部地殲滅敵人的。大會戰不在於人多人少，在於這個單位、這個地區集中全部力量，調動一切可以調動的力量，把家屬、小孩都調動起來，向敵人展開全面進攻。這種進攻首先要集中在一小撮最大的走資派，把這一小撮最大敵人鬥臭了，鬥倒了，其他與走資派在政治上、思想上、組織上有聯繫的人，經過群眾教育，就有可能回到毛主席革命路線上來，爭取教育和解放一大批犯錯誤的幹部。

從去年十月十二日江青同志對北京文藝界講話後，在我區興起的一場挖黑線肅流毒的人民戰爭，到現在已有半年了。這半年中實際上對敵人實行了一次大規模的掃蕩戰，揪出了一大批烏蘭夫死黨分子、頑固不化的走資派，隱藏的叛徒、特務和一切反革命分子，戰果輝煌，今天，擺在我們面前的主要任務，是要實行重點進攻，要打攻堅戰，要集中全力打殲滅戰。

這個仗怎麼打？包鋼目前正在進行的挖肅鬥爭，給我們提供了一個極為重要的經驗。這個經驗就叫做大會戰。這個大會戰有一整套完整的戰役計劃，主要是通過大辦以狠抓對敵鬥爭為中心內容的學習班，深入持久地開展革命的大批判來完成的。戰役的第一階段是大學毛澤東思想提高階級覺悟，在革命派內部開展兩條路線鬥爭的教育，進行「兩憶三查」，實行戰前演兵，整頓自己的隊伍，進行戰役動員。第二極端是更加廣泛的發動群眾，進行大擺、大揭大批判，組成戰役指揮部，並分成若干戰場，有主戰場、分戰場，以主戰場帶動分戰場，把主要矛頭對準本單位的主要走資派（如寶鋼的原黨委書記劉耀宗、副書記烏力吉那仁），上與中國赫魯曉夫及其代理人烏蘭夫掛鉤，下與各分廠的大大小小的走資派、叛徒、特務、牛鬼蛇神聯繫起來，對敵人實行利用矛盾，分化瓦解，各個擊破的政策，同時發動群眾揭，幹部揭，知情人揭，甚至發動敵人互相揭，把他們的罪行揭深揭透，在政治上、思想上、理論上批倒、批臭，最後萬炮齊放，大揭發，大鬥爭。第三階段，總結提高，以利再戰。所以

他們大會戰做法是很好的，目標清楚。

　　包頭市革委會運用包鋼的經驗，已經組織了全市以殲滅寒鋒、墨志清、吳步淵為主要目標的大會戰，以市級機關為主戰場，以市所屬單位和有關廠礦企業單位為分戰場，廣泛發動群眾，打一場人民戰爭。這個做法大方向是正確的。

　　包鋼、包頭市大會戰的辦法，有計劃、有重點、有目標、有政策，是一個抓主要矛盾集中兵力打殲滅戰的好辦法，是更加深入、廣發、充分發動群眾的好辦法，是真正的人民戰爭，是領導方法的革命，是奪取無產階級文化大革命全面勝利的決戰決勝的辦法，是包鋼廣大革命群眾的新創造。它的基本精神是有普遍意義的，必須認真推廣。

　　當然，在農村、牧區的情況有所不同。農村主要是學習杭後、寧城、五四大隊等先進單位的經驗，牧區主要是學烏審召公社、那仁寶力格公社的經驗，以大辦學習班，搞大批判，劃階級，鬥爭牧主等辦法，光完成無產階級文化大革命的偉大使命。農村牧區不要採取工廠的辦法，它有自己的特點，但是內容也是在學習班裡抓階級鬥爭，徹底批判烏蘭夫在牧區散佈的「三不兩利」政策。

　　包鋼和其他單位還有很多很多是好的。我們瞭解情況不夠。呼市五中不錯麼，包頭很多工廠，像包鋼、二冶、一機、二機現在有很大進步了。一機廠、二機廠也應學習包鋼的辦法。一機廠歷來是和平發展，和平發展並不等於一機廠就沒有階級敵人了。敵人你不動他，在這樣的情況下也不一定跳出來。二機廠過去情況很不好，現在有所好轉，但是一機、二機今年生產任務能否完成，靠一機二機的真正的廣大無產階級革命派，特別是能否真正執行了毛主席「抓革命、促生產」的偉大號召。應當把工人和廣大群眾、幹部的積極性調動起來。二〇二廠最近有進步了。包頭還有些廠，糖廠最近不錯，任務是超額完成了，還有三〇三廠革委會建立後促生產是好的，現在也都是不錯的。工作沒有趕上的單位應該趕上。包頭地區好多學校現在已經落後於工人了。當然有些學校是好的，學生在文化大革命中打了先鋒，在運動中起了很大作用。在文化大革命取得決定性勝利的關鍵時刻，他們的搖擺性始終沒有穩定下來。包頭的工人階級占領導統治地位，應該幫助青年學生使他們很快趕上。我看許多學生的

爸爸媽媽都是工人，如果爸爸媽媽統一了，為什麼不可以作學生工作呢？在包頭還有個棉紡廠去年情況不好，今年不知怎麼樣，現在到底是一個先進單位，還是一個中間單位，落後單位？因為我不瞭解情況。希望棉紡廠的造反派檢查一下，包頭棉紡廠的工人應該和包鋼的造反派比一比，你們是工人，他們也是工人，都是在包頭革委會領導下，都是在包頭支左部隊支持下，條件差不多，應當和包鋼的工人階級一樣，這樣才比較合理。

四、政策和策略是黨的生命

毛主席教導我們：「政策和策略是黨的生命，各級領導務必充分注意，萬萬不可粗心大意。」今天，在奪取無產階級文化大革命全面勝利的關鍵時刻，階級敵人千方百計地破壞我黨政策，他們利用我們隊伍裡的資產階級小資產階級派性、無政府主義，搞形「左」實右，搞資產階級的派性，搞資產階級專政，混淆是非，顛倒黑白，擴大打擊面。在這種情況下，提高我們各級領導和廣大革命群眾的政策觀念，政策策略水平，在對敵鬥爭中充分發揮黨的政策策略的威力是十分迫切、十分重要的問題。

有的同志以為一談政策和策略，就會束縛群眾的手腳，阻礙運動的發展，認為現在還不是談政策的時候。這是一種糊塗觀念。實際上我們的每一個行動，無不與黨的政策相聯繫，不實行正確的政策，就實行錯誤的政策。只有認真貫徹執行黨的政策和策略，才能更廣泛更深入地調動廣大群眾的積極性，才能把廣大群眾的積極性引導到一個正確的方向上去，才能穩、準、狠地打擊敵人。離開了黨的政策和策略，「就會迷失方向，就會左右搖擺，就會誤會我們的工作。」也就使我們的工作受到損失。

最近我們偉大領袖毛主席親自簽發的北京新華印刷廠軍管會發動群眾開展對敵鬥爭的經驗，是體現我們偉大領袖毛主席的政策策略思想的典範，我們必須認真學習，深刻領會，堅決執行。

這一場偉大的「挖肅」鬥爭，是一場政策性策略性很強的鬥爭。我們既要敢於革命，又要善於革命。所謂善於革命，就是要善於正確區別和處理兩類不同性質的矛盾。要像北京新華印刷廠那樣，對於廣大革命群眾，必須堅決依靠，也要善於引導；對於犯了嚴重錯誤的人，必須從嚴要求，也要注意團結；對於一小撮階級敵人，必須狠狠打擊，也要分化瓦解，指明出路。包頭二冶

這一方面做得好，他們在處理各種複雜問題時，善於區別對待。這就是把一般歷史問題與政治問題區別開來。我們幹部中間，群眾中間，有的人有一般歷史問題，如父親、家庭還有什麼加入過一般的組織，不是真正的反革命。這類問題因為我們很多工人，包括幹部，在舊社會、半殖民地、半封建這樣一個制度下，當然染上一些舊社會歷史問題，對這些問題如不嚴肅對待，這就把真正的敵人沒有抓住；可能有些不是敵人，我們抓住不放。家庭出身不好、社會關係複雜的與堅持反動立場的區別開來，有些人家庭出身不好，社會關係很複雜，但是他不反對社會主義，不反對毛澤東思想，他是擁護毛主席的。有些人由於階級本性，堅持反動立場。特別是出身地、富子女占的比重比較大，要把這種人區別出來。與黑幫黑線有組織聯繫與思想聯繫、工作關係區別開來：很多幹部與烏蘭夫有工作聯繫，這種工作關係是歷史條件決定的，思想上崇拜烏蘭夫，是他的走卒，招降納叛，這要把他區別開來。工作關係應當說是正常關係。思想上的聯繫，只要認識錯誤，思想劃清界限，就要准許人家改正錯誤；黑幫黑線的頭目骨幹與一般成員區別開來；黑幫黑線的頭目如二冶的賽勝阿與下面的基本群眾應當有所區別；個別壞頭頭與群眾組織區別開來；二冶在處理「井岡山」壞頭頭馬錦雲的問題上，處理得很好。壞頭頭是個別的，廣大群眾是好的。不應當一個頭頭壞了，整個組織都是壞的，應當相信工人大多是革命的。在處理這個問題上，很多地方由於派性作怪，出現偏差不少；一般的錯誤言論與「三反」言行區別開來。有些人說了些錯話，甚至寫了些錯的文章，但他不是從思想上反對毛澤東思想、反對社會主義的，這種人應該區別開來；好人辦錯事與壞人幹壞事區別開來；好人犯錯誤大部分是思想認識問題。壞人幹壞事是由他的階級本能決定的，壞人不可能幹好事。要把好人幹壞事與壞人幹壞事區別開來。主動交代與頑固不化區別開來：有些壞人罪惡很大，只要主動交代了，我們黨還有一個「坦白從寬，抗拒從嚴」的政策。只有把這些問題正確地加以區別和處理，才能團結大多數，孤立一小撮，穩、準、狠地打擊一小撮敵人，充分發揮群眾專政的巨大威力。我們不應當把一些不是敵人又犯了些錯誤、可以挽救的人不挽救，把他們推到敵人那邊，這是不好的。當然我們不能認敵為友。總而言之，我們不能以感情辦事，一個原則是按黨的政策辦事，我們黨是光榮、偉大、正確的。只要我們正確執行了黨的政策，那我們在抓階

級鬥爭中就順利多了。

這裡順便說一下，內蒙古自治區革委會下發的六條政策界限的問題，這六條政策界限的基本精神，是要發動群眾、爭取更多的同盟軍，最大限度地鼓勵和打擊一小撮敵人。當然還很不完整，經過一段實踐之後再加修改補充。現在有的敵人利用這六條政策界限來為自己的罪行和錯誤翻案，必須堅決回擊。有人想乘機否定前一極端群眾運動的大方向，否定無產階級而革命派的功績，都是錯誤的，應該嚴屬批判。黨的政策只能是給你指出出路，給你交待應當怎麼樣，不應當怎麼樣，黨的政策並不能把你過去的錯誤包掉，給你平反了。你走資派就是走資派，是叛徒、特務就是叛徒、特務。我們為了充分地發動群眾，適當地……（不清）經過大揭發大批判，徹底把問題搞清楚了，陣線分明了，該爭取、團結的關節過來，該打倒的打倒。

有的人否認前一段無產階級革命派的大方向。無產階級革命派在這次運動中功績是很大的，否定造反派的功績是錯誤的。對這樣一種言論必須嚴肅批判。我們對敵人，對走資派也要採取攻心的辦法。過去打仗，抓到俘虜不殺，不搜腰包、不侮辱人格麼，現在的敵人相當於過去的俘虜麼，上層的反動將官也有麼，我們都……交待政策。

我們有些造反派，特別是一些青年小將，總是天真得很，一有問題，三分鐘、五分鐘不講，氣就來了，首先給他交底，你什麼問題，趕快交待！實質上你已經給他交底了，他也知道你的底了。對敵鬥爭我們要講究策略，毛主席講：我們要研究對敵人的策略。現在的對敵鬥爭，不完全是大槍拼刺刀，你要鬥爭，主要是鬥指揮，我們的智就是黨的政策、毛澤東思想，堅決反對逼供信，那種低級趣味的遊街呀，掛黑牌子呀，實際上不能解決問題。遊一次街也不一定能把他遊臭，可能群眾看到你天天遊，他還討厭了。只有把他的罪惡揭露出來，公佈與眾，這樣才能教育群眾。打他一頓，只能觸及他皮肉。要觸及他的靈魂，就是要打他的痛處，把他的罪惡徹底揭露出來，發動群眾把他揭發出來，這樣才能教育群眾，把他徹底搞臭。還有些單位，私設公堂，少數人以派性專政，抓起來打人，這是錯誤的，不能這樣搞。你打出來的，逼供信的東西，不是真的，它可能是真真假假，假假真真，把你搞得糊里糊塗。我們只有很好地交待政策，向敵人也要進行很好的政治思想工作。

五、要把各級革命委員會建設成為一個名副其實的非常革命化、非常戰鬥化的革命司令部。

要把這一場挖黑線、肅流毒的人民戰爭進行到底，奪取無產階級文化大革命的全面勝利。最重要最關鍵的問題，是把革命委員會建設成為有無產階級革命權威的革命司令部。

我們偉大領袖毛主席教導我們：「革命委員會要實行一元化的領導，打破重疊的行政機構，精兵簡政，組織起一個革命化的聯繫群眾的領導班子。」毛主席的光輝指示，為革命委員會建設指出了根本方向。

為了認真貫徹執行毛主席的偉大教導，全區各級革命委員必須認真整頓，這是當前鬥爭的需要，也是長遠建設的需要。

首先要在思想上進行整頓。「革命委員會好」，好在「革命」二字。能不能高舉毛澤東思想偉大紅旗，走不走突出無產階級政治的道路，抓不抓階級鬥爭，有沒有堅定徹底的革命性，是衡量革命委員會好不好的根本標誌，革委會的領導班子要由永遠忠於毛主席，忠於毛澤東思想，忠於毛主席的革命路線的人組成領導班子。要突出無產階級政治，突出無產階級政治就是要突出毛澤東思想。這個班子是個戰鬥司令部。就是要抓階級鬥爭，不抓階級鬥爭和敵人和平共處，那將來不是革命委員會把敵人改造了，就是敵人把革命委員會的人改造。這樣一個革命委員會將來是搞資本主義、修正主義的溫床。我們有些革命委員會抓階級鬥爭好，抓得比較狠，有些革命委員會抓階級鬥爭抓得不狠。當然這裡邊也有個經驗、條件，但是起碼作為領導要考慮這個問題。如果革命委員會沒有革命性，那就不能叫革命委員會。革命性就是無產階級革命派徹底革命性，革命委員會要用毛澤東思想建設，這是個根本問題。必須狠抓革命委員會中領導幹部的精神狀態。革命委員會中有一部分過去站出來的革命領導幹部，現在精神狀態是不好的。因此，用毛澤東思想來建設革命委員會，這是首要問題。必須指出，在整頓中要狠抓革命領導幹部的精神狀態問題，徹底改變有些幹部精神不振，怕錯、怕反覆、怕得罪人，不敢講、不敢表態，甚至讓人家牽著鼻子走的狀態。我們革命領導幹部在文化大革命中多少犯了些錯誤，受到群眾批評，這個問題應該正確認識。文化大革命是觸及每個人靈魂的大革命，幾十年工作中總會有點錯誤的。在文化大革命中革命群眾起來批評，應當

是促進你的思想跟上，不能埋怨群眾，應當是感謝群眾。有些人甚至進了革命委員會採取打擊報復，這樣站出來的幹部過去沒有垮臺，如果繼續這樣搞，就自己給自己創造了垮臺條件，就是結合到革委會後，將來還是有垮臺的時候。怕犯錯誤就不敢工作，不工作就是最大的錯誤。革命首先要有幹勁，沒有幹勁工作能作好嗎？那種當一天和尚撞一天鐘什麼也不管的人，文化大革命中他們的日子好過，這一次很多造反派就把他們結合過來了。那麼現在造反派相信你，把你結合進革命委員會中來了，應當努力工作。犯錯誤有什麼要緊，毛主席說，犯錯誤改正就行了。不要堅持錯誤。我們還有和事老，怕得罪人，那一派也不得罪，那一派也不說他壞話，他在中間隨大流，這是一種什麼幹部呢？毛主席講了三條經驗：革命領導幹部、軍隊代表、群眾的代表三結合。群眾代表幹勁一般比較強的，結合進來也還是不落後，為什麼我們領導幹部精神狀態就那樣不好呢？應當又一個自我革命的精神，你真正做了大量工作，犯了一些錯誤，你有60%或70%的成績，犯了30%的錯誤，成績還是主要的，比你不做工作強多了。這樣群眾完全可以幫助，可以原諒的。我們要反對這種和事佬。所謂和事佬就是旗幟不鮮明，嚴格說立場不是那麼十分堅定。還有的是老滑頭，一到個人時就溜到後邊，把別人推上前線，你自己為什麼不上前線呢？應當按照毛主席教導，那裡緊張那裡重要就要到那裡去嘛。可是有些同志那裡緊張那裡他就越不去。這種精神狀態要反對。這種幹部當然是少數。這種人雖沒有大錯誤，但是他在革命委員會中有他無他都是一樣的。這樣的人何必要他呢？還有一種犯了錯誤，犯了錯誤應當取得經驗教訓，在鬥爭中改麼。毛主席教導我們，在游泳中學游泳。游泳中喝了幾口水就取得了經驗了麼，再起來幹就不犯錯誤或不犯大錯誤麼。起碼一條是不要堅持錯誤麼。沒有什麼可怕，你只要作的對，群眾是看的見的，廣大群眾是通情達理的。當然我們革命造反派應該支持站出來的革命領導幹部。造反派是在革命委員會的領導之下進行工作。各個單位的造反派的總部不能置於革命委員會之上。革命委員會是掌握了黨政財文大權的。現在有些群眾組織部積極支持革命委員會，而是要革命委員會領導同志按他的意圖辦事，這就不對了。毛主席號召我們革命委員會要一元化領導，一個單位有兩重政府，那不就成了兩套馬車了嗎？這就不能一元化了。同時要狠抓克服革命群眾代表中的資產階級、小資產階級派性，增強黨性問題。參

加革命委員會的某些造反派中間有派性，這種派性不是無產階級派性，是資產階級、小資產階級派性，甚至包括革命委員會中一些主要領導幹部也有派性，他們不是代表這個地區幾十萬幾百萬人，而是代表某一個基層某一個組織的宗派頭頭。這樣的革命領導幹部辜負了毛主席領副主席對他的期望，辜負了群眾對他的委託。革命委員會是個戰鬥的司令部。領導班子就是國家機器。你這個領導班子中不是公平合理，對群眾、對各派不是一視同仁，而是親一派、疏一派，這實際上就是宗派主義。搞宗派主義的人必然搞兩面派。群眾代表參加革命委員會地位變了，群眾把你提到一個領導地位上來，是讓你領導這個地區的人民為人民服務，不是為你那個總部服務。這個問題在很多革命委員會中還未徹底解決，特別是革命委員會必須克服資產階級、小資產階級派性，加強無產階級黨性，不能有其他的什麼派性在裡邊。我想順便提一提，在我們內蒙地區存在一部分造反派在組織上聯合了，思想上沒有聯合，總想把別人吃掉，搞垮，這是軍閥主義，過去的軍閥就是這樣大魚吃小魚。也就是宗派主義，實際上也是分裂主義。造反派難免犯錯誤，主要是某些頭頭，廣大群眾是沒有責任的。如果他們的頭頭真正是壞人，要發動群眾揪出來。如果是好人犯錯誤就要幫助教育。不應採取壓制一方，甚至想把別人吃掉。我們要堅決反對這種軍閥主義的行為。這種行為不合乎人民利益，不合乎毛澤東思想。所以我們革命委員會對造反派正確的要支持，錯的要批判，要求要嚴格。錯誤的不指出，實際上就是害了他，使他繼續犯錯誤。

還有一種對立情緒。這種對立情緒一個就是對當地造反派本來就是對立的，本來這個問題按黨性辦事，可以解決。再一個問題是大派與小派，甚至壓過去犯錯誤比較多的那一派。兩派都是造反派，不犯錯誤的造反派沒有。有的犯得多一些，有的犯得少一些，有的改正得快一些，有的改正得慢一些，再有一種是把自己的眼睛盯著對方，不按照毛主席教導多作自我批評，這種情況在包頭有沒有這樣大魚吃小魚現象，我不知道，其他地區有，起碼巴盟過去有，現在有沒有不知道。巴盟的「東聯」和「直聯」是長期對立的。「東聯」和「直聯」都是造反派，「東聯」在對「直聯」的工作和態度上是有錯誤的。他們對革命委員會的態度是不好的。但是兩派都是造反派，應當聯合麼，兩家姿態都高一點，不就解決了麼。另一方面我看你們兩派中間恐怕總還有壞人，希

望你們提高階級鬥爭觀念，不要認為老造反派過去是風雨同舟。同志們，林副主席教導我們，人與人的關係，只能是階級關係，政治關係。老同事，老部下，老同鄉，老同學，老造反派，這一切都差不多的，要用毛主席革命路線去衡量。還有一些地區一派把另一派壓垮了，這很不對。我們現在不是去年，去年這個時候已經解決了麼，紅衛軍、紅色戰士、什麼保守組織，那些傢伙他是站在劉鄧司令部的麼，是烏蘭夫、王鐸、王逸倫那個路線上的麼，我們當然要讓他解散。現在是無產階級革命派當權了，對犯了錯誤站錯隊的群眾應當把他們爭取教育過來麼。主要的矛盾是在造反派手裡了麼。現在在內蒙地區真正保守組織是完整的還沒有麼。造反派中間有錯誤多的有錯誤少的，我們歷來的認為是造反派犯錯誤是准許他犯的，但是也要堅決改正錯誤，堅持下去那是不對的，那就要走向反面。那麼造反派的廣大群眾是不是每一個的錯誤都一樣多呢？那就不一定，例如二冶井崗山的馬錦雲是個壞傢伙，但井岡山的廣大群眾是革命的。所以我們不能以這一派的個別壞頭頭就否定這一派的大方向，否定這一派的革命性，否定它的存在，這種作法特別是在當前這種情況下是完全錯誤的，是違反毛澤東思想的。這個問題實際上大概是兩個問題，一個問題就是革命委員會的領導上游派性，因此他自己腰杆子不硬，不能正確處理兩派的矛盾。對他親近的那一派是老虎屁股摸不得，一拍就是跳起來，那麼就對它遷就。對反的那一派，就採取讓這一派去壓倒，這樣的態度非常錯誤。第二個問題就是他們過去衝擊革命委員會犯了嚴重錯誤，我批判了他們，你衝擊革命委員會，放著走資派不管，實際上就是為烏蘭夫翻案。但是我是講它的頭頭啊！並沒有講他們的群眾啊！為什麼要把那一派壓垮啊？這就不對麼。我們從來就很清楚頭頭要和群眾區別開來，如果頭頭是壞人，那他就不是造反派。有錯誤應當批評教育。甚至養成這一派，那一派，我們想很多造反派是這樣的，他們過去就是把那一派捧到天上去了，搞得嬌生慣養，摸都摸不得，一摸就跳起來，那怎麼行呢？總而言之，對犯錯誤的要幫助批評，犯錯誤少的也要批評幫助。在大方向一致的前提下，聯合起來，一致對敵。我們現在是和國民黨打仗是主要的？還是你們兩派打仗是主要的？兩派你把我當敵人打，我把你當敵人打，打到什麼時候啊？真正的國民黨你不打了。這種作法是很不對頭的。我們革命委員會要認真進行兩條路線的教育，深刻檢查在這場「挖肅」鬥爭中是否

真正忠於毛主席、忠於毛澤東思想、忠於毛主席的無產階級革命路線，從而不斷提高階級覺悟和路線鬥爭覺悟，堅定地率領廣大革命群眾向階級敵人發動猛烈的進攻，再不要搞派性。

組織上，一方面還要精簡機構，另一方面要把混入革命委員會的一切壞人清除出去。純潔組織，鞏固無產階級專政。我們革命委員會有個別壞人，某一些革命委員會個別革命委員會中間有個別壞人，因為在社會主義條件下，敵人是打著紅旗反紅旗的，群眾一時識別不了他，領導上也沒有認準他，但是他鑽到革命委員會中。那麼我們革命委員會發現他不是個好人，是個壞人，應當把他們清洗出去。當然清除的方法，我指的壞人是指烏蘭夫死黨分子、民族分裂主義分子、特務、叛徒、地富反壞右等這些人，甚至是出身不好的在文化大革命表現不好的破壞文化大革命的鑽進革命委員會利用他的權利地位關係搞背後活動，在革命委員會內部搞分裂，搞派性，這些人就是壞人，應當把他們清楚出去。我們的革命委員會就是要由永遠忠於毛主席、永遠忠於毛澤東思想、永遠忠於毛主席革命路線的人組織起來。有些人思想上有些右傾，工作中有些錯誤，那應當幫助他，教育他，使他改正錯誤，不能使你有錯誤就把你趕出去。我講的是指壞人，所謂壞人就是指不是無產階級司令部的人。我們革命委員會要充分發揚民主，但是又要反對無政府主義，要實現毛主席講的在民主基礎上的集中，在集中指導下的民主。大家開會時什麼意見都可以講出來，把大家的好意見，符合毛澤東思想的意見集中起來，變為革命委員會的整體的整個意見，到群眾中去實行。不能使一個革命委員會有幾套馬車，你說你說的對，他說他說得對，最後爭論不休，那就不是革命委員會，那是資產階級議會。資產階級議會就是爭論不休。我們既然要為人民服務的，我們錯誤的就改麼，正確的批評要接受，如果革命委員會搞無政府主義，那是不准許的。我們先是有政府，革命委員會的政府。但是我們要防止過去有這種習慣：一個人說了算。這不好。應當集中大家的智慧，當然最後總還有一個人把它綜合起來，把大家的意見綜合起來，成為革命委員會的整體意見，不要一而不對，再而不行，會議上爭論不休，會後自由主義。這種革命委員會實際上不叫好。

作風上，我們必須堅決改變新機構就作風的惡劣傾向，堅決貫徹人民解放軍的三八作風。機構是新的制度還是舊的，工作效率很不高，一個問題踢

皮球，今天踢到這個地方，明天踢到那個機關，半個月批不下來，這是什麼作風？這是舊官僚作風。我們的革命委員會應當又一個新的革命風尚，就是有一種革命精神。革命委員會的工作人員敢於負責、勇於負責，也要雷厲風行、聞風而動，我們有些好的單位就是這樣，主席指示出來連夜傳達、連夜討論、馬上就動起來，而且不是浮皮的動，而是扎扎實實的抓，按主席指示辦事。我們要反對那種浮漂虛誇官僚作風，我們工作作好了，就是作好，沒有作好就是沒有作好，踏踏實實。

另外，軍隊要堅決支持革命委員會，支持革命領導幹部的工作，要把人民解放軍的堅持四個第一、抓活思想、貫徹三八作風等突出政治的光榮傳統帶到革命委員會裡來，革命群眾組織的代表也要支持革命委員會和革命領導幹部的工作。四個第一、抓活思想、三八作風、突出政治這是毛澤東思想，並不是那一個解放軍、那一個人特有的。因為我們的軍隊是毛主席締造的，林副主席親自指揮，所有他有這種優良的傳統作風，這種作風既然能夠在解放軍裡能夠適用，為什麼不能再我們地方工廠、農村、機關適用呢？學校適用呢？呼市五中不是搞四好連隊嗎？我看這個辦法就很好嘛。軍隊支持革命委員會，也就支持地方革命領導幹部，站出來的革命領導幹部。應當敢於給他們撐腰，給他們想辦法，幫助體貼他們的困難，應當很好地合作。革命群眾代表應該支持革命領導幹部，革命造反派革命小將參加革命委員會最好是不脫離生產了，實際上現在有很大一部分時間在革命委員會工作。我們革命委員會應當把他們推到第一線，使他們得到鍛鍊，把任務工作方法交待清楚，錯了沒關係，領導上給他承擔責任，給他總結經驗，使那些革命小將能夠在階級鬥爭大風大浪中去鍛鍊，只有這樣才能夠培養他們將來的工作能力。他們犯錯誤沒關係，不是壞人辦壞事，是好人沒有經驗犯錯誤麼。革命委員會中老中少結合起來。革命委員會中有老頭了，像內蒙革命委員會中我們這是些人就是老頭了，不行了，真正幹工作還靠少年、壯年、青年、革命小將去幹了，但是有個互相幫助，互相支持，就是革命領導幹部、解放軍敢於放手讓革命小將去工作，革命小將、造反派對這些領導幹部第一個問題就是信任，不信任怎麼能支持呢？這裡有個互相信任，互相幫助。這樣我們的革命委員會老中少結合起來，才是一個生動活潑，革命性很強的領導班子。不然的話我們的領導班子還是像文化大革命以前那

樣，以前有一些不適合社會主義上層建築的那些機構已經砸垮了，現在按照毛澤東思想重新建立的革命委員會，這樣一個有無產階級權威的機構也應當又一個文化大革命以後的生龍活虎的氣象。我們有些站出來的革命領導幹部就缺乏這個勁兒。不知道文化大革命以後人的精神面貌發生了根本的變化，還是過去那一種舊習慣、舊作風、舊思想，應當有一個新的作風，新的精神，這樣我們的革命委員會就真正成為一個領導廣大革命群眾向階級敵人作鬥爭的無產階級司令部。總之，要互相支持，互相幫助，團結一致，共同把革命委員會建設成為一個非常革命化、戰鬥化的革命司令部。我們各盟市、旗縣的革命委員會要有計劃有步驟的整頓。整頓主要是在思想上、組織上，這是必要的，要把壞人清除出去。

同志們，內蒙自治區正處在革命的高潮中，形勢大好。我們必須緊跟偉大領袖毛主席，緊跟毛主席的偉大戰略部署，牢牢掌握鬥爭的大方向，戒驕戒躁，乘勝前進，發展大好形勢，奪取無產階級文化大革命的全面勝利！

毛主席的無產階級革命路線勝利萬歲！

無產階級文化大革命全面勝利萬歲！

毛澤東思想勝利萬歲！

我們偉大領袖毛主席萬歲！萬歲！萬萬歲！

（根據記錄整理，未經本人審閱）

42.滕海清同志對文藝界的講話（1968.06.21）

編者按：六月二十一日晚，內蒙古革命委員會主任滕海清同志在呼和浩特新城賓館俱樂部對內蒙古自治區文藝界的部分革命同志作了重要講話，出席報告會的有內蒙古革命委員會副主任委員高錦明，常委權星恒、郭以青、王金保等同志。王金保同志也在會上發了言。聽取報告的還有自治區教育界和衛生界的部分革命同志。滕海清同志的講話（根據錄音整理，未經本人審閱）全文如下。

　　今天和文藝界的同志們開一個單方面的座談會。我很想聽聽同志們的意見，因為最近在開會，沒有時間，人又這樣多。今天不是開什麼會，也不是什麼總結。我想就文藝界文化大革命談些意見。最近情況不太瞭解，僅供同志們參考。

　　同志們！文藝界的挖肅鬥爭從去年十一月份就開始了，江青同志對北京文藝界講話以後，我記得我們革命委員會是十六號聽了江青同志的講話錄音。以後革命委員會就決定，文藝界應當按照江青同志的指示，把文藝界的文化大革命向縱深發展一步。文藝界的運動現在是半年多了。半年多來革命委員會對文藝界的工作還是重視的，我們有很多同志還是做了很多工作。開始高樹華同志抓，做了很多工作，還有文藝辦公室；以後是王金保同志抓，文藝辦公室的同志作了很多工作。半年多來，文藝界的階級鬥爭取得了很大成績。雖然在運動中有過幾個反覆，但這些反覆沒有什麼了不起。反覆麼，就是搞了一段停下來了，停下來以後又搞。但不管怎麼樣，文藝界文化大革命取得了很大成績。在挖肅鬥爭中間，揪出了挖出了各種不少的壞人，這就是很大的成績。文藝界長期以來在烏蘭夫的反革命修正主義、民族分裂主義思想的統治下，鑽進了一些壞人。但是應當看到文藝界壞人總是少數。現在揪出多少人？（答：二百多人）二百人，總是把各種壞人揪出來了，這是很大的成績。文藝界的階級鬥爭的蓋子基本上揭開了，主要的壞人我看基本上是挖出來了。也可能還有。當然要想把敵人挖的光光的，一個也不剩，也是又一個過程的。對一個人的認識也

是有一個過程的，文藝界開始一段不亂，以後亂了一段，這一段亂的不錯，亂的好。亂了以後，現在是大部分聯合起來了。這種聯合可能比過去的聯合更鞏固一些。因為敵人少了，把壞人揪出來了，沒有在裡面破壞搗亂的了，聯合揪可能更鞏固。整個說文藝界的形勢是好的。但是不是還有些落後的單位呢？發展的不平衡呢？我現在不瞭解，因為出去兩個多月了。也可能有些落後的單位，希望落後的單位自動趕上來。肯可能還有些單位發展的慢一些。

江青同志講話之後，文藝界的造反派應該自動地按照江青同志的講話精神辦事，向階級敵人進攻。但是在特古斯揪出之後，一段時間有反覆，以後又有一段時間反覆。反覆的原因，一個是敵人在那裡頑抗；我看主要的還是我們一些領導同志思想右傾；同時我們革命委員會也有責任，領導上下的力量不夠。三方面湊起來才有這樣一個反覆。但根本的原因還是右傾。敵人不管怎麼樣，總是少數。真正革命的同志什麼時候總是多數。

為什麼右傾呢？第一，看不見敵人。好像把布赫這些人揪出來後，文藝界基本上沒有敵人了。看不見敵人這是最大的右傾。第二，害怕群眾，害怕群眾起來革命。這就適應了敵人的需要。敵人在那裡，你看不見，敵人還不高興嗎？另一方面敵人是害怕群眾起來的。是不是敵人，是好人還是壞人，廣大群眾是知道的，怎麼也隱瞞不過群眾的眼睛。敵人就害怕群眾。我們造反派同志在前一段犯了錯誤，有些群眾組織的頭頭犯了錯誤，害怕群眾，這就恰恰適合了敵人的需要。當然主觀上不是那樣想，實際在客觀上，我們右傾就把敵人保護起來了。

我們有些同志，特別是造反派的一些同志，兩條路線鬥爭的覺悟不高。在反對資產階級反動路線的時候，造反派站隊站對了，站到毛主席革命路線上來了。文化大革命向縱深發展了，毛主席的革命路線取得決定性勝利，無產階級文化大革命取得決定性勝利的時候，這時我們不僅把中國最大的走資派中國赫魯曉夫和內蒙的代理人烏蘭夫揪出來了，還把其他的像王鐸、王逸倫也揪出來了。好像敵人已經是搞垮了。沒有看到烏蘭夫的勢力，中國赫魯曉夫的社會基礎那些烏蘭夫的死黨和特務、叛徒、沒有改造好的地富反壞右和其他的一些人混進了我們無產階級革命派隊伍裡面。這些人在文化大革命中披上了造反派的外衣鑽進來，當然這些反革命修正主義分子鑽到了我們黨裡、政府裡、軍

隊裡，鑽到文藝界就更多一些。這些人總是打著紅旗反紅旗。他們總還是用革命的口號來蒙蔽群眾，我們造反派在這個時候右傾，就是看不到這些。在社會主義條件下的文化大革命，敵人與我們鬥爭的主要特點就是階級敵人打著紅旗反紅旗。文化大革命的另一個特點就是兩個階級、兩條道路鬥爭主要的是反映到我們黨裡的兩條路線的鬥爭。文化大革命搞了二年多了，我們造反派開始時站在毛主席革命路線上了，後來卻沒按照毛主席的教導「**不要吃老本，要立新功**」去辦事，好像第一次站對了，就永遠站對了。第一次反對資產階級反動路線時，我們站對了，站在了毛主席革命路線上，把中國赫魯曉夫在內蒙的代理人烏蘭夫揪出來了，打倒了，這是毛澤東思想的偉大勝利，是毛主席革命路線的偉大勝利。但是在文化大革命取得決定性勝利的時候，向縱深發展的時候，我們要徹底地清理我們的階級隊伍，要把我們階級隊伍裡面的一切壞人和中國赫魯曉夫及烏蘭夫黑線上的叛徒、特務和真正的壞人，也就是他們搞資本主義復辟搞修正主義的社會基礎，把這些壞人統統挖出來的時候，我們的同志右傾了，看不到敵人了。毛主席的革命路線就是階級路線，也就是群眾路線，要相信群眾，依靠群眾。在這個時候，有些同志不知不覺地離開了毛主席的革命路線。他們好像覺得自已還是站在毛主席革命路線上，實際上是右傾了。既看不見敵人，又害怕群眾起來革命，特別害怕站錯隊的人起來革命，就連造反派內部有的同志要起來革命，也要壓制，也要捂蓋子。這實際上背離了毛主席的革命路線。同志們，前一段文藝界有些造反派的頭頭捂蓋子捂得很厲害呀，因此，有些同志犯了錯誤。當然大多數是好同志，是好人犯錯誤，但有一些人本來就是壞人，他們那麼幹就是他們階級本能決定的。我們有些同志並不是壞人，就在這一段離開了毛主席革命路線。離開了毛主席革命路線一步，就是對毛主席不忠，就是對毛澤東思想不忠。我們天天說要忠於毛主席，忠於毛澤東思想，忠於毛主席革命路線，可是毛主席的戰略部署，毛主席的最新指示，不能夠落實，躺倒吃老本，不知不覺地離開了毛主席的革命路線，那就根本談不上忠於毛主席了。當然，這些問題大多數都是認識問題。好人犯錯誤，改了就行了。歌舞團趙忠義來了沒有？（趙答：來了。趙站起來。）你是好人犯錯誤，應該站起來革命。你這個同志，——坐下！（趙坐下）在歌舞團你是個頭頭，當然我知道你是個傀儡，後面有人在搞你的鬼，自己不知不覺上了當，起

了捂階級鬥爭蓋子的作用。你是好同志犯了錯誤，現在要起來革命嘛。文藝界還有好多像趙忠義這樣的同志。這是因為我們思想落後於形勢，革命向前發展了，我們思想還是在原地踏步，因此思想跟不上形勢，跟不上群眾，跟不上黨中央毛主席的戰略部署，跟不上整個文化大革命的形勢。自己總認為做得對，壞人在後面搞些鬼把戲，由於我們的同志階級警惕性很不高，看不出來。廣大群眾的意見聽不進去，少數壞人的意見倒信以為真，這樣就不對了。文藝界因為有些同志捂階級鬥爭的蓋子，有些群眾就拉出來，新組織了其他戰鬥隊，有些同志很擔心是不是又亂了？毛主席說要搞大聯合，我們搞分裂了，有各種謠言，各種看法。那種亂不是亂我們自己，是亂了敵人。那樣一分，有些同志就頭疼啦。其實我們老造反派思想保守，促了一下，這樣一促就把敵人暴露了，我們老造反派當然有點功臣自居，一促對他又幫助，這樣老造反派就轉過來了。檢查了自己的缺點，同新殺出來的戰鬥隊聯合起來，共同對敵，真正地把壞人抓出來。我在三月二十七日的講話中講了京劇團的例子。京劇團那個辦法是好的。開始分裂了，分裂出來的同志對原來思想保守的同志進行了有力的幫助。保守同志轉過來後又聯合起來了，這就很好嘛。現在看歌舞團是不是也是這樣一條道路？（答：是！）當然這一段已經過去了，我今天講這個問題並沒有別的意思，目的是希望同志們吸取教訓。毛主席教導我們：「**不要吃老本，要立新功。**」革命向前發展，不要掉隊。所謂掉隊，掉到哪裡去了？就是掉到毛主席革命路線的另一邊去了，離開了毛主席的革命路線了。希望同志們總結前一段的經驗教訓。希望過去思想保守的同志，特別是有些頭頭——當然個別頭頭是壞人，群眾已經把他們趕出來了，絕大數都是認識問題，是好同志，——應當總結這個經驗，而且要吸取這個教訓。我們造反叛裡面有些群眾有些小同志，思想一時轉不過來。歌舞團有一部分人思想轉不過來，到底是聽革命委員會的還是聽趙忠義的，沒有把握。到底誰講的對弄不清，思想跟不上。本來這個問題江青同志已經講的很清楚了。我們真正的永遠忠於毛主席，忠於毛主席革命路線，忠於毛澤東思想的革命派，應當是按照江青同志的指示奮勇前進，主動地向階級敵人進攻。為什麼我們有些人就是那樣不覺悟，那樣停止不前，這是什麼問題？是敵人攔著不叫我們前進呢，還是我們自己不前進呢？我看敵人沒有那麼大的能量，原因還在於我們自己。對於如何真正的一寸一步不

離開毛主席的革命路線，就是如何按著毛主席的指示去做，毛主席怎麼講就怎麼辦，中央文革怎麼講究怎麼辦，還是缺乏經驗的。事實上我們同志們前一段所犯的錯誤，歸於一點就是對毛主席的不忠。不管時間多長，一個小時，一分鐘，只要離開毛主席的革命路線，就是對毛主席的不忠。不上這個綱，天天說忠於毛主席，忠於毛主席的革命路線，忠於毛澤東思想的三個忠於，還有四個無限，那只是停留在口頭上的。忠不忠，看行動。同志們回頭看看，你們到底忠不忠？半年來自己的行動，我看可以比較一下。當然敵人那裡操縱、破壞、搗鬼，那時候你們沒辦法，現在就有辦法了。問題還是我們的思想右傾。總結這一段經驗教訓，還是必要的。你們不是辦了兩期學習班嗎？學習班是不是總結了前面一段的經驗呢？我們犯錯誤的同志是不是總結了這一段犯錯誤的原因哪？應當從主觀上去找原因，不要從客觀上去找原因。主觀上的原因就是我們的思想不堅定，還搖擺，對毛主席不是一切忠於，堅定不移。林副主席教導我們說，對毛主席的指示，理解的要執行，暫時不理解的也要執行，在執行的中間逐步的理解。我們沒有按照這樣去做。我們前一段文藝界，說起來，搞得並不比別的地方晚，江青同志講話之後，我們就搞。但由於有以上三個原因，一個是敵人頑抗，一個是造反派內都的右傾，再加上領導不力，我們有責任，所以文藝界文化大革命拖了時間。如果摘的好一些，迅速一些，成績比現在可能更大些。

我們取得的基本成績是：階級鬥爭蓋子基本上揭開了，有可能還有個別的單位有陰暗角落沒有揭開，希望同志們繼續揭；把主要的敵人揪出來了，但還不是已經揪光了，也可能還有些發展不平衡的單位還沒有真正把敵人全部挖出來。那麼，文藝界下一步怎麼搞法？

我認為文藝界的挖肅鬥爭和內蒙整個地區一樣，現在首先就是要繼續抓階級鬥爭，以抓提高路線鬥爭覺悟為中心內容來辦毛澤東思想學習班，來提高大家的兩條線路鬥爭的覺悟。所謂路線鬥爭覺悟，就是指在文化大革命向縱深發展的時候，我們跟上跟不上毛主席偉大戰略部署，我們是不是每時每刻真正站在毛主席革命路線這一邊。如果說你對毛主席的革命路線有動搖有搖擺，那當然就不可能無限忠於毛澤東思想、無限忠於毛主席、無限忠於毛主席革命路線。現在就是要解決我們到底是站在哪一邊的問題。林付主席講：「在現實

的階級鬥爭中，站在哪一邊，這個立場問題，是個首要問題，其它都是附帶問題。」那就是你站在毛主席革命路線一邊，還是站在小資產階級和資產階級派性一邊，還是站在中國赫魯曉夫、烏蘭夫那個路線一邊，這個問題是個立場問題，是個大是大非問題。路線鬥爭覺悟不提高，就看不見敵人，路線覺悟不提高，就不知道為什麼要革命，革誰的命，對「誰是我們的敵人，誰是我們的朋友」這樣的首要問題也是認識不清楚的。為什麼文藝界的一階段那樣右傾，面對那樣多的敵人看不見？一個問題，就是路線鬥爭覺悟不高，站在哪一邊的問題沒有解決，「**誰是我們的敵人，誰是我們的朋友**」的問題沒有解決。現在是不是完全解決了呢？我看還要繼續加強這方面的學習。我們大家要懂得，路線問題就是要不站在毛主席革命路線一邊，要不站在資產階級路線一邊的問題。所謂路線問題，說到底還是一個立場問題。還是一個世界觀的問題。你要站在無產階級立場上，你就很容易看清資產階級的那一套思想行動，你要站在資產階級、小資產階級那一邊，當然對資產階級的東西就聞著很香，對於無產階級的東西你就聞不進去，中央的聲音、毛主席的聲音就可能聽不進去，而階級敵人的馬路消息，他們的謠言，或者風吹草動，在你的腦子裡就很敏感。為什麼呢？因為你的立場沒站對。毛主席教導我們：「**世界觀的轉變是根本的轉變。**」所以說路線問題也就是個立場問題，就是改變一個人的世界觀的問題。我們文藝界文盲很少，工農分子很少，是知識分子成堆的地方。當然，有的知識分子是接受了毛澤東思想，改造好了的。但是要看到，內蒙文藝界在烏蘭夫一貫的反毛澤東思想的情況下，有許多同志中了毒，而沒有很好地學習毛澤東思想，真正地接受毛澤東思想的改造，所以我們要在這方面下大功夫。下一步，第一個問題要辦學習班，提高路線鬥爭覺悟，就是要狠狠地鬥自己的私字，改變自己的立場，把前一階段的教訓作為經驗，回頭來看一看，那一段為什麼你的思想是那樣。拿毛主席的指示對照一下，檢查一下，當然這並不是讓我們坐在那裡檢查是誰的責任，而是要自覺地改造自己，自覺地提高路線鬥爭的覺悟。如果辦學習班不聯繫到文藝界和文藝界各個團體自己的東西，那麼總結前一段那些問題就沒有針對性。當然，前一段我們造反派犯了右傾錯誤，有些造反派的頭頭犯了錯誤，沒多大關係，可以取得教訓，就是要知道錯了就改正。要大辦學習班。現在大家沒有什麼其他任務，就是抓革命，促生產。什

麼演出呀，能演就演，不能演就算，還是把革命抓好，把我們這支隊伍真正地建設成為忠於毛主席、忠於毛澤東思想、忠於毛主席革命路線的非常無產階級化的文化隊伍。前一段是組織上的革命化。有些沒揪完敵人的單位，可以繼續揪。文化大革命就是要搞人的思想革命化。搞了二年人的思想革命化，是不是我們人的思想革命化已經解決了，我看很多同志還是沒有解決。辦學習班要對照自己的思想很好地檢查。

其次，挖出了這些敵人，應該把他們的流毒、他們反動的罪惡肅清。光挖出來還不行，那只是把敵人打亂了、打潰了，潰不成軍了，陣腳亂了，但還沒有把他們徹底殲滅。我們要把他們徹底殲滅，一定要在政治上、思想上、理論上批倒、批臭、批透。這個問題我想文化界現在差得很遠。前一段我聽幾個同志講，說你們那個大批判很不像樣子，實際上明批暗保。把那些黑幫、走資派揪出來。放在那個地方沒有很好地鬥他。沒有把他的罪惡統統揭露出來，實際上把他保的很好，很舒服。像布赫鬥臭了嗎？像文聯的瑪拉沁夫那些人鬥臭了嗎？我看沒有。加上你們以後揪來的。下一步一個辦學習班，先鬥私，鬥了私提高了覺悟，再去批修。批修就是鬥那些黑幫、那些壞傢伙。集中力量，集中火力，集中目標，首先鬥你們文藝界的第一號人物，第二號人物，先把他們批深批透、批倒批臭。我看你們那個地方，有目標，有對象。目標就是一號人物，二號人物，三號人物嘛，還有什麼？你們那裡還有毒草，恐怕還有大毒草。毒草批了沒有？沒有批麼？下一步應當先集中全力對文藝界的一號人物、二號人物首先鬥。搞大毒草的那些人就很可能是文藝界很重要的目標，這樣結合起來，把他們批倒批臭。再不能搞明批暗保了！也就是說，前面第一個戰役挖了敵人，挖了以後。整頓自己的隊伍。辦學習班，提高覺悟和鬥爭水平。現在必須把我們隊伍整頓好，做好戰前準備，把材料準備好，選定目標，集中火力，把文藝界一號、二號人物首先搞倒。當時把敵人挖出來的時候，有些造反派由於認識不清，表面上雖然不講話，但心裡還不服氣，那麼在搞大批判的時候。對這些造反派是個考驗。你敢不敢革命，敢不敢向敵人進攻，敢不敢打殲滅戰，這就是一個考驗。揪出某個壞人，有的人是同意的，有的人心裡不那麼同意。他有自己的看法，但大勢所趨，他在群眾的壓力下不敢講，心裡彆扭，所以我們要辦學習班，首先要提高自己的覺悟。向主要階級敵人進攻的時候，

大家集中力量，集中火力，向敵人進攻，這就是一個考驗。你是一個真正的把無產階級文化大革命進行到底的無產階級革命派，還是一個小資產階級革命派，還是中國的革命同路人，這是一個考驗。特別是，開始思想保守的那些同志，或右傾的那些同志，應該積極行動起來，立新功。前一段保守了，犯了錯誤，思想跟不上，捂了階級鬥爭的蓋子，幫了敵人的忙。問題已經過去了，現在應當立新功，站出來，敢於革命。

還有一個問題，你們揪出二百多人，是否都是打倒對象？我認為這二百人中間，當然有些是叛徒、特務，階級異己分子等等。但有些人犯了嚴重錯誤，但還不是敵人。這一次，向主要敵人進攻的時候，要把他們動員起來。他們不是犯了錯誤嗎？如果他是布赫線上的人，那麼向布赫作鬥爭的時候，他能夠站出來，大膽地揭發，把他所知道的事情，一切事情都揭發出來，那麼這樣做是好的，我們歡迎他。過去你沒有和他劃清界線，現在和他劃清界線，這叫革命的表現。現在要把這部分人動員起來，他們也可以參加到學習班裡面去。必要的時候把他們拿去，需要他們講話的時候，啟發、提高他們的覺悟，要他們站起來重新革命嘛！只要他們願意改正錯誤，回到毛主席革命路線上來，那就看行動，看在文藝界主動向敵人進攻的時候他們表現的是什麼姿態，他是不是真正的徹底的揭露他們的主子。揭露他們那些東西，這是對他的考驗。我們爭取這些人起來革命，只要把他們動員起來了，問題就搞得深，搞得透。很多事情我們不知道，他們是知情人。他們知道得多。他們把問題揭出來了。既教育了群眾，也把敵人批倒了，批透了，批臭了，而且對他自己說也是一種革命的表現。不然你們把這揪出的二百多人怎麼辦？這裡面無論如何還有一部分人可以爭取過來的，能夠拉過來的我們還是拉過來，不是真正的敵人還是把他們拉過來好。但是光拉過來還不行。你們批判了他，現在要考驗他。什麼叫考驗？過去打仗我們捉住了俘虜兵，在戰場上考驗，就看是不是真的對準敵人，是不是拼刺刀。現在我們向主要的敵人，向頭號、二號的敵人進攻。他們是一條線上的，可以考驗他嘛！只要他能站出來大量的揭發，把事實揭起來，這就是革命行動，革命的表現，如果這些人歷史是好的，就是在這樣一些問題上犯了錯誤，能夠大膽地起來革命，經過考驗，大家認為可以解放，就大膽的解放嘛。當然這要經過群眾討論，大家認為這個人真是勇敢的，雖然過去做過

很多壞事，但他現在勇敢地站出來了，揭發了敵人，批判了敵人的一切東西，這好嘛，這是給他一條出路。但是我們現在鬥爭的時候，不一定要開大會。我特別希望你們不要搞低級趣味的掛牌子呀，噴氣式呀，那不好！要搞政治水平很高的講道理擺事實的做法，完全用事實駁倒他。開大會。開幾千人、幾百人的大會。你講一通，我講一通，讓他低著頭，彎著腰，他自己都沒聽到，怎麼能打準他的要害？不要那樣，可以開小型的會。先把材料搞好，必要時開會或開大會教育群眾。最主要的就是批判那些毒草，下點功夫用毛澤東思想對照批判。壞人，跟烏蘭夫掛線的壞傢伙們，特別在文化大革命一直到最近還搞活動的那些人們，主要是用事實，沒有事實是不行的，光放空炮喊口號不行。喊口號是必要的，但實際上是打不倒敵人的。我希望你們在這件事上做一個準備，回去好好研究一下，選好對象，做好準備，做好他們那些知情人的政治思想工作，交待政策，爭取一部分人讓他們起來揭發問題。就是叛徒特務，他們坦白交待了，將來也會從寬處理的。如果有些人就是思想上和他有聯繫，現在和他劃清界限，在戰鬥中去考驗嘛！甚至有些人在組織上有聯繫，跟他搞了很多壞事情，那麼他真正地能夠站出來革命，把他所有的問題都揭出來了，這樣人我們還是要給他出路的。這要交待政策，要很好的學習一下黨的政策。要敢於鬥爭，也要善於鬥爭。什麼叫善於鬥爭？一個是我們自己水平很高，真正是掌握了毛澤東思想，高舉毛澤東思想偉大紅旗，再進一步掌握好黨的政策，用黨的政策去攻擊敵人，第三條是準備好我們知道的材料，材料要核實，要確實，不要放空炮，如果發現知情人，爭取這些人起來揭發東西，那麼很快就會把敵人的問題全部揭發出來。揭發出來了，就可以教育群眾，這樣，就把他搞臭了，把他打倒了。現在，實際上敵人並沒有倒。你看布赫倒了？布赫並沒有倒的！為什麼沒有倒呢？我們過去僅僅觸及了他的皮肉，沒有觸及到他的靈魂，他骯髒的黑東西，我們還沒有真正系統地給他端出來。這一個仗起碼要打他一個月、二個月。這就是把所有揪出的敵人搞深搞透，徹底搞臭。一部分沒有解放的幹部，在這次運動中表現好，敢於鬥爭，通過鬥爭考驗，就可以把他解放。一部分犯了錯誤的而被揪出來的人，在這次鬥爭考驗中表現的好，就可以從輕處理，甚至有些人可以把他解放出來。這樣就逐漸地把真正的一小撮敵人孤立了，打倒了，要解放的幹部解放了，犯錯誤的幹部如果是可以打倒也可以不打

倒的，那我們就盡量爭取不打倒。打倒不打倒要靠他自己，我們要幫助他，交
待政策，要他自己站出來革命。這樣敵人就越來越少了，孤立起來了，目標集
中了。你把主要的一號、二號、三號敵人的問題搞清楚了，那麼他們下面的問
題也容易搞清楚。看這個仗到底怎麼個打法？是先打小的。還是先搞大的？你
們研究一下。我看「擒賊先擒王」，把主要的敵人打倒了，把他的問題性質定
下來了，他下面的那些人的問題就容易搞清楚了。有些人也可以把他們教育過
來，爭取過來。

把這仗打好了，下一步幹什麼呢？經過這次鬥爭，大家真正用毛澤東思想
武裝了頭腦，階級鬥爭覺悟提高了，立場真正轉過來了，毛澤東思想在每個人
頭腦佔領了陣地，壞人揪出來了，我們這個隊伍組織上革命化了，思想上也革
命化了，那麼下一步幹什麼呢？應該是鬥、批、改的問題了。文藝戰線要演什
麼戲，搞什麼創作，排什麼東西，那將來由群眾積極創作，到群眾中去嘛。現
在群眾有許多新的創作，東西很多。你們下去搞三個月兩個月，向群眾學習，
把群眾好的東西集中起來，那自然我們的所有內容也就豐富了，那就好辦了。
問題在於思想。思想問題解決了，將來怎麼演，怎麼唱，怎麼導演，那些問題
好解決。如果我們思想不解決，還是舊思想，毛澤東思想沒有佔領陣地，將來
想演好戲也是不行的。那只能是人家排好了樣板戲，你們照樣去套就是了。當
然，江青同志已經搞好了八個樣板戲，八個樣板戲就可以給你們演上幾年的。
自己就可以不去創作了。工農兵的東西多得很嘛，群眾一天天創造的東西也多
得很。將來怎麼改，怎麼演，是下一步的問題。

過去第一個戰役打了勝仗，現在我們打第二個戰役，這個戰役是比較不
好打的，搞了半年，經過很大的反覆，才把敵入揪出了，甚至現在還沒有揪
完。把敵人揪出來，僅僅打了個預備仗，還沒有殲滅敵人，現在第二個戰役要
殲滅敵人，思想上、政治上要把敵人殲滅，那我們首先是組織自己隊伍，整頓
自己隊伍，用毛澤東思想武裝頭腦，像打仗一樣，要準備炮彈，選好陣地，選
好目標。你們現在是這樣做的嗎？有炮彈嗎？有準備對象嗎？首先是武裝頭
腦，要練兵。在軍事上，練兵就是炮打的怎麼準啦，坦克開的怎麼好啦，手榴
彈扔的怎麼遠啦。我們現在當然不是拿槍炮打，但我們現在也要有子彈。沒有
炮彈，沒有子彈，還是不行的。自己沒有水平，還是不行的，鬥不過敵人。我

們現在要好好整頓自己隊伍。要特別注意子彈炮彈最多的地方，這個那方就是你們揪出的那一二百人。我們最後不是要找到第一號、第二號敵人嗎？我說你們揪的那些敵人、壞人，甚至有的可能不是敵人、壞人。而他們掌握的炮彈子彈最多。你們怎樣能把他們的子彈、炮彈自動地用他們的嘴已打出來，打向敵人，這股力量靠我們去做工作。這樣做，你們是不是說我們右傾了？這不是右傾。我們要執行黨的政策，對敵鬥爭要講政策的，如果你不是執行正確的政策，就是執行錯誤的政策，錯誤的政策就是不講政策，搞武鬥、掛牌子、搞噴氣式。搞那些東西，那叫什麼政策呀？我們要講政策，對敵人也要講政策，給他們出路嘛。**「坦白從寬，抗拒從嚴」**，爭取他們立功贖罪，將功折罪。爭取他們立新功，爭取他們重新起來革命，這就叫分化瓦解敵人，最後把一小撮敵人孤立起來，把他殲滅了。那麼我們同志們中間右傾思想還有沒有啊？我看還是有的。你不要以為文藝界現在右傾思想沒有了，還是有右傾思想的。中央提出，三右主義是在文化大革命取得決定性全面勝利時候的最大的危險，在各地區、各部門都存在這個問題，甚至包括我們好多同志的腦子裡面。三右一定要反。但是我們也要反對那些形「左」實右的做法。形「左」實右的做法，實際上是給敵人幫忙，破壞黨的政策，我們反對形「左」實右的那些現象。我們說的右傾，就是指看不見敵人的危害性，看不見敵人要搞資本主義復辟，要搞民族分裂主義，要破壞文化大革命，要奪權，要專政，我們的腦子裡邊敵情觀念很弱，這就是看不見敵人的右傾。另一種就是害怕群眾，壓向群眾起來革命，不敢發動群眾。還有一種右傾，就是不敢真正地向敵人、向多數犯了錯誤的人做政治思想工作，不敢去交待政策，而搞一套形「左」實右，什麼遊街，掛牌子、噴氣式，逼，供、信，打人等等。這都是違反黨的政策的，這都是形「左」實右。實際上都是右傾，這種右傾同樣是幫助敵人。我們不要搞逼、供、信，逼供、信出來的東西是不可靠的，將來人家是要翻案的。我們要按照毛主席的教導，實事求是，他是什麼錯誤，什麼罪惡，什麼事實，都要有時間，有地點，有文字，有旁證。不是憑我們腦子想他怎麼樣怎麼樣。這樣就不好了。要發動群眾大量揭發，特別是要那些知情人揭發。另一個，你們對一些過去歷史上沒有什麼問題，就是在這次犯了右傾錯誤的造反派頭頭，只要他們承認了錯誤，就不要他們禁管起來。要讓他們起來跟著革命，在這次革命大批

判中考驗。真正的叛徒、特務，沒有改造好的地富反壞右，還有一些烏蘭夫死黨，那些人也還是可以做工作的，還是可以讓他們起義的。把一些犯了錯誤的造反派的頭頭經過教育、批評，只要他們願意承認錯誤，還要團結他們，同他們一起來革命。允許人家犯錯誤，也要允許人家改正錯誤。這是好人犯錯誤。壞人做壞事，那是他的階級本能所決定的，他必然要幹壞事。對他們還是要做工作，交待政策。

最重要的一條，就是希望同志們好好把毛澤東思想學習班辦好，好好把自己隊伍整理好，發動總攻擊。包頭不是搞大會戰嗎？你們文藝戰線也可以搞大會戰。你們可以派少數人到包鋼、二冶去學習學習，看看人家怎麼搞的。搞大會戰就是抓住主要敵人，有充分的根據。我想你們文化戰線文化水平高，辦法就多了。你們要想盡一切辦法，把敵人打倒，把自己隊伍組織好。現在沒有聯合好的單位，如果夠條件，那就聯合起來。個別單位階級鬥爭蓋子還沒有揭開，我今天不點名，希望你們自覺一點，要趕上去，後來者居上，我相信，是能夠用毛澤東思想把文藝這支隊伍整理好的！

今天我講了這麼多，供同志們參考。

《新文化》第三十六期
內蒙古宣傳口《文化戰線》新文化編輯部
一九六八年六月二十八日

43.內蒙革委會核心小組召開三次全委擴大會議各組召集人彙報會議
——滕海清同志在會上作了重要講話（1968.07.06）

七月六日晚，自治區革命委員會核心小組召開全委擴大會議各組召集人彙報會議。出席彙報會議的有滕海清、高錦明、權星垣、李樹德等同志。核心小組聽取了各組的彙報後，滕海清同志作了重要講話。

滕海清同志說：這次全委擴大會會議，是革命化的會議，要很好地抓緊，要集中精力。

各組要很好地掌握，要開展自我批評，特別是各級革命委員會的領導同志，要帶頭作自我批評。這次會議有很多群眾的代表來參加，領導同志要接受他們的批評，我們要養成批評和自我批評的作風，這就是群眾監督嘛！也是開好這次會議的重要問題。自我批評是我們黨的三大作風之一，也是我們革命委員會的作風。革命委員會好，好就好在他是革命的。要革命就要按毛澤東思想辦事，要革命就要有自我革命精神。不要自己有缺點不敢講，自己不講人家也是知道的，自己講了就主動。如果都找對方的缺點，都去算老帳，越算越算不清，都作自我批評，問題就好解決了。自己有缺點，自己講了，別人沒有講的了，這不就主動了嗎？越不講就越被動。這次會議就是要強調自我批評。

過去有些同志受了些壓，有些委屈，想出出氣，就讓他出嘛！當然我們不去引導，他們把意見講出來，這就是對領導的批評嘛！

這也是對群眾的態度問題嘛！當面講比背後講好。革命委員會聽不得不同意見，那將來還成個什麼樣子！

這次會議發了很多文件，最主要的就是學習毛主席的三條最新指示，其他都是參考。對主席的這些最新指示，執行得怎麼樣？這次會議就是要用主席的三條指示檢查我們的工作，找出差距。差距不是有沒有，而是大小的問題。杭後、寧城先進，但也還是有差距。你認為你沒差距，你就不能前進啦，那就是驕傲自滿啦！要通過找差距來檢查我們對主席的最新指示是不是落實啦！檢查我們是不是忠於毛主席的革命路線！

各單位有不同情況，各盟市、廠礦、學校情況也不一樣。各盟市、各單位都要根據自己的情況很好檢查、總結一下。全面總結，找出差距，才能做到心中有數，這也是克服驕傲自滿的好辦法。存在什麼問題，就高姿態檢查什麼問題，就立即改正。各地區、各單位情況不一樣。你們單位到底有什麼問題，你自己知道。下面對旗縣、對盟市、對自治區革命委員會有意見，敢提就好，要讓大家提。

各盟市存在的根本問題就是對毛主席的最新指示落實的不好，路線鬥爭覺悟不高。所謂對毛主席革命路線不理解，就是不能正確對待群眾，不能正確對待自己。這個問題很多地方還沒有解決，因此產生親一派，壓一派。兩派群眾組織，有的錯誤多一點，有的錯誤少一點，對他們應當一視同仁。壓是壓不垮的，到一定時候還會起來。毛主席早就教導我們，對犯錯誤的造反派要採取批評、幫助、聯合的原則。個別頭頭不好，不等於這個組織不好。對造反派，正確的就支持，錯誤的就批評。造反派誰的話都不聽，老虎屁股摸不得，那還是什麼造反派，那還能成為接班人！有些人經不起表揚和批群。表揚了就翹尾巴；批評了就跳起來，這還不是驕傲自滿。有些同志，犯了錯誤，你怕什麼？你又不是黑幫，又不是走資派，工作上有些錯誤，改了就好嘛！我們有責任把青年一代帶出一個好作風。

呼市幾個高等院校，程度不同地都存在一些問題，當然這不是主流。在這次會議上都要很好地做自我批評。幾個大學的問題要靠你們自己解決。要緊緊抓住大方向，團結起來共同對敵。有的大學、中學搞得好的，可以介紹一下經驗。

上面談的這些問題，都是支流。全區的主流還是形勢大好，成績很大。

會議討論時間不夠，延長一天，時間再不夠，可以介紹經驗，以後再結合討論。各機關也要好好學習一下。

有的組，白天開大組會，晚上旗縣小組準備，這個方法好。

44.內蒙古自治區革命委員會關於當前挖肅鬥爭中應該注意的幾個問題的通知（1968.07.06）

各盟（市）、旗（縣）革命委員會，公安機關軍管會，群眾專政指揮部，各革命群眾組織：

在毛主席無產階級革命路線的指引下，全區形勢此以往任何時候都好。為了進一步全面落實偉大領袖毛主席的一系列最新指示，鞏固和加強無產階級專政，嚴防階級敵人乘機破壞，更深入地開展挖烏蘭夫黑線，肅烏蘭夫流毒的鬥爭，奪取無產階被文化大革命的全面勝利。特作如下通知：

一、不准隨意抓人。凡屬必須依法拘留和逮捕的反革命分子、犯罪分子，除由各級公安機關軍管會按規定權限執行外，其他任何機關團體和個人都不得私自抓人。

二、必須堅決貫徹執行自治區革命委員會《關於在挖烏蘭夫黑線肅烏蘭夫流毒鬥爭中的幾個具體政策問題的意見》，嚴格區分兩類不同性質的矛盾。在處理刑事犯罪案件中，要把武鬥的指揮者和幕後挑動者同受蒙蔽參與武鬥的一般群眾區別開來；要把貪污盜竊、投機倒把、流氓犯罪、賭頭賭棍同一般犯有偷摸行為、零星私販行為、一般生活作風、偶而參與賭博的行為區別開來。

三、各級革命委員會要加強對群眾專政指揮部的領導。當地支左部隊和公安機關軍管會對群眾專政指揮部要積極支特，熱情幫助，並派人具體指導。群眾專政指揮部的任務是：宣傳毛澤東思想，發動群眾，組織群眾，依靠群眾，穩、準、狠地打擊敵人，堅決捍衛以毛主席為首，林副主席為副的無產階級司令部，保衛新生的革命委員會，並積極協助各級公安機關軍管會執行專政任務。群眾專政指揮部的領導班子，必須高舉毛澤東思想偉大紅旗，密切聯繫群眾，成為執行、捍衛黨的各頃方針政策的模範。因此，參加群眾專政機構的工作人員，必須政治可靠，作風正派，大公無私。

群眾專政機構，只能在實現了革命大聯合和革命「三結合」的旗（縣）以上的城鎮建立。兩派對立嚴重的地方暫緩建立，已建立的要進行整頓，待實

現革命大聯合後，再組織統一的群眾專政指揮機構。各基層單位不再設立「群專」分部或小組。公社以下一律不建立群眾專政指揮機構。過去建立的，立即撤銷。農村牧區應堅決依靠廣大貧農（貧牧）下中農（下中牧），團結中農和農村其他勞動人民群眾，把一切暗藏的階級敵人統統地挖出來，對地、富、反、壞、右，就地進行監督管制、勞動改造。

群眾專政指揮部一定要緊跟毛主席偉大戰略部署，緊緊掌握鬥爭大方向，把鬥爭矛頭始終對準一小撮階級敵人。不准利用群眾專政支一派，壓一派，不准一派對另一派專政，不准利用群眾專政報私仇，打擊好人，包庇壞人，實行資產階級專政。

四、對於應該實行群眾專政的人，除有現行破壞活動，必須依法懲辦外，都應交給群眾批鬥，就地監督改造，一般不要集中看管。

五、關於「群專」，隔離反省的批准權限要從嚴掌握。今後凡需實行「群專」的對象，應由本單位革命群眾討論，經當地群專指揮部審查，報請所在地的革命委員會批准執行。必須實行隔離反省的幹部，應按幹部管理權限報批後執行。過去來經批准而實行隔離反省的，由群專指揮部審查處理。

六、嚴格執行**「坦白從寬，抗拒從嚴」**的政策，對一小撮階級敵人既要通過擺事實，講道理進行批鬥，同時也要交代政策，指明出路，分化瓦解。

要遵照毛主席關於**「對任何犯人應堅決廢止肉刑，重證據而不輕信口供」**的教導，堅決貫徹執行中央「六六通令」，嚴禁私設公堂和變相地私設公堂，嚴禁私自抓人，私設拘留所、私製刑具，嚴禁武鬥和變相武鬥！嚴禁體罰和變相體罰；堅決反對逼、供、信。在批鬥審訊犯人時，要允許本人申辯。

對於違犯「六六通令」的肇事者和背後操縱者，對於打死和打傷人的兇手，公安機關軍管會和群眾專政指揮部及人民解放軍當地駐軍有權追究，查明情況，根據情節輕重，依法懲處。

七、必須堅決執行毛主席關於**「一個組織裡的壞頭頭，要靠那個組織自己發動群眾去處理。」**的教導，嚴禁兩派群眾組織互相揪人、抓人及查、抄。如果發現對方組織裡有壞人，要將料材交給對方組織，要相信那個組織的廣大革命群眾會把壞人揪出來。

八、對兒童犯罪的處理，要堅持正面教育。對幕後操縱、唆使兒童犯罪的

壞人，要發動群眾進行批鬥，情節嚴重的，要依法懲辦。家長和教師都有責任把兒童教育成無限熱愛我們偉大領袖毛主席，無限忠於毛澤東思想的紅後代。

九、凡需採用抄家手段獲取罪證的，應由各級公安機關軍管會或「群專」指揮部批准。未經批准的，一律不得查抄。查抄時主要是查抄犯罪證據和政治性的反動物品，證件、槍枝、彈藥、兇器、毒品和贓款贓物。對生活用品，衣、物不准查抄和毀壞。查抄的物品，必須按照中央有關規定，一律上交銀行、財政部門和軍事單位。任何機關、團體和個人不得挪用，違者從嚴處理。以往查抄扣留的財物，應立即補報公安機關軍管會或「群專」指揮部。

十、各革命群眾組織和廣大革命人民群眾，應該成為學習、宣傳、執行、捍衛毛主席最新指示和中央有關政策規定的模範，積極協助公安機關軍管會和群眾專政指揮部執行任務。隨時警惕階級敵人乘機破壞，如有發現，定予嚴厲打擊。

以上各條，希望你們向廣大群眾認真傳達，堅決貫徹執行。

（此通知要在群眾中廣泛宣傳）

一九六八年七月六日

45.滕海清同志在內蒙古自治區三次全委擴大 會議昭盟組討論時的一些重要插話 （1968.07.07）

七日下午滕海清同志參加昭盟組討論時的重要插話。

在敖漢旗革委會常委王傑同志談到兩派光打內戰，矛頭沒有對準敵人時，滕海清同志說，「你們內戰打得越熱乎，敵人就越高興。」

在克旗革委全常委盛純久同志（原克三司負責人）談到兩派打內戰，走資派不臭，造反派不香時，滕海清同志說：「你們怎麼能香？你想把他搞臭，他想把你搞臭，還香得了？」

當盛純久同志談到自己有派性和對方不接近時，滕海清同志說；「你們兩家都是共產黨嘛！為什麼合不來？」

當克旗革委會常委邢仁發同志（原克一司負責人）談到有的青年人抽煙、喝酒時，滕海清同志說：「青年人這種狀態不好，要教育。」

在幾個革命小將做了自我批判之後，滕海清同志說：你們都做了自我批評，不講對方的毛病，執行毛主席關於**「別人的缺點、錯誤，讓人家自己講」**的指示，很好。對造反派來說，允許犯錯誤，也允許改正錯誤。從內蒙看，各個造反派大方向都是正確的。但也有缺點和錯誤，沒有犯過一點錯誤的造反派，恐怕沒有吧！只是錯誤犯得多一點，少一點的問題。犯了錯誤有什麼要緊？改了就好，犯一次錯誤，碰一次釘子，接受一次教訓。不堅持錯誤，改了就行了。現在不是追究什麼責任，也不要算老賬。我們不主張那樣做。總的看，你們的成績是主要的。缺點、錯誤是支流，當然支流多了也不好。不希望你們犯錯誤，由於認識不了犯了錯誤，也沒啥了不起，改了可能變得更聰明些。對於你們犯的錯誤，我們並不看得那麼重。

青年人往往是受不得表揚，一表揚就翹尾巴，趾高氣揚也受不得批評，一批評就垂頭喪氣。你們不要把自己看得多麼偉大，要正確對待自己，我們只是滄海裡的一滴水。如果沒有毛主席的領導，還有什麼文化大革命；如果沒有毛主席的革命路線，反動路線不早把你們壓垮了嗎？頭腦要清醒一點，功勞不要

都歸你們自己，要歸功於我們偉大領袖毛主席，要歸功於廣大革命人民群眾。要時時刻刻想想，毛主席的指示，我們貫徹執行的怎樣？毛主席是怎樣講的，我們是怎樣做的。沒有執行好，不能怪群眾，只能怪我們領導。你們克旗從去年分裂，到現在才聯合；因為什麼？毛主席的指示你們學了，你們喊忠於毛主席，如果只喊不照辦，那還不是口頭革命派，至甚是兩面派。當然，現在聯合了也好，不聯合只是對敵人有利，敵人高興。你們天天打內戰，就顧不上鬥他，聯合起來，一致對敵，他們就垮了。

敵人搞亂，是必然的，這並不可怕。可怕的是自己不團結。為什麼不團結，這裡邊有派性，也有個權的問題，總想把權掌握在自己手裡。權是人民的權，無產階級掌權就行嘛！為什麼非掌握你那一派手裡？毛主席在視察三區時指出，王明、博古、張聞天，他們要做核心，他們也是爭權，結果垮臺了。為什麼產生一派壓一派，一派吃一派，就是要爭權。難道文化大革命的勝利，只是你這一派的勝利？是毛澤東思想的勝利嘛！權是要爭的，看跟誰爭。爭權是跟走資派爭，權已經掌握在無產階級革命派手裡，你還要爭啥。參加革命委員會的人，這派多些，那派少些，那有什麼？人不在多少，在於你有沒有毛澤東思想，你掌握了毛澤東思想，革命人民就擁護你。你們克旗十六萬人，你們是革委會成員，你們不要老在那千把人、幾百人上著眼，要著眼於十六萬人。不要當派的頭頭，要代表全旗人民。

關於造反派裡邊有壞人的問題，這並不奇怪，這是客觀存在的。我們社會主義革命十九年，中國社會是從半封建、半殖民地社會過來的。資產階級的反動統治打垮了，資產級階分子、資產階級意識形態還存在。敵人在哪裡？難道內蒙僅僅有烏蘭夫、王逸倫、王鐸這麼幾個壞人嗎？不是。還有他們的社會基礎，就是叛徒、特務、地富反壞右和一切反革命分子。他們都在哪裡？保守組織裡有，造反派裡也有。他們這些壞傢伙，就是削尖腦袋往造反派裡鑽，他們的特點就是打著紅旗反紅旗。因此，造反派裡有壞人並不奇怪。有敵人就把他揪出來嘛！造反派裡揪出幾個壞人，不能就說這個組織是壞的。對敵人要鎮壓，對犯了錯誤的同志絕不能鎮壓，要分開是延安還是西安。

我們要反對山頭主義、宗派主義。革命委員會沒成立前，為了革命，搞個山頭，現在革委會成立了，再把著小山頭不放，就不對了。毛主席講，革命

委員會要實現一元化的領導。如果你們一人一套車馬，那怎麼實現一元化領導呢？革命委員會好，好就好在革命二字上。要革命，一要抓大學毛澤東思想的群眾運動，二要抓階級鬥爭。如果我們把權奪過來不搞革命，不抓階級鬥爭，那怎麼能行呢？一定要發動群眾抓好階級鬥爭，只有這樣才能把敵人揪出來！

《紅旗內參》215，內部刊物，嚴禁外傳

原內蒙古黨委紅旗聯合總部編印

1968年7月11日

46.更高地舉起毛澤東思想偉大紅旗、全面落實毛主席最新指示、狠抓階級鬥爭、奪取無產階級文化大革命的全面勝利

——滕海清同志在內蒙古革委會第三次全委擴大會議上的講話（1968.07.12）

同志們：

首先讓我們以無限熱愛，無限信仰，無限崇拜、無限忠誠的無產階級感情，共同祝願我們偉大的領袖、偉大的統帥、全世界革命人民心中最紅最紅的紅太陽毛主席萬壽無疆！萬壽無疆！萬壽無疆！

祝願毛主席的親密戰友，我們的副統帥林副主席身體健康！永遠健康！永遠健康！

同志們！自治區革命委員會第三次全體委員（擴大）會議，是在最近連續發表偉大領袖毛主席三條最高指示的指引下，在全國一片大好形勢的鼓舞下，在我區挖烏蘭夫黑線、肅烏蘭夫流毒鬥爭進入到決戰決勝的新階段，在奪取無產階級文化大革命全面勝利的關鍵時刻召開的。這幾天，大家認真地學習了毛主席的最高指示，並以此為綱，分析了形勢，交流了經驗，檢查了前一段工作，開展了批評與自我批評，初步找到了差距，為進一步提高認識，統一思想，開好這次會議打下了基礎。

從自治區第二次全委擴大會議以來，已經整整半年了。半年來，在毛主席和以毛主席為首、林副主席為副的無產階級司令部的親切關懷和英明領導下，在中國人民解放軍的大力支持下，全區各族革命人民，高舉毛澤東思想偉大紅旗，緊跟毛主席的偉大戰略部署，廣泛深入地開展了活學活用毛澤東思想的群眾運動，反右傾，鼓幹勁，挖烏蘭夫黑線、肅烏蘭夫流毒，主動地不停頓地向一小撮階級敵人展開了猛烈的進攻，取得了偉大的勝利，把這場鬥爭推進到圍剿殲滅、決戰決勝的嶄新階段。成績的取得，首先應該歸功於我們偉大領袖毛主席，歸功於以毛主席為首林副主席為副的無產階級司令部，歸功於偉大的中國人民解放軍和全區各族革命人民群眾。但是，我們也必須看到，在我們的工

作上還存在著不少問題和薄弱環節。我們必須牢記毛主席的偉大教導，戒驕戒躁。再接再勵，發展大好形勢，克服不利因素，乘勝前進，奪取全勝！

現在我代表自治區革命委員會常委會把第二次全委擴大會議以來的基本情況和今後任務的意見，向全委擴大會議做一彙報，請大會審查。打算講三個問題。一、關於形勢問題，二，關於前一階段工作的體會，三、關於今後的戰鬥任務。

第一部分：對形勢的基本估計

毛主席說：「**全國的無產階級文化大革命形勢大好，不是小好。整個形勢比以住任何時候都好。**」「**再有幾個月的時間，整個形勢將會變得更好。**」半年來，內蒙古自治區形勢的發展和全國一樣，完全證實了偉大領袖毛主席的這一英明論斷。

（一）全區形勢一片大好

我們的副統帥林副主席指示我們，無產階級文化大革命的根本任務，「就是要大立毛澤東思想。」自治區革命委員會建立以後，遵循林副主席的教導，大抓狠抓了毛澤東思想的教育，開展了波瀾壯闊、氣勢磅礴的活學活用毛澤東思想的偉大群眾運動。全區各族革命人民活學活用毛澤東思想達到了一個新的水平，對毛主席、毛澤東思想、毛主席革命路線無限熱愛、無限信仰、無限忠誠、無限崇拜的無產階級感情，更加鞏固，更加深厚，更加發展，人們的精神面貌發生了深刻的變化。從城市到鄉村、牧區和林區，從廠礦、機關，學校到車間、地頭、家庭，到處都是活學活用毛澤東思想的大課堂，是鬥私批修的戰場。從上到下遍及全區各地的各種類型的毛澤東思想學習班，已經使七百多萬人參加了學習，其聲勢之大，規模之廣，速度之快，效果之好，遠遠超過了我們原來的設想。活學活用「老三篇」，用毛澤東思想批判資產階級，改造主觀世界，天天讀，天天用，早請示，晚彙報，一日生活毛澤東思想化，正在成為人們政治生活中的第一需要。在階級鬥爭的大風浪中，活學活用、狠學狠用毛澤東思想的先進單位和個人大量湧現，自治區、盟市、旗縣召開的學代會，特

別是學門合同志活動的開展，進一步推動了活學活用毛澤東思想的群眾運動。光焰無際的戰無不勝的毛澤東思想的大普及、大傳播、大落實，正在蕩滌著一切污泥濁水，橫掃著一切陰暗角落。總之，用毛澤東思想統帥一切，推動一切，指導一切，改造一切，正在成為全區各族革命人民的自覺行動，成為推動人民革命運動前進的火車頭。全區各族革命人民正在為把我區迅速辦成紅彤彤的毛澤東思想大學校而努力奮鬥！

　　活學活用毛澤東思想的群眾運動，進一步提高了廣大革命人民群眾階級鬥爭的覺悟，遵循偉大領袖毛主席「千萬不要忘記階級鬥爭」的英明教導，在江青同志對北京文藝界講話的鼓舞下，開展了以挖烏蘭夫黑線，肅烏蘭夫流毒為中心的偉大群眾運動。

　　最近我們偉大領袖毛主席深刻地指出：「**無產階級文化大革命，實質上是在社會主義條件下，無產階級反對資產階級和一切剝削階級的政治大革命，是中國共產黨及其領導下的廣大革命人民群眾和國民黨反動派長期鬥爭的繼續，是無產階級和資產階級階級鬥爭的繼續。**」使我們進一步認識到，挖烏蘭夫黑線、肅烏蘭夫流毒的鬥爭，就是共產黨同國民黨長期鬥爭的繼續，無產階級同資產階級階級鬥爭的繼續。從而進一步調動了廣大群眾對敵鬥爭的積極性，開展了向以烏蘭夫反黨叛國集團為代表的一切反革命勢力主動的，不停頓的、猛烈的進攻。「挖肅」鬥爭，如急風暴雨，席捲全區。廣大革命群眾高舉革命批判大旗，狠批中國赫魯曉夫及其在內蒙古代理人烏蘭夫所推行的反革命修正主義路線，深挖隱藏的烏蘭夫死黨分子，叛徒、特務等一切反革命分子。人人是戰鬥員，個個是批判家，他們克服重重阻力，排除各種干擾，以高屋建瓴之勢，雷霆萬鈞之力，集中火力，集中目標，向一小撮階級敵人展開了大包圍、大掃蕩、大殲滅。在這場偉大的「挖肅」鬥爭中，決心把無產階級變化大革命進行到底的無產階級革命派，始終站在鬥爭的最前列，又創建了新的功動，過去受蒙蔽的群眾紛紛覺醒，絕大多數已經站到毛主席的無產階級革命路線一邊，積級勇敢地投入這場鬥爭，在鬥爭中改正了錯誤，立了新功。廣大革命群眾和革命幹部在共周的鬥爭中團結在一起。組成了浩浩蕩蕩的革命大軍，向階級敵人英勇衝殺，一小撮階級敵人，陷入了人民戰爭的汪洋大海之中。偉大領袖毛主席「團結百分之九十五的群眾」的偉大戰略思想正在實現。

「**階級鬥爭，一抓就靈**」。這場偉大的「挖肅」鬥爭，是奪取無產階級文化大革命全面勝利的關鍵一仗。半年多的戰鬥，取得了極其輝煌的戰果。革命的大批判，深刻地揭露和批判了中國赫魯曉夫及其在內蒙古的代理人烏蘭夫等一小撮走資派反黨，反社會主義、反毛澤東思想的滔天罪行，他們所推行的反革命修正主義路線的流毒，正在逐步肅清，他們真國民黨，假共產黨的醜惡面目，正被廣大群眾所識破。一大批烏蘭夫死黨分子、叛徒、特務、頑固不化的走資派、民族分裂主義分子和牛鬼蛇神，被「挖肅」鬥爭的洪流沖刷出來。一大批政治案件被發現和破獲。烏蘭夫集團一明一暗的兩套班底和「新內人黨」的反革命罪惡活動被揭發。由烏蘭夫親自策劃和指揮的反革命翻案集團被砸爛。披著革命領導幹部或革命造反派外衣的，偽裝革命而實際反革命的兩面派有的已被挖出。這就粉碎性地打擊了烏蘭夫反黨領國集團。

農村牧區無產階級文化大革命，半年來經歷了一段革命大批判和對敵鬥爭緊密結合，互相促進的偉大鬥爭，掀起了奪取全面勝利的新高潮。用毛澤東思想武裝起來的廣大貧下中農和貧下中牧，人人關心國家大事，出現了從來沒有過的精神煥發，鬥志昂揚，生動活潑的新局面。廣大貧下中農，貧下中牧在革命的大批判中，以本地的走資派和牛鬼蛇神為活靶子，上聯中國赫魯曉夫和烏蘭夫，下掃地、富、反、壞、右，狠削了他們的畫皮，把他們反革命的醜惡面目暴露在光天化日之下。與革命大批判緊密結合的、與本單位鬥批改緊密結合的訴苦、憶苦活動普遍開展，進一步提高了廣大農牧民的無產階級覺悟，激發了鞏固和建設社會主義的積極性，出現了學大寨人，走大寨路的熱潮，空前加強了各族人民之間的大團結。農村牧區無產階級文化大革命的深入發展，進一步整頓了階級隊伍，鞏固地樹立了貧下中農和貧下中牧的優勢，使政權切實掌握在我們的手中。

特別是牧區，今年一月興起的劃階級、鬥牧主的紅色風暴，迅速席捲整個牧區，所到之處，砸爛了烏蘭夫推行的反革命修正主義路線，狠狠打擊了牧區殘留的封建和宗教勢力，橫掃了日本帝國主義，蘇蒙修正主義，國民黨反動派等一切殘渣餘孽。廣大牧區發生了翻天覆地的變化。廣大貧下中牧，揚眉吐氣，真正翻身作了主人，享受者從來沒有過的、像在農村土改後一樣的翻身喜悅，更加加深了對偉大領袖毛主席的無限熱愛，千言萬語凝結成一句話。祝毛

主席萬壽無疆！

　　毛主席親手締造的、林副主席親自指揮的偉大的中國人民解放軍，高舉毛澤東思想偉大紅旗，在無產階級文化大革命運動中建立了新的偉大功勳。他們在「三支」「兩軍」工作中，熱情宣傳毛澤東思想，用毛澤東思想支持無產階級革命派，用政治建軍的光榮傳統去組織群眾，教育群眾，給廣大人民群眾帶來了好傳統、好思想、好作風。在階級鬥爭的大風大浪中，他們揀重擔子挑，和廣大的無產階級革命派團結在一起，戰鬥在一起，勝利在一起。在生產鬥爭中，那裡有困難就到那裡去，發揮了既是戰鬥隊、又是傳宣隊、又是工作隊的巨大作用。他們堅持貫徹「支左不支派」的原則，有力地促進了革命大聯合和革命三結合。在建立革命委員會的地方，以自己的模範行動，堅決支持革命委員會，擁護革命委員會，尊重革命委員會的領導，許多單位積極抽調大批力量，參加革命委員會的工作，充分地發揮了堅強的柱石作用。偉大的中國人民解放軍的大力支持，是我區革命形勢大好的極其重要的因素。各族革命人民和各級革命委員會堅決響應毛主席「**擁軍愛民**」的偉大號召，積極開展了「**擁軍愛民**」活動，相信解放軍，熱愛解放軍，學習解放軍，支特解放軍的「三支」「兩軍」工作，大大加強了軍民團結，出現了許多軍民團結的動人事例。「**軍民團結如一人，試看天下誰能敵**」。階級敵人妄想挑撥軍民之間、軍隊和革命委員會之間魚水關係的陰謀，是永遠也不會得逞的。

　　革命改變了人們的精神面貌，有力地促進了生產，推動了各項工作。全區工農牧業生產出現了一片興旺景象。在工業戰線上，廣大職工，堅決響應毛主席「**抓革命，促生產**」的偉大號召，以沖天的幹勁，戰勝各種困難，使工業生產一直穩步上升，工業總產值不斷增長，一大批工礦企業，月月超額完成生產計劃。在農業戰線上，廣大貧下中農，勞動熱情高漲，以戰天鬥地的英雄氣概，克服了重重困難，與乾旱等災害做了頑強鬥爭，基本上保證了春播計劃的落實，正為奪取一個好收成而努力奮鬥。牧業戰線上，廣大貧下中牧戰勝了去冬今春嚴重的風雪災害，奪得了牧業生產的好收成。交通運輸戰線職工，特別是鐵路系統的職工，緊跟毛主席的偉大戰略部署、發揚了沖天幹勁，有力地支援了工農牧業生產和國家建設。財貿工作大為改進，市場繁榮，物價穩定，保證了生產資料和人民生活物質的供應。在文教戰線上，許多學校的教職員工和

廣大學生，響應毛主席**「復課鬧革命」**的號召，團結戰鬥，改革教育，做出了新的貢獻。不少文教單位的革命和工作，做出了成績。各級革命委員會抽調幾萬幹部，組成毛澤東思想宣傳隊，深入基層，宣傳和捍衛了毛澤東思想，他們自己也得到了很好的鍛鍊。

半年來，我區以對敵鬥爭為中心的偉大群眾運動，大長了無產階級的志氣，大滅了資產階級和一切反動階級的威風，深刻地教育了廣大的無產階級革命派和各族革命群眾，極大地提高了他們階級鬥爭和路線鬥爭的覺悟，有力地鞏固和發展了革命大聯合，促進了革命三結合，盟市、旗縣以上的革命委員會全部建立，實現了全區一片紅。無產階級專政空前鞏固和加強，革命和生產形勢空前大好。所有這一切都大大地鞏固了偉大祖國的北部邊疆。這充分說明，第二次全委擴大會說的決議是正確的，第二號通告和五月三日自治區革委會常委會議紀要是正確的，根據毛主席的偉大戰略部署進行的，「挖肅」鬥爭，方向完全正確，成績最大最大，我區的無產階級文化大革命正在勝利發展，奪取全面勝利已為期不遠了！

（二）階級敵人的新動向

偉大的「挖肅」鬥爭，雖然已經取得了巨大的勝利，但還沒有取得徹底的勝利。有些地區和單位，階級鬥爭的蓋子還沒有徹底揭開，有些隱藏最深的敵人，還沒有統統挖出來，那些已經被挖出來的叛徒、特務、頑固不化的走資派、烏蘭夫死黨分子等，也還沒有徹底地批深批透、鬥倒鬥臭，他們的政治思想影響，還沒有肅清。「敵人是不會自行消滅的」，面臨末日的一小撮階級敵人，他們人還在，心不死，還在和我們做拼死的鬥爭。

當前階級敵人的新動向，集中的表現是：千方百計地妄想從根本上破壞和否定偉大的「挖肅」鬥爭，為烏蘭夫反黨叛國集團翻案，為以烏蘭夫為代表的一切反革命勢力翻案。他們的鬥爭矛頭始終對準我們心中最紅最紅的紅太陽毛主席和以毛主席為首林副主席為副的無產階級司令部，對準偉大的中國人民解放軍，對準新生的革命委員會。他們自以為得計的最惡毒、最拙劣的手法是：百般挑撥關係，陰謀分裂革命隊伍。因此，右傾翻案風仍然是當前的主要危險。奪權反奪權，復辟反復辟、翻案反翻案的鬥爭，還在繼續激烈地進行著。

鬥爭的焦點仍然集中在政權問題上，即無產階級和廣大革命人民要鞏固無產階級專政，鞏固新生的革命委員人，烏蘭夫反黨叛國集團及其他一切反革命勢力即陰謀複新生的革命委員會。

由於我們的勝利，迫使敵人不得不改變他們反革命的鬥爭策略，我們必須充分注意研究階級鬥爭的新特點，新動向，新問題，及時識破階級敵人的各種陰謀詭計，戰而勝之。

在新的鬥爭形勢下，階級敵人耍弄的反革命新花招，大體上有以下幾種：

①階級敵人從右的或形「左」實右的兩個方面。採取以攻為守的策略。同我們迂迴鬥爭。他們常常接過革命的口號，為他們的反革命目的服務，有時以區別兩類不同性質的矛盾之名，行混淆兩類不同性質的矛盾之實。他們接過反對「整群眾」的口號，死捂階級鬥爭蓋子，保護反黨、反社會主義，反毛澤東思想的反革命分子。他們裝出比革命還要革命的樣子，極力擴大打擊面，把矛頭引向有一般歷史問題的或生活作風上有問題的人，以轉移視線，乘機溜掉。他們還會採取揪明保暗的辦法，把一些次要的人物推出來牽判我們的主要力量，「舍車馬，保將帥」。他們裝出一付革命的面孔，殘酷打擊了一些知情人，甚至殺人滅口，以保住自己。他們還煽動民族情結。製造民族矛盾，挑撥民族關係，妄圖把這場嚴肅的階級鬥爭引向民族之間鬥爭的歧途，等等。這是階級敵人狗急跳牆，進行垂死掙扎的突出表現，是和我們作合法鬥爭的主要手段。

②施展各種反革命手法，竭盡挑撥離間之能事，大搞右傾分裂活動，妄圖分裂革命委員會和無產階級革命隊伍。面臨滅頂之災的一小撮階級敵人，利用和煽動某些同志的小資產階級派性，施展借刀殺人的毒計。他們捏造領導核心之間的「分歧」，製造革命組織之間的「磨擦」，挑撥離間，興風作浪，抓住小事小非，無限上綱，激化矛盾，造成長期對立，無休止的爭論，甚至挑起「內戰」，煽動武鬥，把革命群眾組織搞臭，以轉移視線，在混戰中求得生存。他們有的披著革命的外衣，用「孫行者鑽進肚皮去」的戰術，花言巧語，上竄下跳，左右煽風，挑撥軍政之間，軍民之間，革命委員會和群眾之間，部隊和部隊之間，群眾組織和群眾組織之間的關係，極力地破壞團結，製造分裂。而我們有一些糊塗人，人妖顛倒，是非不分，正在上當。

③階級敵人利用我們隊伍中的右傾思想，把一些糊塗人推出來替他們說

話。他們躲在陰暗的角落，煽陰風，點鬼火，造謠言，放暗箭，散佈流言蜚語，製造反革命輿論。他們為了破壞「挖肅」鬥爭，利用我們某些同志對這場鬥爭的暫時不理解，惡毒的把這場鬥爭污衊為「跟中央唱對臺戲」，「打擊老造反派」，「支持老保翻天」「復辟資本主義」，等等。而我們隊伍中的一些糊塗人，由於右傾思想作怪，也跟著敵人瞎說，一小撮階級敵人，從他們反革命的需要出發，非常注意社會動向，一有風吹草動，立刻狂呼亂叫，蒙蔽和煽動群眾，刮起翻案妖風，例如。當揪出反革命兩面派楊、余、傅以後，一小撮階級敵人，就乘機造謠，亂叫，「×××是楊成武線上的」，「搞挖肅鬥爭就是為二月逆流翻案」，「看不到內蒙革委會的右傾是最大的右煩」。當自治區革委會提出了六條具體政策界限，引導群眾打擊最主要，最危險的敵人時，他們又狂叫，「挖肅鬥爭大方向錯了」，「打擊面寬了」，「糾偏了」，「剎車了」，等等，等等。

④施放糖衣炮彈，腐蝕無產階級革命隊伍的革命意志。他們有的利用小恩小惠，金錢美女，腐蝕瓦解我們的隊伍。有的利用某些同志喜歡奉承的弱點，歌功頌德，肉麻吹捧，設下圈套，使其中計，誘惑他們走上犯錯誤的道路。還有些混入革命隊伍的階級敵人，利用他們暫時竊取的權力，大搞反革命經濟主義，任意揮霍國家的財產，濫發獎金，補助，拉攏部分落後群眾為其服務。這種種手段，其目的就是瓦解無產階級的革命隊伍，進行反革命的翻案活動。

⑤用破壞生產的辦法來破壞文化大革命。他們有的散佈「搞生產就是反動路線」，「全面停產，就是全面勝利」，極力煽動群眾離開生產崗位。他們有的赤膊上陣，製造事故，殺人放火，破壞生產設備，造成停工停產。他們有的誘騙落後群眾，投機倒把，退社單幹，破壞社會主義經濟，挖社會主義牆腳。有的製造緊張空氣，破壞市場供應，利用封建迷信，腐蝕群眾，蠱惑人心，以瓦解群眾建設社會主義的積極性。

我們必須看到：我區地處邊疆，階級鬥爭有更多的複雜性，階級敵人的一切陰謀詭計，無一不與帝國主義，修正主義，國民黨反動派的顛覆破壞活動相呼應，相配合。從「挖肅」鬥爭的現實中，我們清楚地看到，帝、修、反為了破壞我們的無產階級文化大革命，顛覆新生的革命委員會，已經直接插手。同時我們還必須看到。在新的鬥爭形勢下，階級敵人會不斷地改變戰術，要出各

種新花招，他們既能從「左」的方面，又能從右的方面，既能用隱蔽的手法，也會用公開的手法，既可來硬的，又會要軟的，「**總之，他們老是在研究對付我們的策略，『窺測方向』，以求一逞**」，如果我們喪失了警惕，他們就會「**在一個早上猛撲過來。將革命扼死**」，人民奪得的政權，就會喪失。我們就要變成革命的罪人。

（三）存在的問題

毛主席經常領導我們：「不能忽略非本質方面和非主流方面的問題，必須逐一地將它們解決。但是，不應當將這些看成為本質和主流，以致迷惑了自己的方向。」半年來，我們的工作成績是巨大的、主要的，大方向是正確的，主流是好的。這是我區形勢的本質方面。但是，我們還存在著許多問題，我們工作中最大的差距是毛主席的一系列最新指示還沒有得到全面的落實。我們存在的最突出的問題是階級鬥爭覺悟和路線鬥爭覺悟不高。這些問題，集中地表現在以下幾個方面：

①由於階級鬥爭和路線鬥爭覺悟不高，奪得了政權以後，被勝利沖昏了頭腦，看不到階被鬥爭的複雜性，尖銳性和長期性，滋長了右傾思想。當前，在我們隊伍中的「三右」主義和形「左」實右的思潮，特別是右傾機會主義，嚴重地阻礙著「挖肅」運動的發展。右傾思想嚴重的同志，鬥志衰退，厭倦鬥爭生活，求安怕亂，看不見階級敵人，不去研究階級鬥爭的新動向、新特點，不去分析敵情，過低地估計階級敵人的力量，看不到一小撮階級敵人仍在和我們作拚死鬥爭的觸目驚心的現實。因此，他們對群眾起來革命，挖敵人，看不慣，想不通，荒唐地把革命群眾揪壞人與自己聯繫起來，以為「揪××就是把矛頭指向革委會」，「揪××就是想搞我」，等等。特別是革命烈火燒到自己身邊的時候，他們就手軟起來，不敢下手，總想剎車，以致害怕群眾，顛倒黑白，混淆是非，敵我不分，死捂階級鬥爭蓋子，甚至壓制群眾起來革命。當領導指出和群眾批評他們的右傾錯誤時，他們就亂搞一氣，應付搪塞，甚至用形「左」實右的辦法，掩蓋自己的右傾。當揪出一些敵人之後，他們又恐慌不安，懷疑一切，草木皆兵。「三右」主義，是把「挖肅」鬥爭進行到底、奪取全面勝利的大敵，是從右的方面來反對毛主席的革命路線的反動思潮，它在

客觀上適應了階級敵人的需要，起到階級敵人所不能起到的作用。如果不徹底反掉右傾，勢必使偉大的「挖肅」鬥爭半途而廢，甚至前功盡棄。

②由於路線鬥爭覺悟不高，就不能正確對待自己，正確對待群眾。主要是不能正確對待犯了錯誤或反對過自己的群眾組織。目前，不少地區的革命委員會對待群眾組織存在著親一派，疏一派，甚至支一派，壓一派的傾向。有的領導幹部，對於犯了錯誤而一時未能改正的老造反派，不願做艱苦細緻的思想工作，不願親近他們，團結、幫助、教育他們，而是討厭他們，完全忘記了毛主席對待犯錯誤的革命群眾組織，應採取「幫助，批評，聯合」的教導。還有一些同志，在文化大革命運動中，沒有很好地觸及靈魂，不能經常把自己置於群眾監督之下，做人民的勤務員，還沒有從執行資產階級反動路線的錯誤中吸取教訓，與反對過自己的群眾組織感情疏遠。還有個別同志，對群眾的批評念念不忘，甚至拉一派，打一派，這實際上是一種資產階級的報復行為，是對毛主席革命路線的不忠。

③由於路線鬥爭覺悟不高，對無產階級專政條件下，階級鬥爭集中表現為黨內兩條路線鬥爭認識不深，對無產階級文化大革命是政治大革命的實質理解膚淺，對革命的大批判的偉大戰略意義認識不足，抓得不緊。在許多單位中，存在著重挖輕肅的現象，許多同志對狠抓革命大批判缺乏自覺性，推一推，動一動，冷一陣，熱一陣，甚至坐不下來，對革命大批判不感興趣，錯誤地認為，那些走資派是「死老虎」，而放手不管，不批不鬥，致使中國赫魯曉夫、烏蘭夫以及他們在各地區、各單位的代理人，還沒有從政治上、思想上、理論上批倒批臭，他們所散佈的反革命修正主義流毒，還遠遠沒有肅清。

④由於路線鬥爭覺悟不高，滋長了驕傲自滿情緒。我們有些同志，看不見廣大群眾在文化大革命運動中的豐功偉績，誇大自己的作用，以解放者自居，好大喜功，傲慢不遜，唯我獨尊，總想指揮一切。有的同志，只看見成績，看不見差距，沾沾自喜，故步自封，坐井觀天，不求進取。還有的同志，他們把自己看作是「正確路線的代表」，總是自以為是，從不自以為非，常常偏聽偏信，輕率地肯定一切或者否定一切。這些人既經不起表揚，也受不了批評，既不能正確地對待自己，又不夠正確對待群眾。總是喜歡聽符合自己口味的話，不喜歡聽不同意見的話，更聽不進反對自己的話，這種驕傲自滿的惡性發展，

就是爭權、爭位、爭利，拉山頭，搞宗派，破壞團結，造成分裂。「**力戒驕傲，這對領導者是一個原則問題，也是保持團結的一個重要條件。**」我們必須牢記毛主席的教導：「**虛心使人進步，驕傲使人落後**」。

同志們，我區形勢一片大好，成績是巨大的，主要的，在這場轟轟烈烈的偉大鬥爭中，產生了一些問題，遇到了一些阻力，只要我們頭腦清醒，注意糾正，就沒有什麼了不起。這些問題是前進中的問題，這些阻力也只是暫時的，是可以克服的。我們堅信，全區廣大的無產階級革命派和革命群眾，將會更高也舉起毛澤東思想偉大紅旗，狠抓階級鬥爭，「**宜將剩勇追窮寇**」，一鼓作氣，排除萬難，乘風破浪，發展大好形勢，奪取新的、更大的勝利。

第二部分：無限忠於毛主席的革命路線就無往而不勝

半年來，在以「挖肅」鬥爭為中心的偉大群眾運動中，我們最根本的經驗，就是無限忠於偉大領袖毛主席，無限忠於偉大的毛澤東思想，無限忠於毛主席的革命路線，緊跟毛主席的偉大戰略部署，狠抓階級鬥爭，就無往而不勝。在無產階級專政條件下的階極鬥爭，集中地、突出地表現為黨內兩條路線的鬥爭。這是由於黨內一小撮走資派，是我們無產階級專政條件下最主要最危險的敵人這一主要矛盾所決定的。我們遵循偉大領袖毛主席的戰略部署開展的挖烏蘭夫黑線，肅烏蘭夫流毒的鬥爭，就是要把以中國赫魯曉其在內蒙古的代理人烏蘭夫為代表的一小撮階級敵人統統挖出來，徹底鬥倒、批臭；這是兩個階級、兩條道路、兩條路線的大搏鬥，「挖肅」鬥爭的過程，就是兩條路線鬥爭的過程。「挖肅」鬥爭的勝利，就是毛主席革命路線的勝利；因此，我們必須用路線鬥爭去統帥「挖肅」鬥爭，在「挖肅」鬥爭中提高路線鬥爭覺悟，更自覺地去貫徹毛主席的革命路線。

在這個方面我們的體會是：

一、貫徹主席的革命路線，必須狠抓階級鬥爭，主動地、不停頓地向階級敵人展開進攻

偉大領袖毛主席教導我們：「**在無產階級獲得政權以後的一個很長的歷**

史時期中，**階級鬥爭的繼續，仍然是不以人們意忘為轉移的客觀規律**」。毛主席最近深刻指出：「**無產階級文化大革命，實質上是在社會主義條件下，無產階級反對資產階級和一切剝削階級的政治大革命，是中國共產黨及其領導下的廣大革命人民群眾和國民黨反動派長期鬥爭的繼續，是無產階級和資產階級階級鬥爭的繼續。**」這是階級鬥爭的客觀規律，是文化大革命的實質所在，是革命委員會成立後繼續前進的燈塔，方向。革命委員會和一切無產階級革命派，是遵照毛主席的教導，提到文化大革命實質的高度狠抓階級鬥爭？還是與此相反？這是對毛主席、對毛澤東思想，對毛主席革命路線的根本立場、根本態度問題，是革命不革命，真革命假革命的試金石。我們有些同志由於階級鬥爭、路線鬥爭覺悟不高，對毛主席的教導理解不深，因而在革命委員會成立後，他們認為應當「和平建設」了：他們對「挖肅」鬥爭不積極，不熱情、不主動。他們看不到，被打倒的以烏蘭夫為代表的一小撮階級敵人，人還在，心不死，無時無刻不在妄圖翻案，復辟資本主義，顛覆新生的革命委員會，盲目地以為「天下太平」了，因而不去分析階級鬥爭的新形勢、新特點、新問題，喪失了革命警惕性，缺乏把革命進行到底的雄心壯志。他們求安怕亂，逍遙起來，不抓「挖肅」鬥爭，以右傾機會主義的態度來對待「挖肅」鬥爭，有的甚至鬧右傾分裂主義，右傾投降主義，構成了「挖肅」鬥爭勝發展的主要危險。

半年來階級鬥爭的實踐，使我們深深懂得，要勝利推進「挖肅」鬥爭，就必須狠反右傾，不斷勝利推進「挖肅」鬥爭的過程，就是不斷反掉右傾的過程。我們隊伍裡的右傾反掉一分，「挖肅」鬥爭就前進一步。去年十一月中旬，我們根據偉大領袖毛主席「千萬不要忘記階級鬥爭」的教導，乘江青同志在北京文藝界講話的東風，衝破了右傾機會主義、右傾分裂主義、右傾投降主義的阻撓，否定了應該轉入「正常工作」，搞「和平建設」的錯誤意見，首先在呼市文藝界興起了「挖肅」鬥爭，一舉揪出了披著革命領導幹部外衣、實則反革命的特務分子特古斯，打了一個前哨戰。這一仗打得好，衝擊了右傾思想，擊破了某些同志「天下太平」，「和平建設」的美夢，使自治區的階級鬥爭出現了一個新的局面，同時敵人也進一步暴露了。但是右傾思想還在頑固地抵抗，污衊革命群眾揪出特古斯是「形左實右」，是「黑手揪紅人」等等。為了率領廣大革命群眾不停頓地向階級敵人進攻，把從文藝界興起的這場「挖

肅」鬥爭推向各行業、各地區，今年一月自治區革命委員會召開第二次全委擴大會議，認真學習了毛主席最新指示，系統地分析、研究了敵情，狠反了右傾保守思想，批評了我們隊伍內部的種種錯誤論調，否定了那種不敢發動群眾的錯誤觀點，明確提出了「反右傾，鼓幹勁，挖烏蘭夫黑隊，肅烏蘭夫流毒」的口號，選擇公開包庇壞人的公檢法為重點，放手發動群眾，向階級敵人展開了更加猛烈的進攻。為了有力地配合「挖肅」運動，廣泛地調動群眾的積極性，我們首先在呼市開展了「群眾專政」，同時在牧區提出了劃階級、鬥牧主的戰鬥任務。這樣就布下了天羅地網，形成一個偉大的人民戰爭。這場鬥爭一開始就揪出了黑司令官蘇修特務王再天，打亂了敵人的陣腳，從而掌握了階級鬥爭的主動權。廣大群眾在鬥爭中進一步認識了敵情，階級鬥爭覺悟空前提高了，革命隊伍有了很大的發展和壯大，右傾機會主義受到嚴厲批判，三右主義的市場越來越小了。

敵人還在拼死掙扎，在三月底四月初，乘揪出一小撮反革命兩面派之機，向我們舉行反撲，刮起了一股右傾翻案妖風。他們惡毒地攻擊我們支持「老保翻天」、「壓制老造反派」、「執行了新的資產階級反動路線」，妄圖從根本上否定偉大的「挖肅」鬥爭。我們隊伍內部的右傾並未徹底克服，那些右傾思想嚴重的同志，不自覺地卷入了階級敵人煽起的右傾翻案黑風，說了敵人不敢說的話，辦了敵人不敢幹的事。實踐證明這是兩條路線的鬥爭，在這場鬥爭中，不是東風壓倒西風，便是西風壓倒東風。不是用毛澤東思想戰勝右傾機會主義，就是讓右傾機會主義自由氾濫，使我們的「挖肅」鬥爭背離大方向，讓敵人的右傾翻案妖風到處吹。這是對我們年輕的革命委員會和每一個革命同志的一次嚴峻的考驗。你是徹底的無產階級革命派，就要迎上前去，反對右傾，把運動推向前進，你是半截子革命家，你就停頓下來，半途而廢，你是右傾機會主義者，你就向敵人投降，使我們已經取得的勝利前功盡棄。問題就是這樣尖銳地擺在每一個同志的面前。內蒙古自治區革命委員會高舉偉大領袖毛主席關於無產階級文化大革命實質的最高指示的紅旗，用一個月的時間，在革命委員會內部用辦學習班的形式，展開了兩條路線鬥爭，提高了路線鬥爭覺悟，狠反「三右」主義，並因勢利導，把「挖肅」鬥爭推進到打殲滅戰的新階段。這就向全區人民表明了我們堅持把「挖肅」鬥爭進行到底的決心，使「挖肅」運

動在全區範圍內更加轟轟烈烈地開展了起來。不少單位的經驗，雄辯地證明，在「挖肅」運動中必須始終抓路線鬥爭，狠反「三右」主義，才能不斷提高自覺性。掌握主動權，永不鬆勁，節節深入，步步提高，奪取「挖肅」鬥爭的徹底勝利。

我們看到，犯有右傾機會主義堅決的同志，絕大多數是好人犯錯誤。有鑑於此，半年來我們在革命隊伍內部開展的兩條路線的鬥爭中，在反對三右主義的時候，始終採取了擺事實講道理的方法，堅持了既要弄清思想，又要團結同志的原則，思想批判從嚴，組織處理從寬。犯了錯誤必須改正，改了就好，改了就信任。這樣，才能使犯錯誤的同志心悅誠服，才能推動「挖肅」鬥爭不斷勝利前進。

半年來在革命隊伍內部進行的兩條路線的鬥爭，進行的反對三右主義的鬥爭，絕不能關起門來進行。一定要到「挖肅」鬥爭的實踐中去反，到「火線」上去反，邊打邊反，邊反邊打。經驗證明，路線鬥爭覺悟只有在鬥爭實踐中才能不斷提高，右傾只有通過活生生的鬥爭實踐，才能徹底反掉。也只有不斷提高路能鬥爭覺悟，徹底反掉右傾，才能有力地領導「挖肅」鬥爭，主動地、不停頓地向階級敵人展開進攻。

二、貫徹毛主席的革命路線，必須堅定地相信和依靠群眾，放手發動群眾，打一場人民戰爭

毛主席教導我們說：「**人民，只有人民，才是創造世界歷史的動力。**」**「對廣大人民群眾保護還是鎮壓，是共產黨同國民黨的根本區別，是無產階級同資產階級的根本區別，是無產階級專政同資產階級專政的根本區別。」**狠狠地打擊敵人，是對人民群眾最大的保護。要狠狠地打擊敵人，必須樹立徹底的群眾觀點，堅定地相信和依靠群眾，放手發動群眾。在整個「挖肅」鬥爭中，我們就是始終堅持了相信群眾、依靠群眾、放手發動群眾，打一場人民戰爭方針的。從而充分地調動了廣大革命群眾的積極性，揪起了一場既轟轟烈烈又扎扎實實的群眾運動，取得了「挖肅」鬥爭的巨大勝利。群眾發動起來之後，不僅狠狠打擊了一撮階級敵人，而且解決了許多看來是很難解決的問題。原來很長時間烏蘭夫那套「暗班底」民族分裂叛國集團搞不清，群眾起來後把他們挖

出來了，原來我們擔心挖出來的壞人不好處理，而通過「群專」的辦法，處理得很好，真正罰不當罪的極少。有的地方由於充分發動了群眾，還把男扮女裝隱蔽了幾十年的特務壞蛋挖出來。但是，也有的單位沒有認真貫徹毛主席關於放手發動群眾這一教導。雖然，他們口頭上也喊相信群眾，發動群眾，實際上他們是像「葉公好龍」一樣，當群眾起來時，他們就害怕起來，甚至壓制群眾起來革命，結果，把運動稿得冷冷清清，收效甚微，在客觀上起了保護敵人的作用。應當看到，在挖肅鬥爭中，相信不相信群眾，敢不敢放手發動群眾，願不願意放手發動群眾，打一場人民戰爭，不是方法問題，而是對待群眾的根本態度問題。是忠不忠於毛主席的革命路線的問題。只有提高到路線鬥爭的高度去認識這個問題，才能迅速提高相信群眾依靠群眾，放手發動群眾進行挖肅鬥爭的自覺性。

半年來鬥爭的實踐還證明了，廣大無產階級革命造反派是挖肅鬥爭的闖將，他們高舉階級鬥爭的大旗，克服了重重困難，排除了種種干擾，同一小撮階級敵人進行了殊死的搏鬥，建立了新的功勳，這是我們挖肅鬥爭中堅定不移的依靠力量。但是，隨著運動的深入發展，還必須十分注意去發動那些曾經受蒙蔽，站錯隊的革命群眾起來革命。毛主席歷來教導我們要相信群眾大多數是要革命的，只有把他們充分地發動起來，才能實現毛主席關於團結百分之九十五以上的群眾的偉大戰略思想。才能真正建立起一支浩浩蕩蕩的革命大軍。才能真正打一場人民戰爭。許多單位的經驗證明，對受蒙蔽的群眾的思想發動是一個十分艱苦細緻的思想工作，他們的活思想很多，怕擔風險，怕再站錯隊，怕人家說是「老保翻天」等等，但是一旦把他們發動起來，就可以起到一些造反派所起不到的作用。受蒙蔽群眾發動得越充分，敵人越孤立，挖肅的成績越大。反之，運動就進展遲緩，甚至停止不前。當我們發現這個問題，公開表態支持受蒙蔽群眾起來革命時，卻遇到了很大的阻力，階級敵人拼命地造謠破壞，說我們是「支持老保翻天」，「為二月逆流翻案」等等，製造混亂。而我們革命隊伍中的一些人也跟著起鬨，他們不僅不支持，甚至阻止壓制受蒙蔽的群眾起來革命。什麼原因？據幾個單位的調查，有的是形而上學地看問題，認為「老保」不會革命，人家一動就懷疑是「老保翻天」，不相信大多數站錯隊的人還是要革命的。有的怕人家起來給自己分庭抗禮，平分秋色，自己再不能

獨斷專行了，他們說「老保」這項帽子是「緊箍咒」，摘掉了就不好辦事了。
有的是有個人恩怨，怕這些人起來將來再奪了權整自己等等。怕的結果，就充
當了「假洋鬼子」的角色，不許人家革命。在這種阻力面前，我們沒有動搖。
第一，我們及時揭穿了階級敵人企圖用五十天掩蓋十七年的卑鄙伎倆。第二，
對廣大無產階級革命派進行了大量的說服教導工作，並且嚴肅地指出了敢不敢
發動受蒙蔽的群眾起來革命，是有沒有徹底的群眾觀點的問題，也就是對毛主
席的革命路線忠不忠的表現。同時，我們也指出了受蒙蔽的群眾起來革命是好
的，應當大膽地站起來革命，但不能借機否定自己過去站錯隊的嚴肅錯誤，也
不能否定革命群眾組織的大方向。在這個問題上，經過一場激烈的兩條路線的
鬥爭，敵人的陰謀破產了，廣大受蒙蔽的群眾發動起來了，大家的路線鬥爭覺
悟提高了，從而，把挖肅鬥爭推向了一個新的高度。

在「挖肅」鬥爭中，還必須正確對待犯錯誤的革命群眾組織。對犯錯誤
的革命群眾組織和犯錯誤的同志。是採取「幫助、批評、聯合」的方針，還是
揪住錯誤不放，否定全盤，甚至想用「肅××流毒」的辦法，把他們搞臭、
壓垮？特別是領導幹部對曾經反對過自己的一派革命群眾，是熱誠相待，還是
感情格格不入，甚至尋機打擊報復？這不僅是能否最廣泛地發動群眾投入「挖
肅」鬥爭的問題，而且也是忠不忠於毛主席的革命路線的問題。包鋼、二冶的
經驗告拆我們，對這些組織和同志，既要嚴肅地批評他們的錯誤，又要熱情、
耐心地幫助他們改正錯誤，在鬥爭中信任他們，並給他們以改正錯誤的機會，
引導他們積極投入對敵鬥爭，就一定能夠消除隔閡，增強團拮，同心協力，共
同對敵。這些犯錯誤的同志往往又多是知情人，把他們發動起來之後，能夠更
有力的打擊敵人。如果親一派疏一派，甚至支一派壓一派，不僅問題解決不
了，而且會犯鎮壓群眾的嚴重錯誤，甚至挑起內戰，為階級敵人所利用，扭轉
運動的大方向。當然，犯錯誤的老造反派，也必須正確對待自己，屬工作中一
般的錯誤是前進中的錯誤，改了就行了，屬方向性的錯誤，甚至一犯再犯，必
然給文化大革命帶來很大損失，必須痛下決心，懸崖勒馬，否則矛盾性質就會
轉變。當然，這主要是頭頭的問題，廣大群眾是沒有責任的。

群眾專政不僅是教育群眾、組織群眾、發動群眾打一場人民戰爭的好形
式，也是毛主席的革命路線在對敵鬥爭中的具體體現。自從今年一月十七日呼

和浩特刮起第一次群眾專政的紅色風暴以後，各盟、市、旗、縣也相繼成立群眾專政指揮機構，廣泛發動和組織群眾對階級敵人進行了一場大掃蕩戰，把敵人打了個落花流水，顯示了群眾專政的無窮威力，他們大方向始終是正確的。毛主席指出「無產階級專政，是群眾的專政。」群眾專政能夠更好地把群眾組織起來發動起來對敵鬥爭，可以大大地推動「挖肅」鬥爭的深入發展，為挖盡烏蘭夫黑隊，肅清烏蘭夫流毒，創造極為有利的條件。它大長了無產階級的志氣，大滅了資產階級和一切牛鬼蛇神的威風，大大加強和鞏固了無產階級專政，革命群眾無不拍手稱快。由此可見，群眾專政不是憑空造出來的，而是對敵鬥爭的需要，是形勢發展的需要，是深入發動群眾對敵鬥爭的必然結果。可是有些糊塗人不去看「群專」的大方向，而對它前進中出現的這樣和那樣的缺點、錯誤談起來津津有味，評頭品足，給「群專」潑冷水。實際上這仍然是一種不相信群眾，不忠於毛主席革命路線的表現。「群專」是這場偉大挖肅運動中的一個新生事物，不可能沒有一點缺點、錯誤。只要我們領導上充分注意，這些缺點、錯誤是不難糾正的。事實上許多地方的「群專」正在糾正自己的缺點、錯誤，向著更鞏固、更完善的方面發展，更加有效地發揮它的巨大威力。因此，凡是站在毛主席革命路線上的同志都應當歡呼：「群專好得很！」

三、貫徹毛主席革命路線，必須堅定地執行黨的政策，穩、準、狠地打擊敵人

偉大領袖毛主席教導我們：「**政策和策略是黨的生命**」。「**只有黨的政策和策略全部走上正軌，中國革命才有勝利的可能，**」黨的對敵鬥爭的政策和策略是階級鬥爭客觀規律的科學總結，是為實現無產階極革命路線服務的。它既然是黨的生命。就是一時一刻也不能缺少。可以說，沒有黨的政策就沒有運動，沒有黨的政策就沒有毛主席革命路線的勝利。是不是不折不扣地貫徹執行黨的政策，同樣是對毛主席革命路線忠不忠的表現。任何革命政黨和革命群眾的實踐，沒有不同這種或那種政策相聯繫的，「**不是實行正確的政策，就是實行錯誤的政策；不是自覺地，就是盲目地實行某種政策。**」這場「挖肅」鬥爭大方向是正確的，又是政策性很強的群眾運動，如果你只滿足大方向正確，不認真貫徹執行毛主席和以毛主席為首、林副主席為副的無產階級司令部所規定

的各項政策，就不但不能取得「挖肅」鬥爭的徹底勝利，而且還要犯嚴重的錯誤，問題就是這樣尖銳地擺在我們面前。在「挖肅」鬥爭中，有人把強調政策說成是糾偏，是剎車，是右傾，會束縛群眾手腳，是「策略派」，等等，這顯然是錯誤的。我們強調政策和策略，正是為了貫徹毛主席的革命路線，更好地調動積極因素，鼓起更大幹勁，邁出更大的步伐，奪取更大的勝利。敵人是最害怕我們執行正確的政策的。我們要十分警惕，階級敵人利用革命隊伍中的無政府主義，故意製造混亂，歪曲黨的政策，以達到破壞黨的政策的罪惡目的。

偉大領袖毛主席教導我們：**「誰是我們的敵人？誰是我們的朋友？這個問題是革命的首要問題，也是文化大革命的首要問題。」**半年來，我們體會「挖肅」鬥爭的首要問題，就是要嚴格區分兩類不同性質的矛盾。只有正確區分和處理兩類不同性質的矛盾，分清敵我，才能做到狠狠地打擊敵人，堅決地保護人民，才能逐步做到團結群眾和幹部的大多數，最大限度地孤立和打擊一小撮階級敵人，防止右的和「左」的錯誤。許多先進單位一條共同的經驗，就是善於嚴格區分兩類不同性質的矛盾，牢牢掌握鬥爭大方向，對敵狠，對己和，把鬥爭矛頭始終指向一小撮階級敵人。他們對於廣大革命群眾，必須堅決依靠，又要善於引導；對於犯了嚴重錯誤的人，必須從嚴要求，又要注意團結，對一小撮階級敵人，必須狠狠打擊，也要分化瓦解。特別是對待知情人，更要注意政策。這些人很多是犯有嚴重錯誤，有些與階級敵人有牽連。幹了不少壞事，是屬「推一推就可以掉下去，拉一拉就可以站過來」的。對於他們應作具體分析，向他們交代政策，啟發他們主動站出來檢舉揭發，歡迎他們起來革命，不能把他們與敵人同等看待，以利挽救幹部，徹底孤立和打擊敵人。在具體處理各種複雜問題時，他們把一般政治歷史問題與叛徒、特務區別開，家庭出身不好，社會關係複雜的與堅持反動立場的區別開；組織聯繫與思想聯繫、工作關係區別開；黑幫黑線的頭目骨幹與一般成員區別開；個別壞頭頭與群眾組織區別開；主動交代與頑固不化區別開；一般的錯誤言語與「三反」言行區別開，好人辦壞事與壞人幹壞事區別開。實踐證明，只有嚴格區別和正確處理兩不同性質的矛盾，認真學習、掌握毛主席歷來關於對敵鬥爭的一系列的方針政策才能更好地貫徹執行毛主席的革命路線，團結一切可以團結的力量，穩準狠地打擊一小撮階級敵人。

要做到正確區分和處理兩類不同性質的矛盾，保證政策落實兌現，還必須不斷提高階級覺悟和路線鬥爭覺悟，①必須樹立堅定的無產階級立場，具有鮮明的無產階級階級觀點。我們政策的出發點，就是狠狠地打擊敵人，熱情地保護人民。對敵人狠狠地打擊，是對群眾的最大愛護，對敵人仁慈。就是對人民的犯罪。因此，「**要用階級和階級鬥爭的觀點，用階級分析的方法去看待一切、分析一切。**」沒有堅定的無產階級立場和鮮明的階級觀點，就不能正確地執行黨的政策，就不能正確地判斷是非。②必須徹底克服資產階級、小資產階級派性。無數生動的階級鬥爭事實告訴我們，有了資產階級、小資產階級派性，就會是非不分，敵我不分。在他們自己的小派別內，右的可怕，把明明的敵人看成是「風雨同舟的戰友」，把明明的壞事看做是「革命行動」；對另外一派，則「左」的出奇，把自己的階級弟兄看成仇敵，千方百計地想吃掉對方。有了資產階級、小資產階級派性，還會從山頭主義、宗派主義出發，不能正確解放幹部，容易造成階級敵人以可乘之機，鑽我們的空子，混水摸魚。③必須相信群眾的大多數。毛主席歷來教導我們：「要堅決相信大多數群眾是好的，壞人是極少數。」要時刻注意團結群眾和幹部的大多數，調動一切積極因素，團結一切可以團結的人，並且盡可能地將消極因素轉變為積極因素。總之，要正確區分和處理兩類不同性質的矛盾，必須老老實實地活學活用毛澤東思想，堅決照毛主席指示辦事。

大力宣傳黨的政策，把政策交給群眾，政策才能真正落實。「**因此，在每一行動之前，必須向黨員和群眾講明我們按情況規定的政策。否則，黨員和群眾就會脫離我們政策的領導而盲目行動，執行錯誤的政策。**」事實證明，群眾掌握了黨的政策，就能發揮更大的積極性，就能更自覺地用毛澤東思想去戰勝敵人，群眾的積極性就更能持久。鬥爭水平就能提得更高，鬥爭方向就更明確。積極大膽地宣傳黨的政策，把政策交群眾，是相信依靠群眾，堅信毛澤東思想巨大威力，忠實執行毛主席革命線的表現，如果採取實用主義的態度來宣傳黨的政策，或者不敢把政策交給群眾，讓群眾離開黨的政策軌道盲目行動，勢必使運動遭受損失，挫傷群眾的積極性，那就是對毛主席革命路線的最大不忠。現在，廣大人民群眾的革命積極性空前高漲，政策和策略水平有了較快的提高，這是取得「挖肅」鬥爭勝利的重要保證。只要我們繼續運用黨的政策武

裝群眾，不斷總結結驗，提高群眾的政策策略水平，就一定能夠取得這場鬥爭的徹底勝利。

四、必須有一個無限忠於毛主席革命路踐的戰鬥指揮部，才能更堅強地率領革命大軍，奪取這場挖肅鬥爭的徹底勝利

革命委員會成立以後，究竟舉什麼旗，走什麼路，中心抓什麼？這是在無產階級文化大革命進人奪取全面勝利的關鍵時刻，在兩個階級、兩條道路、兩條路線鬥爭繼續深入的條件下，每一個革命委員全都必須回答的問題。

毛主席英明地提出：「**革命委員會好**」。我們理解，好的核心就是革命二字。半年來，許多「挖肅」鬥爭取得顯著成績的先進地區和單位，大量的生動事實證明：革命委員會成立以後，就是要更高地舉起毛澤東思想的偉大紅旗，堅定地走突出無產階級政治的道路。繼續發揚不斷革命、徹底革命的精神，狠抓階級鬥爭，自覺地組織並率領革命大軍主動地、不停頓地向以烏蘭夫反黨叛國集團為代表的一切反動勢力發起猛烈進攻。能不能主動亮明旗幟，有沒有這種高度自覺，敢不敢狠抓對敵鬥爭，這是衡量一個革命委員會是否真正忠於毛主席、忠於毛澤東思想、忠於毛主席革命路線根本標誌。挖肅鬥爭的實踐告訴我們：當廣大無產階級革命派和革命群眾掌握了政權以後，對敵鬥爭的群眾運動，就有可能也必須是自上而下，上下結合，有組織有領導地進行。在這種情況下，如果沒有一個統一的，堅強的作戰指揮部，想從總體上打殲滅仗，取得對敵鬥爭的徹底勝利是不可能的。

怎樣才能成為一個堅強的作戰指揮部呢？

首先，這一個指揮部應是由一批高舉毛澤東思想偉大紅旗的，突出無產階級政治，有革命幹勁的骨幹來組成的。這個領導班子具有一往無前的大無畏的革命精神，在對敵鬥爭中，幹勁足，鬥志堅，有一股不可阻擋的銳氣，它只能「**壓倒一切敵人，而決不被敵人所屈服**」。那裡的指揮部是這樣，那裡的「挖肅」鬥爭就搞得熱氣騰騰，群眾鬥志昂揚，敵人惶恐萬狀，取得的戰果就大。包綱、二冶等先進單位就是這樣的單位。還有一些地區和單位的革命委員會，在挖肅鬥爭中表現軟弱無力，嗅覺遲鈍，眼睛裡硬是看不到敵情，甚至當上級領導和革命群眾已經把火點起來了，他們還不知道敵人在那裡。特別是有些同

志，主要是革命領導幹部腰桿不硬，精神狀態不好，根本不像一個指揮員。這種人「怕」字當頭，顧慮重重。怕犯錯誤，怕得罪人，怕有反覆，怕火燒到自己。一句話，怕丟官，怕死。因此，他們只能在這場偉大的「挖肅」鬥爭中「左」右搖擺，當「和事佬」，「和稀泥」。這種人怕這怕那，就是不怕階級敵人挖不出來，不倒，不臭，一有機會就要復辟資本主義。這種人如果不立即振作精神，勇敢地投入戰鬥，將要犯不可饒恕的錯誤。發展下去，早晚要垮臺。在這場「挖肅」鬥爭中，站在第一線指揮戰鬥的同志們，他們勤勤懇懇，是值得我們學習的。當然，幹革命就會有風險，就一定會碰到許多困難，也不可避免地犯這樣那樣的錯誤。犯錯誤有什麼要緊，錯了就改，改了就行了。如果有人抓住他們在「挖肅」鬥爭中的某些錯誤不放，無限上綱，那是絕不允許的。

其次，要多謀善斷，密切聯繫群眾。一個堅強的戰鬥指揮部，不僅要敢於鬥爭而且要善於鬥爭。善於鬥爭，就是要加強調查研究，經常分析敵情，做到對敵情「心中有數」。「**指揮員的正確的部署來源於正確的決心，正確的決心來源於正確的判斷，正確的判斷來源於周到的和必要的偵察，和對於各種偵察材料的連貫起來的思索。**」只有做到情況明，才能決心大，方法對，在對敵鬥爭中，才能做到穩、準、狠地打擊敵人。指揮員要做到情況明，就必須緊密聯繫群眾，親自到第一線去指揮。只有和群眾戰鬥在一起，同呼吸、共命運，向群眾學習，才會豐富領導，才能得到真知灼見。因為，「**在某種意義上說，最聰明，最有才能的，是最有實踐經驗的戰士**」。經驗證明，只有敢於領導，深入群眾，才能及時掌握運動的新動向。做到知己知彼，百戰百勝，才能從錯綜複雜的鬥爭中抓住重點，選準突破口，狠狠打擊最主要、最危險的敵人，爭取鬥爭的主動權。

第三，要實行一元化的領導。一個堅強的作戰指揮部，首先必須是一個「拳頭」，就是說，是一個有統一思想，統一行動、團結一致的領導班子。要做到這一點，就必須切實實行一元化的領導。

什麼叫一元化？從政治上說，一元化就是要化在毛澤東思想上。「革命委員會的成員，不管來自那個方面，都應當是廣大革命人民群眾的代表，都應當按照毛澤東思想辦事，按照無產階級黨性原則辦事。決不能只代表某個小山頭，而不代表廣大革命人民群眾，只團結少數人，而置絕大多數群眾於不

顧。」只有用毛澤東思想來統一大家的思想，統一大家的行動，才能最鞏固地團結自己，最有力地打擊敵人。最近，毛主席又深刻地領導我們：「**如果各人按個人的意見辦，軍隊怎能打仗？軍隊各人都按個人的意見辦怎麼行，這樣軍隊就不像個樣子了。**」毛主席還教導我們：「**在自己的意見被否決之後，……不得在行動上有任何反對的表示。**」我們必須用毛澤東思想作為指導我們一切行動的準則，大力加強組織紀律性，這對每一個指揮部的成員，每一個革命群眾組織，在挖肅鬥爭的決戰決勝、奪取全面勝利的關鍵時刻，具有特殊重要的現實意義。從組織上說，必須堅持民主集中制，提倡「群言堂」，反對「一言堂」，強調集體領導。事實證明，那個指揮部集體領導作用發揮得好，那裡對挖肅鬥爭的領導就有力，反之，互相掣肘，口徑不一，常常被敵人鑽了空子，不是抓不住主要敵人，就是對敵人打得不狠。還有一些革命委員會像一個「股份公司」，像「聯絡站」。有的同志資產階級、小資產階級派性很大，合我口味就聽，不合口味就吵，想來就來，想走就走。有的則以「解放者」自居，尾巴翹上了天，什麼都得聽他的，總想牽著別人鼻子走。這種現象必須堅決反對，迅速糾正。否則，這些自以為得意的人，很快就可能成為曇花一現的人物。

總之，在革命委員會內部必須加強活學活用毛澤東思想，破私立公，經常用毛澤東思想批判各種資產階級思想，促進人的思想革命化。只有在鬥爭中學、鬥爭中用，不斷總結經驗，加深對毛主席革命路線的理解；提高階級鬥爭、路線鬥爭覺悟和政策、策略水平，才能有力地率領無產階級革命大軍同階級敵人英勇鬥爭才能充分發揮指揮部的職能，適應階級鬥爭形勢發展的需要。

第三部分：高舉毛澤東思想偉大紅旗，不斷提高路線鬥爭覺悟，乘勝前進，奪取全面勝利

現在，我區正處在革命高潮中，正在與階級敵人進行大決戰，奪取無產階級文化大革命全面勝利已經不遠了！

我們一定要牢記偉大領袖毛主席「**將革命進行到底**」的偉大教導，更高地舉起毛澤東思想偉大紅旗，緊跟毛主席的偉大戰略部署，以毛主席的最新指示為指針，進一步提高階級鬥爭和路線鬥爭覺悟。發揚無產階級不斷革命、徹底

革命精神，反右傾、鼓幹勁，戒驕戒躁，乘勝前進，發展大好形勢，進一步深入開展活學活用毛澤東思想的群眾運動，大辦毛澤東思想學習班，狠抓革命大批判，不停頓地向階級敵人發動猛烈進攻，堅決把「挖肅」鬥爭進行到底。切實保證毛主席一系列最新指示全面落實，從思想上、政治上、經濟上、組織上奪取無產階級文化大革命的全面勝利。

為了實現以毛主席為首、林副主席為副的無產階級司令部已經確定的一九六八年的偉大戰略目標，我們下半年的主要戰鬥任務是：

第一，繼續大抓狠抓毛澤東思想教育，把活學活用毛澤東思想的群眾運動深入持久地開展下去。各級革命委員會必須把大抓狠抓毛澤東思想教育，放在高於一切，先於一切，大於一切，重於一切的地位，抓住不放。一抓到底。各級革命委員會要帶頭學習，認真組織廣大群眾和幹部學習和貫徹最近發表的毛主席「三條」最高指示，要繼續大辦、辦好各種類型的毛澤東思想學習班，逐步做到經常化、制度化，使全區各族革命人民，迅速地、直接地掌握毛主席的光輝思想，使學習、宣傳、貫徹、捍衛毛澤東思想，成為廣大人民政治生活中的第一要素，把運用毛澤東思想去「鬥私，批修」變為自覺的行動。各級革命委員會，都應當像寧城、杭後那樣，緊跟毛主席，每當毛主席的最新指示一發表，立即宣傳貫徹，迅速做到家喻戶曉，並不斷用以檢查思想和工作，經常看到差距，鞭策自己，不斷前進。繼續深入持久地開展無限忠於毛主席、無限忠於毛澤東革命路線的「三忠於」活動，開展學習鬥合活動繼續推廣一日生活毛澤東思想化，強調提高活學活用毛澤東思想的水平，強調帶看問題學，活學活用，學用結合，急用先學，立竿見影，在用字上狠下功夫，堅持在鬥爭中學，在鬥爭中用，樹立理論聯繫實際的革命學風，反對那種學用脫節，甚至用實用主義態度對待學習毛澤東思想。當前應當特別強調狠抓兩條路線鬥爭的教育，不斷提高路線鬥爭覺悟。使全區各族人民，明確認識到，無產階級專政下的階級鬥爭，突出地表現為黨內兩條路線鬥爭。不提高路線鬥爭覺悟，就不懂得在社會主義條件下的革命，就完不成歷史賦予我們的偉大使命，就會迷失方向，甚至會站到革命的反面，成為革命的絆腳石。

第二，繼續深入地、持久地狠抓革命大批判，堅決把「挖肅」鬥爭進行到底。要牢記偉大領袖毛主席「**千萬不要忘記階級鬥爭**」的教導，狠抓階級鬥

爭，緊緊掌握鬥爭大方向，把鬥爭矛頭始終對準以中國赫魯曉夫和烏蘭夫的代表的一小撮階級敵人，掀起大揭發、大批判、大鬥爭的新高潮。要認真學習偉大領袖毛主席新自推薦的北京新華印刷廠對敵鬥爭經驗。要大力推廣包鋼、二治和杭錦後旗五四大隊大辦學習班，狠抓大批判，抓住要敵人打殲滅戰的先進經驗。要發揚「**宜將剩勇追窮寇**」的徹底革命精神，主動地、不停頓地向階級敵人發動猛烈進攻。把那些隱藏最深的烏蘭夫死黨分子、民族分裂主義分子、叛徒、特務和一切反革命分子，全部、徹底地挖出來，並把挖與肅結合起來，把他們徹底地批倒批臭，叫他們永世不得翻身。當前，對敵鬥爭已經進入到決戰決勝的新階段，這是奪取全面勝利的關鍵一仗，只能打勝，一定能夠打勝，我們一定要下定決心，絕不動搖，不獲全勝，決不收兵。

為了穩、準、狠地打擊一小撮階級敵人，奪取對敵鬥爭的全勝，我們必須繼續放手發動群眾，狠反右傾機會主義、右傾分裂主義、右傾投降主義和形「左」實右的反動思潮，認真執行黨的政策，嚴格區分兩類不同性質的矛盾，調動一切積極因素，團結一切可以團結的力量，徹底孤立和打擊一小撮最頑固、最狡猾的敵人。

在對敵鬥爭中，要堅定地依靠決心把無產階級文化大革命進行到義的無產階級革命派。要進一步發動、幫助、支持受蒙蔽的群眾起來革命。要充分注意組織那些犯了嚴重錯誤的幹部上戰場，通過鬥爭考驗他們，讓他們在鬥爭中改正錯誤。同時要注意爭取那些犯有錯誤或有一般歷史問題，但還不是敵人的人們，使他們在對敵爭鬥中經受考驗，立功補過。

要繼續認真地貫徹偉大領袖毛主席關於「**無產階級專政是群眾的專政**」的偉大指示，認真總結前一段群眾專政經驗，進一步整頓、充實和加強旗縣以上城鎮群眾專政機構，不斷提高群眾專政的水平，充分發揮群眾專政在對敵鬥爭中的巨大作用。

各單位各行業都要把對敵鬥爭同本單位的鬥批改緊密地結合起來。改革教育、改革文藝、改革機關工作和行政管理工作，改革一切不適應社會主義經濟基礎的上層建築。各學校，必須堅持復課鬧革命，砸爛修政主義教育制度，大搞教育革命，做出顯著成績，要突出無產階級政治，做好畢業生的分配工作。畢業生應積極上山下鄉，走與工農相結合的道路。文藝界，以江青同志為榜

樣，徹底批倒批臭中國赫魯曉夫及烏蘭夫的修正主義文藝路線，打倒反黨叛國文學，堅持毛主席的文藝方針，創作為工農兵服務，為無產階級政治服務的社會主義新文藝，演出樣板戲，努力宣傳毛澤東思想，讓光焰無際的毛澤東思想佔領一切文藝陣地。

第三，把農村、牧區的無產階級文化大革命進行到底。農村、牧區的文化大革命，一定要堅決貫徹執行中央關於農村文化大革命的指示，「要堅定不移地依靠貧下中農和貧下中牧」領導權一定要掌握在貧下中農和貧下中牧手中，樹立貧下中農和貧下中牧的優勢。農村、牧區在文化大革命中，要放手發動群眾，堅持正面教育，大辦、辦好各種類型的毛澤東思想學習班，狠抓革命的大批判。把中國赫魯曉夫和他在內蒙古代理人烏蘭夫所宣揚的「階級鬥爭熄滅論」、「剝削有功」、「三自一包」、「四大自由」以及「特殊論」、「三不兩利」、「穩、長、寬」等反革命修正主義路線，批得臭臭的。在建立革命委員會的地方，要抓好整頓、恢復貧協和民兵組織的工作。公社以下（包括公社）不建立群眾專政機構，不開展「挖肅」運動，但必須依靠貧下中農和貧下中牧，加強對四類分子的監督改造，只許他們老老實實，不許他們亂說亂動。各級革命委員會，特別是旗縣一級革命委員會，工作重點一定要放在農村、牧區，深入實際，狠抓基層，鞏固集體經濟，開展學大寨活動，堅持社會主義方向，反對自發的資本主義傾向。

牧區劃階級，要在今年年底以前全部搞完，還沒有開展的地區，要迅速地迎頭趕上。已經開展的地區，要認真地進行複查。徹底砸爛烏蘭夫在牧區推行的反革命修正主義、民族分裂主義路線。

第四，在狠抓階級鬥爭的群眾運動中整頓黨的組織，加強黨的建設。無產階級文化大革命就是一次偉大的整黨運動。我區正在進行的「挖肅」鬥爭為整建黨工作創造了極為有利的條件。一定要把「挖肅」鬥爭同整建黨工作緊密的結合起來。使整建黨的工作逐步鋪開，力爭年底前整頓完畢。整建黨工作，要按照中央的有關規定和中共內蒙古自治區革命委員會核心小組召開的整建黨工作座談會議紀要精神辦事。要辦好有黨員和革命群眾參加的整黨學習班，認真學習毛主席的無產階級建黨路線，徹底批判中國赫魯曉夫和烏蘭夫的修正主義建黨路線。旗縣以上各級革命委員會，要迅速把黨的核心小組建立起來。各基

層單位，要建立黨的臨時總支、支部，逐步恢復正常活動。在整建黨的同時，也要積極抓一下共青團、紅衛兵等革命群眾組織的整頓工作。

第五，熱烈持久地開展「**擁軍愛民**」活動。反覆深入地貫徹毛主席關於「**擁軍愛民**」的偉大號召，大力加強軍民之間，軍隊與地方之間的團結。各級革命委員會要把這一項重大的政治任務扎扎實實地抓緊抓好。要大力宣揚人民解放軍在無產階級文化大革命中建立的豐功偉績。要幫助解放軍克服在執行戰略任務或其它各項任務中所遇到的困難。要高度警惕，及時揭露、嚴厲打擊挑撥軍民關係，破壞軍民團結的階級敵人。廣大革命群眾要堅定不移地相信和依靠解放軍，擁護和熱愛解放軍，支持解放軍的「三支」「兩軍」工作。偉大的中國人民解放軍在無產階級文化大革命中，在「擁政愛民」工作上，創建了偉大功勳，今後一定會進一步相信和依靠廣大革命群眾，向群眾學習，認真執行「支左不支派」的原則，堅決保衛新生的革命委員會，發揮無產階級專政的堅強柱石作用。

各級革命委員會和各革命群眾組織，一定要認真地學習解放軍，把解放軍高舉毛澤東思想偉大紅旗，「三個忠於」，「四個無限」，突出無產階級政治，「四個第一」，三八作風等好傳統、好思想、好作風學到手，走解放軍政治建軍的道路，努力搞好思想革命化。

第六，**抓革命，促生產，促工作，促戰略**，是毛主席偉大戰略部署的重要組成部分，是奪取全面勝利的戰略任務。各級領導都要政治掛帥，從促進人的思想革命化入手，抓好生產工作，使下半年我區工農牧業生產出現一個大發展的新局面。工業生產一定要達到並力爭超過一九六六年的水平。包鋼，一機、二機等大企業，要起帶頭作用。煤炭生產一定要抓上去。農業生產要挖掘各種潛力，做好抗旱防澇工作，爭取一個好收成，並制定可行規劃，採取有效措施，力爭在幾年內，解決東糧西調的問題。牧業生產，要防災保畜，力爭完成今年畜牧業生產計劃。交通、財貿等各個部門，都要為今年下半年生產大發展作出貢獻。

各級革命委員會要從「**備戰、備荒、為人民**」的要求出發，從鞏固祖國北部邊疆出發，狠抓革命，猛促生產，大力宣傳貫徹勤儉節約，愛護國家財產，反對各種錯誤傾向，加強勞動紀律，批判，抵制反革命經濟主義歪風，打擊敵

人的破壞活動，把生產及其他各項工作抓緊抓好。

第七，進一步加強革命委員會的革命化建設。毛主席教導我們：「**革命委員會的基本經驗有三條：一條是革命幹部的代表，一條是有軍隊的代表，一條是有革命群眾的代表，實現了革命的三結合，革命委員會要實行一元化的領導，打破重疊的行政機構，精兵簡政，組織起一個革命化的聯繫群眾的領導班子。**」各級革命委員會必須沿著毛主席指引的根本方向，迅速建設成為無限忠於毛主席，無限忠於毛澤東思想、無限忠於毛主席革命路線的領導班子。這個班子，必須是高舉毛澤東思想偉大紅旗的，堅持活學活用毛澤東思想的，堅定地執行毛主席的無產階級革命路線的，狠抓階級鬥爭的，率領廣大群眾主動地、不停頓地向階級敵人猛烈進攻的，革命的戰鬥指揮部。及時地、準確地、全面地把以毛主席為首，林副主席為副的無產階級司令部的戰鬥任務和方針政策，落實到群眾中去，變為群眾自覺的革命行動。

毛主席教導我們：「**國家機關的改革，最根本的一條，就是聯繫群眾。**」各級革命委員會的一切人員，必須同廣大人民群眾保持最經常最廣泛的血肉聯繫，深深地紮根於群眾之中，虛心地向群眾學習，主動地接受群眾的批評和監督，善於傾聽群眾的意見，遇事和群眾商量。在任何時候，任何情況下，都要堅決保護廣大人民群眾，時刻替人民著想，完全徹底地為人民服務。

革命委員會必須堅決實行一元化的領導。革命委員會的成員和工作人員，不管來自那個方面，都應當是廣大革命人民群眾的代表，絕不是哪個小山頭的代表，「每句話，每個行動，每項政策，都要適合人民的利益」，都必須按照毛澤東思想辦事，為人民負責。各級革命委員會要切實執行民主集中制的原則，既要反對一言堂，又要反對各自為政，既要有民主，又要有集中，既要有自由，又要有紀律。「**在自己的意見被否決以後，……不得在行動上有任何反對的表示**」，要開展批評與自我批評，進行積極的思想鬥爭，反對自由主義，增強在毛澤東思想基礎上的團結，鞏固集體領導，同心地協力地做好各項工作。

各級革命委員會必須認真學習靈寶縣的經驗，切實搞好組織革命化，做好清理階級隊伍，工作，走「**精兵簡政**」的道路，從組織上固鞏和發展無產階級文化大革命的偉大成果。

　　各級革命委員會還要加強作風建設，不斷改進工作方法。要向人民解放軍學習，突出無產階級政治，人人有堅強的政治責任心，充滿革命幹勁，勇於負責，敢於鬥爭，團結緊張、嚴肅、活潑、雷厲風行，說幹就幹，反對那種鬆鬆垮垮，稀稀拉拉，遇事推諉，互相掣肘等官僚作風。毛主席教導我們：「**任何領導人員，凡不從下級個別單位的個別人員，個別事件取得具體經驗者，必不能向一切單位作普遍地指導。**」因此，我們必須學會把一般號召同具體指導結合起來的領導方法，認真地發現和培養典型，總結典型經驗，通過典型去指導全盤。上半年，我們推廣了杭後、寧城、呼市機床廠、呼市五中的經驗，現在又推廣了包鍋，二冶等單位的先進經驗，都取得了很好的效果，但是還不夠，還應當繼續加強。各級革命委員會也應當普遍地運動這個方法。

　　同志們，我們已經走過的戰鬥路程，是光榮的，艱巨的，我們將要走的路程，是更光榮，更艱巨的。在我們前進的征途中，會遇到重重困難；但是我們堅信，只要我們團結在毛澤東思想的旗幟下，堅決貫徹毛主席的無產階級革命路線，沿著偉大領袖毛主席指引的航向前進，我們就一定能斬荊披棘，克服一切困難，戰勝一切階級敵人，讓我們更高地舉起毛澤東思想偉大紅旗，不斷提高階級鬥爭和路線鬥爭覺悟，乘勝前進，為奪取無產階級文化大革命的全面勝利而英勇奮鬥！

　　最後，讓我們共同高呼：

　　緊跟毛主席的偉大戰略部署，全面落實毛主席的最新指示，狠抓階級鬥爭，堅決奪取無產階級文化大革命的全面勝利！

　　無限忠於毛主席，無限忠於毛澤東思想，無限忠於毛主席的無產階級革命路線！

　　毛主席的無產階級革命路線勝利萬歲！

　　光焰無際的毛澤東思想萬歲！

　　偉大領袖、偉大統帥毛主席萬歲！萬歲！萬萬歲！

載《新文化》第四十一期

內蒙古宣教口《文化戰線》新文化編輯部

一九六八年七月二十二日

47.滕海清同志七月十四日晚在內蒙古自治區革命委具會全體委員座談會上的講話（1968.07.14）

前段會議開得不錯。為了把這次會議開好，昨天晚上核心小組同志們研究了一下，有些問題再重複說明一下，使討論得更好點。

這次會議的目的，吳濤同志已講得很清楚了，即以毛主席的最新指示為綱，找差距，開展自我批評。會議上先進經驗的介紹大大地豐富了會議的內容。

前天我的講話大部分問題都講了，下半年的中心任務也講了。下半年的中心任務是：以毛主席的最新指示為指針，主要反右（特別是右傾分裂主義），同時也防「左」，更充分的發動群眾，狠抓革命大批判，集中兵力，對一小撮最主要最危險的階級敵人打殲滅戰，把挖肅鬥爭進行到底。

圍繞下半年的中心任務，再重點講以下幾個問題：

一、對全區「挖肅」鬥爭形勢的分析

上次講話關於形勢部分講的很多了，各方面成績都講了。挖肅鬥爭取得了很大成績，揪出了這麼多的特務、叛徒、頑固不化的走資派、烏蘭夫死黨分子和其他反革命分子，不能否定它的成績。但還應從政治上看，如果光從揪出這樣多的人來看，還不能說明問題，從政治上看，我們基本上把劉少奇及其在內蒙的代理人烏蘭夫反黨反社會主義反毛澤東思想的叛國集團的社會基礎摧垮了，並從政治上、思想上、理論上對他們展開了持續的革命大批判，大大地提高了廣大人民群眾的階級覺悟和路線鬥爭覺悟。這是毛澤東思想的偉大勝利，是毛主席革命路線的偉大勝利。

現在看來，運動的發展是不平衡的，兩頭小中間大。

一種是好的和比較好的單位，就是挖肅鬥爭、大批判、鬥批改搞得比較好。比如包鋼、二冶，挖和肅這方面從我們全區來說是先進單位了，挖的方面，公安廳搞得比較好，是不是挖的一個沒有了，很難講，挖的比較徹底一

點，還有其他很多單位，像呼市機床廠等。類似這樣的先進單位從整個內蒙來說還是少數的。以包鋼、二冶、內蒙公安廳這些單位為代表的一部分好的單位，挖的好，肅的好的共同特點是：抓的準，挖的深，批的好，群眾充分的發動起來了，特別是把受蒙蔽站錯隊的群眾、犯錯誤的造反派和與走資派相聯繫的知情人，都發動起來了。這就充分的調動了一切可以調動的力量，投入這場挖肅鬥爭，形成了一場真正的人民戰爭。

第二種，群眾基本發動起來了，階級鬥爭蓋子基本揭開了，打了一場掃蕩戰。多數單位挖出了一些主要的敵人，危險的敵人，但還沒有把他們揭深揭透，批倒批臭；有一些單位雖然把表面敵人挖出了不少，但對隱蔽的最深、最巧妙的危險敵人還沒有挖出來。有些敵人鑽到我們革命隊伍裡面，鑽到革命委員會機關裡面。這些敵人有的是特務、叛徒，烏蘭夫死黨分子，有一些也可能不是特務、叛徒、烏蘭夫死黨分子，但他們是楊成武式的反革命兩面派。這樣的人可能為數不多，有些職位也不一定高，但能量很大。他們可能過去和烏蘭夫在組織上沒有什麼聯繫，工作上也看不出什麼問題，像楊成武似的，文化大革命中大字報極少，但卻是個地地道道的反革命兩面派。這種人一方面蒙蔽群眾，另一方面領導對他一時也看不清楚。所以，這樣一部分人是最危險的敵人。我們隊伍裡面有沒有這樣的人？

第二種情況的特點，就是不深不透。這些單位群眾也基本上發動起來了，你說沒有揭開蓋子？揭開了，你說沒有把敵人揪出來？也揪出一批敵人，但是不像包鋼、二冶，或者公安廳、機床廠搞得那樣深，就是不深不透。這樣的單位占大多數，集中表現是盟市、旗縣的黨政機關、公檢法、文教界。當然旗縣機關也有一些搞得比較好的，整個說來旗縣機關大部分搞得還是不深不透。盟市也存在這個問題，有的搞得比較好一些，像包頭可能搞得比較好一些；還有個別的盟也可能搞得好，但大部分盟市機關，特別是黨政機關階級鬥爭蓋子沒有完全徹底揭開，處於中間狀態，你說沒有作出成績？也有成績，就是不深不透。現在看，有的公檢法搞得比較好一些，如錫盟公檢法，但有些地方公檢法搞得不好，一直到現在成績不大。整個內蒙，從旗縣開始，我還沒有發現有一個公檢法是公正革命的，也可能是我官僚主義不知道，根據揭發的情況看，公檢法的機關就是一個黑窩。

　　第三種情況，少數單位挖肅鬥爭局面沒有打開，階級鬥爭蓋子基本上沒有揭開。有些革命委員會成立晚的單位，兩派對立比較厲害的單位，一些偏僻地方盟市領導上抓得不夠的單位，那些單位的領導很不得力，基本上還是保持原來的狀態，他們有些口號喊的很響亮，但實際作得很差，並沒有真正把群眾發動起來，也沒有真正把蓋子揭開。

　　這樣的估計是不是符合實際，同志們討論的時候可以研究一下。兩頭小、中間大，也是符合運動發展規律的，發展不平衡也是合乎規律的，不平衡是絕對的，平衡是相對的，和第二次全委會比較起來，這一點完全不一樣。兩頭小、中間大具體表現是什麼？就是多數盟市、旗縣機關、公檢法、文藝團體，也還包括學校等，還處於中間狀態。現在看，大工廠一般的比學校、比機關是好一些，但也不完全一樣，有些廠礦也很糟糕。學校有一部分是好的，例如呼市五中、包頭一中五中，內蒙醫學院、工學院等單位；但是大部分挖肅鬥爭不深入，因為他們資產階級派性太大。黨政機關裡面也存在這個問題，有的抓得緊一點就好一些，抓得不緊就差一些，整個說來與第二次全委會比較，完全不同了。黨政機關也有好的，比如寧城，我看挖肅鬥爭比較好。當然，像寧城這樣的單位，不只一個，牧區的族縣也有的搞得好一些的。但是從整個說，搞得好的比例還是小的，中間狀態的比較多，最差最差的也是少數。

　　為什麼今天要專門說一下這個問題？就是要說明我們的挖肅鬥爭任務還很重，階級鬥爭要狠抓、大抓、特抓。特別是多數處於中間狀態和少數處於落後狀態的單位，要以毛主席的最新指示為指針，狠反「三右」主義，集中兵力對一小撮最主要的敵人打殲滅戰。如果僅僅看到我們揪出了這樣多的人，政治、思想各個方面都取得了很大的成績，就滿足現狀，看不到全內蒙處於什麼樣一個狀況，這樣我們腦子就可能不清醒，就可能讓成績把我們的腦子占的滿滿的，而驕傲自滿起來。前天講了防止驕傲自滿問題，我們一方面要看到成績，肯定我們成績很大，但必須看到我們存在的一些問題，既要肯定主流，又不能忽視支流問題。同時我們也只有作出這樣的分析，才有一個努力的方向，先進的單位要更加先進，中間的單位要趕先進，落後的單位要作更大的努力，把群眾發動起來，爭取趕上去。

二、狠抓主要矛盾，集中兵力打殲滅戰

　　必須大力推廣包鋼、二冶的先進經驗。前天報告講到了這個問題，還要反覆的強調一下。雖然內蒙革命委員會已經作了決定，到包鋼、二冶參觀的人也很多，這次包鋼、二冶典型經驗介紹，大家都很滿意了，但是我們還是要強調推廣包鋼、二冶的先進經驗。他們的經驗集中起來講，就是狠抓革命的大批判，集中兵力對最主要、最危險的敵人打殲滅戰。第一次全委會以後在農村推廣了杭後、寧城的經驗，這對我們農村文化大革命，也包括我們全區文化大革命起了很大的作用。現在我們要把一個政治大革命、兩個鬥爭繼續的最新指示繼續落實下去，包鋼、二冶給我們作出了很好的榜樣。他們的經驗不僅僅是在工礦企業可以用，機關、學校都可以用，大會戰的形式不同，但他們這樣的經驗是有普遍意義的。

　　第一，首先講一講推廣包鋼、二冶經驗的必要性和重要性。前一段，從全區來說，打了一個很大的掃蕩戰，取得很大成績，挖出一大批特務、叛徒，以及中國赫魯曉夫在內蒙各個地區的代理人，從組織上基本上摧毀了他的反動社會基礎，但是，要想讓運動向縱深發展，不僅從組織上把它摧毀，而且要從政治上、思想上、理論上徹底把他們批倒批臭。這在我們全區說來是很不夠的。大家想一想，我們各個盟市各個旗縣揪出的走資派已經兩年了，是不是從政治上、理論上、思想上把那些敵人揭深揭透，批倒批臭了呢？沒有。因此，我們要繼續打殲滅戰，把敵人徹底批倒批臭。中間狀態的這些單位，有的處於停滯、甚至頂牛狀態不知怎麼搞了，有的搞「一揪二遊三不管」，把敵人挖出來以後大概以為運動完了，不是繼續向前發展，而是一種停滯的狀態。包鋼、二冶給我們提供了經驗，敵人揪出來以後，要真正從政治上、思想上、理論上把他們批倒批臭，使我們的政治大革命繼續向縱深發展。包鋼、二冶是三月份才開始搞挖肅鬥爭，我們有的單位從去年就開始了，呼市地區是搞得很早的，但是沒有像他們搞得那樣深透。我們呼市有沒有先進經驗？有的，就是抓了一下丟掉了，沒有下力量一直抓到底，沒有找到政治大革命向縱深發展的門路。

　　第二，包鋼、二冶的主要經驗是，充分的發動群眾，開展革命的大批判，

抓住主要矛盾，集中兵力打殲滅戰。他們這樣作的結果，進一步解決了如何繼續深入革命的問題，解決了如何把革命進行到底的問題。把毛主席關於一個政治大革命、兩個鬥爭繼續的指示具體地落實了。

第三，現在各地都在學習包鋼、二冶的經驗，大家積極性很高，但是，沒有一定的條件，想打包鋼這樣的大會戰我看有些困難。包鋼、二冶大會戰是在較好的解決了如下幾個問題的過程中進行的：

①大辦以提高階級鬥爭、路線鬥爭覺悟為中心內容的毛澤東思想學習班。這和其他地方辦學習班有所不同，其他地方是搞大聯合三結合，以後也是按毛主席的指示搞鬥私批修。鬥私是鬥了，批修也批了，但是沒有和本單位情況，沒有和一個政治大革命、兩個鬥爭繼續結合起來，提高大家階級鬥爭覺悟、路線鬥爭覺悟，奪取思想陣地。

②他們有詳細的調查研究，對敵情搞得比較清楚，心中有數，所以對敵人打的準，打的狠。三月份我在包頭找各大廠軍管會同志彙報，那時包頭革命委員會剛成立，各大廠革命委員會大多沒有成立，那時他們領導上還有點右傾思想，鬥爭還沒有展開，但是他們已作了大量的工作，對什麼人是敵人，什麼人是好人摸的比較清。包鋼二百多處以上幹部，真正有問題的八十多，問題大的三十多，三十多人裡還有區別。他們把敵我情況搞得比較清楚。這個條件我看中間狀態的很多單位是不具備的。把幾個走資派搞出來了，和走資派關係密切的壞人搞出來了沒有？有的搞出來，有的沒有搞出來，大部分沒有搞出來。包鋼、二冶在這方面就作了大量的調查研究，這樣就心中有數，就抓得準，打得狠。為什麼公安廳搞得時間不長，也抓得準，打得狠？他們也是作了調查研究。當然調查研究主要還是靠群眾。看很多單位，到底敵人在什麼地方，誰是敵人，腦子裡還糊里糊塗，這樣一個狀況，殲滅戰、大會戰怎麼打下去？！沒有這個條件，你辦學習班，沒有把真正敵人抓出來，你那裡好人壞人分不清，怎麼能解決問題呢？如把壞人的問題揭發出來，有了對立面，就能很快提高大家路線鬥爭覺悟，階級鬥爭覺悟，而不是在那裡放空炮。對敵人抓得狠，這不是一日之功，是經過長期調查研究的。一機、二機廠軍管會同志是吃了苦頭的，挨圍攻，什麼都經受過，這樣他們倒心中有數了，分清了什麼是好人、壞人，作了調查研究，但那個時候他們還不敢發動群眾去搞，當然，也不能怪他

們，上邊沒叫他們去搞嘛。為什麼一動員後一下子就把那些壞人抓出來呢？抓得很準，就是事前進行了大量的調查研究工作。不管大小單位這是個很重要的問題。中間狀態的單位要注意這一條。落後的單位，蓋子沒有揭開，什麼都沒搞，你打殲滅戰搞什麼？沒有挖就沒有肅嘛，要注意創造條件。

③對廣大群眾作了艱苦細緻的政治思想工作。就是用解放軍的那一套辦法，各方面的工作都作到了，不僅對造反派、受蒙蔽站錯隊的人、犯錯誤的幹部做了工作，連家屬、小孩的工作都作到了。這樣充分的把群眾發動起來了，就調動了一切積極因索。敢把受蒙蔽站錯隊的同志發動起來，特別是把犯錯誤造反派迅速地教育過來，把他們團結過來，這是要下苦功夫的。

對犯錯誤的造反派的處理，二冶對《井岡山》的處理在全內蒙來說是處理最好的。如對《井岡山》那一派處理得不好，二冶大批判也搞不下去。他們對那個《井岡山》就是只抓了一個壞頭頭，連第二把手，過去做過許多壞事的，也把他爭取過來了，完全不是採取壓的辦法，是採取愛護、幫助的辦法。二冶的革命委員會對二冶的《井岡山》作了大量的工作，《大聯委》這一派很聽毛主席的話，一作工作，姿態很高。革命領導幹部姿態也很高，《井岡山》原來就是打林光的，打得很厲害，但是林光同志姿態很高，《井岡山》打他，他反而去幫助和保護他們，這樣，使犯錯誤的造反派很受感動。軍管的同志對《大聯委》作了很多工作，對犯錯誤的一派作了很多工作。這是值得我們學習的。從全內蒙說，現在還存在著這個問題，對犯錯誤的造反派，很多地方還處理的不好。他們敢發動受蒙蔽站錯隊的人，而且真正按毛主席教導的幫助、批評、聯合的辦法去對待犯過錯誤的老造反派。他們現在不是兩派對立，就是一派，沒有隔閡，《井岡山》第二把手過去打林光打的最厲害，林光作了檢查以後，自己主動跑到林光家給他低頭，建立了革命的感情，檢討過去打錯了，上了當。所以，這是兩個方面的問題，領導幹部高姿態，對犯錯誤的人採取愛護的辦法，這個問題就解決的好。如果兩派對立，大會戰搞不起來，你要打，他要保，只有兩派真正團結起來才能一致對敵。

④堅決貫徹黨的方針政策，正確處理兩類不同性質的矛盾。他們不是創造了八個區別對待嗎？這八個區別對待大家都知道了，這八個區別對待看起來簡單，做起來很不容易，不經過詳細研究黨的方針政策，真正領會毛主席的

思想，這八個區別對待是搞不出來的。沒有這八個區別，有些可以拉過來的人就可能被推到敵人那邊去了，真正的敵人又沒有推過去，搞得敵我矛盾混淆不清。他們對這個問題是下了功夫的。

⑤建設一個立場堅定、旗幟鮮明、敢於衝殺、敢於負責、思想統一、步調一致的指揮部。具體說來，就是建設一個敢於革命、善於革命的堅強的指揮部。你沒有這樣一個領導班子是不行的。這個階級鬥爭、挖肅鬥爭向縱深發展的時候，就是從上到下的領導，由下而上的結合，沒有這樣一個堅強的領導班子來指揮它，就不可能搞得這樣好。

我想，學習包鋼、二冶的經驗時，這幾方面是值得我們仔細研究的。如果沒有這些條件，大會戰就不會搞得那樣好。這並不是說包頭能辦到，其他地方就辦不到，因為過去我們沒有這個經驗，現在人家給我們提出來了這個經驗，我們應當辦得到，也能夠辦得到，我們相信有些單位會超過包鋼、二冶。如果我們不正視這些問題，倉促上陣，打無準備的仗，大會戰必定搞不好。包鋼、二冶是打了個有準備的仗，有思想準備，對敵情比較清楚，思想工作做到了家，政策研究得很細，指揮很有力，這樣才打了一個有準備的仗；若倉促上馬，打了個無準備的仗，不具備這個條件，這個仗很可能打成一個擊潰仗，不可能是殲滅戰。

第四，包鋼、二冶經過這個大會戰、殲滅戰，解決了一些什麼問題？我看主要是：

①真正把敵人徹底地批倒、批臭、批透了，最大的走資派在那裡沒有一個人擁護他、保護他，這就徹底地把他搞臭了，這是很不容易的。為什麼烏蘭夫到現在還不臭？還有人保他呢？有些走資派到現在還起作用，還不臭，就是因為沒有經過這個功夫，沒有把他的罪惡完全揭露出來。還講一點，他們作知情人的工作是比較成功的，知情人的工作若做不好，也是放空炮，這個問題解決了就能把要打倒的敵人徹底打倒，把敵人搞臭，讓它永世不能翻身了。

②在鬥爭中間進一步提高了廣大群眾的階級鬥爭、路線鬥爭覺悟。

③通過大會戰，把要解放的幹部解放出來了。全內蒙來說，我們解放幹部的工作做得很不好。二冶大概解放了百分之九十幾，要解放的幹部都解放出來，他們有這個魄力，該解放的，就堅決把他們解放出來。當然，這是在鬥爭

中得到解放的，幹部犯了錯誤，上第一線作戰，對敵人作戰，既檢討自己，又揭發敵人，和敵人作戰表現勇敢，就得到群眾的諒解，領導講話，就可以把他解放出來。

④以革命帶動了生產。包鋼現在要全部上馬，原來是燃料供應不上，不是人力的問題。二冶從二、三月後生產不是增加百分之幾十的問題，而是加一翻，加幾翻的問題，革命帶動了生產。這次推廣包鋼、二冶的經驗，大家學習經驗很積極，這很好。現在有的單位條件不夠，沒有關係，我們創造條件，包鋼、二冶能辦到，其他地方也能辦到，我們要作很好的準備，不打無準備的仗，一定要在思想上等各個方面準備得很好，一打就響，一打就勝。

三、全區目前「三右」主義仍然是運動的最主要的危險。

比較突出的是右傾分裂主義。右傾機會主義的發展必然導致組織上的分裂、政治上的投降。右傾危險主要是看不見敵人，害怕群眾。但目前突出的是右傾分裂主義。當前階級敵人採取的手法是什麼呢？

是千方百計地分裂新生的革命委員會。我們有些搞右傾分裂的同志，正適應了階級敵人的需要，被敵人所利用。當然，對以毛主席為首、林副主席為副的無產階級司令部，階級敵人是分裂不了的，不管他有多少王關戚、楊余傅等等這些反革命兩面派，他們是沒有希望的。但是敵人並沒有放棄他們企圖分裂和動搖無產階級司令部罪惡陰謀的。第二，是分裂人民解放軍，那是辦不到的。因此階級敵人把主要目標對準我們新生的革命委員會。因為新生的革命委員會，它是新生的，年輕的，經驗不多，不完備，存在很多缺點，所以敵人把它當作最主要的突破口。現在我們的挖肅鬥爭取得了很大勝利，從組織上說，階級敵人是越來越少了，不是越來越多了。但是階級敵人越接近死亡，越要拚死地同我們作鬥爭。因此這場鬥爭更加激烈、更加複雜、更加尖銳了。現在階級敵人不像過去那樣，明火執杖，赤膊上陣，搞那一套都失敗了，而是用反革命兩面派的手法，就是楊余傅這樣的人，採取這樣的手法，矛頭主要的還是對準革命委員會。奪權與反奪權，復辟與反復辟的鬥爭，仍然是當前鬥爭的焦點。敵人失掉了原來的「天堂」，但並不甘心他們的失敗，他們要千方百計地

分化、瓦解、破壞、分裂我們的革命委員會這個權力機構，達到保護自己的目的，起碼保存他們的反革命的殘渣餘孽。這就是當前階級鬥爭的新特點、新動向。

在我們革命隊伍內部存在的「三右」主義，最突出的傾向就是右傾分裂主義。因為我們有的同志思想右傾，有資產階級派性，有些單位領導思想不統一，精神狀態不好，因此在有的革命委員會裡面實際上是「兩套馬車」、「兩套班子」。本來就有這個裂縫，敵人用不著製造什麼條件。現在看，我們大部分革命委員會是比較團結的。如包頭比較團結，所以他們的工作搞的好。我們內蒙革命委員會也是團結的，敵人想在我們裡面搞什麼名堂，那是妄想。但有些革命委員會就不是這樣，主任一套班子，副主任一套班子，常委一套班子，你搞你的，我搞我的，本身就有分裂主義的表現，用不著敵人在那裡製造條件就可以鑽進來，我們已經有缺口，敞開大門讓他進來，那他還不進哪！我們要接受有些地區的經驗教訓，要加強團結，在革委會內部開展兩條路線鬥爭，要引起盟市、旗縣革命委員會同志和其他革命委員會同志注意這個問題。如果由於我們的意見不統一，有資產階級派性，或者私心過重等原因，造成革命委員會內部的分裂，讓敵人鑽了空子，實際上我們有的同志成了右傾分裂主義者。那不僅是個人犯錯誤的問題，而且給革命造成很大損失，成了革命的罪人。我們有些同志對這一點不警惕，正在上當。我們說有的人正在上當，這句話恐怕很多同志還不大理解，他們說上什麼當呀？！實際上你在那裡搞幾套班子，適應了敵人的需要，還不是上當！你團結得很緊，敵人就不可能鑽進來，你大門開著，人家還不進來！這是很危險的。為什麼不能團結對敵，為什麼革委會主任對這派親，付主任對那派親？為什麼常委對這派好，對那派不好？凡是成立革命委員會的地方，現在搞兩派的，實際上就是分裂主義。到底是什麼人在那裡搞，那是另外的問題。本來革命委員會應該是一元化領導的，為什麼兩派對立得那樣厲害，為什麼有的革命委員會的領導同志那樣狹隘，那樣不顧大；不照顧團結，個人私心那樣重？實際上有的人就是搞分裂嘛！不管你有意無意，主觀上怎麼樣，實際上這就是搞分裂。還有的單位的群眾組織，兩派對立。為什麼對立？原因很多，歸根一條，就是有人搞分裂。既然都是造反派，為什麼不能團結對敵？為什麼不能開誠佈公，把問題擺出來，把問題講清楚？為什麼

一定要自己搞一套？這是幹什麼？這不是有人拉山頭、搞宗派、搞分裂是什麼！這能說是搞革命嗎？！

毛主席教導我們：「**無產階級文化大革命，實質上是在社會主義條件下，無產階級反對資產階級和一切剝削階級的政治大革命，是中國共產黨及其領導下的廣大革命人民群眾和國民黨反動派長期鬥爭的繼續，是無產階級和資產階級階級鬥爭的繼續。**」兩派都是國民黨不可能鬥，兩派都是共產黨不應當鬥。是不是一派是國民黨，一派是共產黨？如果說是，就是有的頭頭是壞人，或者階級敵人在幕後指揮，廣大群眾肯定不是，也不可能是國民黨。搞分裂的就是個別壞頭頭。有的人現在可能不是國民黨，可是他做的是國民黨的事情，是蔣介石的代言人。不然你搞什麼？！為什麼人民內部的問題，就不能解決？資產階級派性，就不是無產階級黨性，就應當打倒，國民黨要打倒，一切剝削階級那些東西要打倒。分裂主義要不要打倒？要打倒。不要看他過去是老造反派，隨著革命的變化，他不前進，就要被時代淘汰的。我們有些同志對當前存在這些情況，失掉了高度警惕，發展下去，必然適應敵人的需要，造成革命委員會的分裂，造成無產階級革命隊伍的分裂。我們要提高警惕，如果不提高警惕就上了敵人的當。敵人不敢幹的，你幹了；敵人不敢說的，你說了；敵人辦不到的，你辦到了。蔣介石要謝天謝地，劉少奇、烏蘭夫要謝天謝地，真正給敵人作了好事。要引起高度警惕，狠反「三右」，防止敵人鑽空子，不要上當。我說有些同志正在上當，就是指這個問題。

我們反對右傾分裂主義，但我們主張同右傾機會主義分裂。在那些階級鬥爭蓋子沒有揭開或揭得很不徹底的單位，有人在那裡捂蓋子，這些單位應當亂一下，亂敵人。因此，有些無產階級革命派和革命群眾，從右傾機會主義路線控制下衝殺出來，那是必要的，是革命的，絕不是什麼分裂主義。我們必須用毛主席的最新指示，來檢查「三右」主義。主要是右傾分裂主義。當然，右傾機會主義要反，右傾投降主義同樣要反。右傾機會主義發展到一定時候就是右傾分裂主義。發展到向敵人投降，就是右傾投降主義。右傾分裂主義就是向階級敵人、走資派、叛徒、特務投降的，危險性是很大的。所以中央再三強調反「三右」，批判「三右」。現在我們批判「三右」，是因為我們的同志中存在著這些問題；但不是敵人，是犯了錯誤認識不到，給敵人以方便條件，適應了

敵人新策略的需要。當然，我並不是說犯錯誤的同志就是敵人，就是國民黨，就是右傾分裂主義分子。但是這個問題不改，發展下去就是右傾分裂主義。那你分裂到那裡去？那只有分裂到劉少奇、烏蘭夫那裡去，分裂到蔣介石那裡去。那是十分危險的！

當前主要是反右，反形「左」實右。要注意有人以反「三右」主義為幌子搞「三右」主義，以反右傾翻案為幌子搞右傾翻案；但也要防「左」。反右必出「左」，反「左」必出右。這是必然性。這一點務必請同志們注意。

四、關於正確對待群眾，保護群眾的問題

第一，如何對待群眾，這是一個對毛主席革命路線的根本態度問題，也是一個立場問題。我們必須遵照毛主席關於對待群眾「三個根本區別」的最新指示，來檢查我們的根本態度和立場，看對毛主席的最新指示落實得怎樣？這次會議上有些同志作了自我批評，這很好，但有些同志在這個問題上，思想還是不通的。不用毛主席關於對待群眾的「三個根本區別」這個綱來對照檢查，是不能徹底解決問題的。這次會議要很好地解決一下對群眾的態度問題，落實「三個根本區別」的最新指示。在做群眾工作方面，有些單位做得好，有些單位做得不夠好，沒有按毛主席的指示辦事。從領導上說有相當一部分同志，不能正確對待群眾。特別是不能正確對待犯錯誤的造反派和反對過自己的造反派。我在前面講了二冶的情況，要向林光同志學習，林光同志能做到團結過去打過他的人，他的姿態很高。為什麼有些同志不能做到？當了革委會的負責人，或者在革命委員會工作了，有職有權了，採取非常不正確的態度來對待過去反對過自己的群眾，這個問題在我們地區說來，不是個別的。現在有的人提高了認識轉過來了，有的正在轉，有的還沒有轉過來。文化大革命以來，你是當權派，執行過資產階級反動路線，站錯過隊，犯過錯誤，為什麼人家不能反對你。文化大革命要觸及每個人的靈魂。就是群眾反錯、打錯了，無非一是瞭解情況不全面，即使打錯了也不要緊，群眾要革命嗎！另一個是敵人在那裡挑動，我們的造反派上當，這個賬應該記在敵人身上，不應該記在造反派賬上。如果造反派裡頭有壞人，是叛徒、特務、牛鬼蛇神，是壞人就按壞人辦，但廣

大群眾是好的。

第二，要落實毛主席的最新指示，全心全意地保護群眾。怎樣真正做到保護群眾？一條就是狠抓階級鬥爭。對敵人要狠狠打擊，這就是對群眾最大的保護。真正壓制群眾的是什麼人？是敵人，是國民黨。我們對敵人仁慈，就是對人民殘忍，只有狠狠打擊敵人，才能從根本上保護廣大群眾。第二，各級領導同志，必須忠實執行毛主席的革命路線，嚴格按照毛主席關於對待群眾「三個根本區別」的教導，大公無私地正確對待群眾。對那些犯了錯誤的造反派和反對過自己的群眾組織，必須一視同仁，絕不能親一派、疏一派，支一派、壓一派。如果是這樣做，實際上是自己站在國民黨那一方面。不管你主觀上是怎樣想的，客觀上是那樣的。有些造反派犯了錯誤，應當允許人家犯錯誤，也要允許人家改正錯誤。不少領導幹部也犯錯誤嗎！為什麼造反派不能犯錯誤。他們犯錯誤，我們要做工作。他們一時想不通，也應當耐心教育、等待，不能簡單粗暴。哲盟霍風林，犯了錯誤，我和他談了三個小時也沒有談通。但他不是敵人，是個年輕娃娃，不通是思想問題，思想問題可以等待嘛！一次不通，兩次通嘛！最近就通了一點。那時根本不承認一點錯誤，現在承認了錯誤，錯了就改，改了就好。當然，如果是敵人就用不著談話了，把他抓起來就行了。因為他不是敵人，就要做思想工作嘛！年輕人犯了錯誤改了就好嘛！有些人，本身就不是好傢伙，那只有警告他。我記得在這裡對昭盟的李芳德講過，我說：你不是一個真正的革命派，你對共產黨沒有感情。那時紅司那一派想不通嘛！現在看起來李就是一個壞人，是壞人就要警告他。有些同志不是壞人，但是犯了嚴重錯誤的人，要教育、批評、幫助，既要弄清問題，又要團結同志。毛主席一再教導，要相信群眾，依靠群眾，尊重群眾的首創精神。你只相信、依靠尊重你那一派，不去團結反對你的那一派群眾，那你算什麼領導！有的群眾組織犯錯誤，主要是他們頭頭，不是廣大群眾。擁護你的那派，把你捧得高高的，你就感覺很舒服，反對你的那一派就聽不進去，偏聽偏信這怎麼能行？他越是反對你，你越是要聽他的意見嘛！對就改，不對就教育、批評嘛！對群眾不能擺老爺架子，不管是軍隊的，地方的，都是群眾的代表，代表群眾利益的，不是當官做老爺的。造反派中間也有這種情況，也有支一派，壓一派，現在就有大派壓小派，大方向比較正確的一派，壓犯錯誤的一派，特別是在革委

會掌權多的壓掌權少的。形成一部分群眾壓另一部分群眾的問題。實際上也是站在國民黨立場上去壓人家。你革命人家也革命嘛！人家犯了錯誤，可以教育。現在有的利用群眾專政來抓另一派的人，打另一派的人。有的抓得很多，有打傷的，還有打死的嘛。他也是革命的，你也是革命的，為什麼要把人家抓起來？你用毛主席的「三個根本區別」的指示來檢查，你對人家專政，是無產階級專政，還是資產階級專政？就因為他犯了些錯誤，觀點不同你們對人家採取專政，那不是站在國民黨立場上去了嗎？壓了群眾嘛！這樣做不合乎毛澤東思想，不合乎毛主席最新指示，應該改正。這樣搞就把自己推到國民黨的地位上。階級兄弟有錯誤，應該耐心幫助。對敵人要狠，對自己的同志要和。領導幹部不能支一派壓一派，要耐心做政治思想工作，進行幫助。群眾組織間不准大魚吃小魚，不能大派壓小派。不准你用革委會的權力去壓人家，也不准你這一派去抓那一派的人，對人家專政。如果有敵人要告訴他那一派自己去抓。他不聽，告給革委會，革委會可以去做工作嘛！我看要是真正的革命派，你告訴他有壞人，他就不會保的。如果繼續保敵人就不是革命派了。

第三，群眾組織必須支持革委會。任何群眾組織，必須積極支持革命委員會，支持革命的領導幹部，支持解放軍，特別要支持對立面的那一派參加革委會的群眾代表。參加革委會的群眾組織代表，不是代表你那一個宗派，那一個山頭到革委會裡來合股的。作為革委會的成員要顧全大局。如果利用在革命委員會的權力和掌握的材料，去支持自己的山頭，利用這些東西去壓制對方。這樣做不對。革委會是整體，革委會是由忠於毛主席，忠於毛澤東思想，忠於毛主席革命路線的人組成的，不是哥老會，不是聯絡站，不是資產階級議會。群眾組織一定要支持革委會，不支持革委會是錯誤的。不要因為革委會有缺點錯誤就不支持、不承認。支持革命委員會不是空洞的，就要支持站出來的革命領導幹部，要支持解放軍的幹部；解放軍幹部要支持群眾代表，站出來的革命領導幹部也要支持群眾代表，是三結合嘛！要互相支持。群眾組織的代表有對立面的，要互相支持。你要人家尊重你，你首先就要尊重人家。革命領導幹部對犯錯誤的群眾組織，應當批評幫助，這是一方面，另一方面，革委會必須在群眾的監督之下，不能脫離群眾。現在有一種說法，凡是向革委會提意見，就說是炮打無產階級司令部。的確有階級敵人炮打無產階級司令部，想搞垮革委

會；但廣大群眾是出於幫助革委會，愛護革委會的，甚至提出嚴肅的尖銳的批評，我認為這是好的。對群眾愛護、支持、幫助革委會，與階級敵人顛覆、攻擊、污衊革委會要區別開來。不能給批評革委會的群眾扣上炮打無產階級司令部的帽子。如果革委會裡確有壞人，就應該打嘛。

犯過錯誤的造反派，承認了錯誤，改正了錯誤，得到領導上支持後，又否定過去的錯誤。這是不對的。領導上不應當算造反派的老賬，但犯過錯誤的造反派也不應當為自己的錯誤翻案。現在有這樣情況，過去受壓了，我們講了話，支持他，他就翹起尾巴，反過來壓人家，這能行嘛！現在巴盟《直聯》就要防止翹尾巴，現在不知怎麼樣？希望《直聯》姿態要高一些，過去你們同革委會唱對臺戲就是錯誤嘛！有錯誤就改，改了就行。哲盟《哲一司》、《紅造反》從去年到今年四月，錯誤嚴重的很。你們是造反派，犯了錯誤改了就行。哲盟革委會和《哲三司》壓了你們不對，我們是批評了他們。你們《紅造反》也是做得過分了。我們告訴你們，趙玉溫不要打，你們不聽。肇那斯圖、阿古達木是烏蘭夫黑線上的人，你們就不打。那時我們不揭你們的底，可能你們是受蒙蔽。革委會成立了，還是那樣，一直搞得不像樣子。我這並不是說哲盟革委會壓你們是對的，革委會壓你們是錯誤的。《紅造反》、《哲一司》廣大群眾是好的，犯錯誤的是頭頭，你們帶頭衝革委會，那怎麼是正確的呢？你們犯錯誤改了就行。不能說你過去正確，現在正確，一貫正確。沒有那樣的事嘛！不能否定過去的錯誤。《哲三司》不能壓《紅造反》、《哲一司》。《哲三司》的大方向是比較正確的。這是從大的方面講的。你們雙方都應該吸取教訓。還有其他一些單位也是這樣。犯錯誤不是什麼了不起的問題，錯了就改，改了就行了。不要認為自己什麼都正確，正確不正確廣大群眾是很清楚的。今天不是批評你們，是要你們吸取經驗教訓。哲盟有這種問題，巴盟有，烏盟也有，還有一些地方也有。犯錯誤老是不改，一直犯到文化大革命取得全面勝利，那還叫什麼造反派？！無產階級革命派，要緊跟毛主席的偉大戰略部署，要狠抓階級鬥爭，聽毛主席的話，毛主席怎麼講的，就怎麼辦。造反派要在革委會的領導下進行工作，革命造反派隨著革命向縱深發展，如果自己的思想不發展，不前進，將來就要被時代淘汰的。可能造反派就不成為造反派了。中央有個佈告，廣西出現的反革命事件，過去是造反派，現在搞了反革命事件，

不是走到反面去了嘛！中央批准廣西籌備小組成立的時候，對廣西的造反派是很大的鼓勵，他們硬是不聽。反革命事件是什麼人搞的，革命的還搞反革命事件，當然是指少數敵人講的，廣大革命群眾是好的。對犯了錯誤的人，領導同志要關心、幫助他們，這些同志也要自覺地改正錯誤。受蒙蔽的群眾，過去犯了錯誤，站錯了隊，你不能說站錯隊也是對的。你那時是站在劉鄧的資產階級反動路線上，造反派是站在毛主席革命路線上的。因為你受蒙蔽，一時站錯了隊，認識了錯誤，回到毛主席革命路線上來就行了。犯了錯誤，還說自己正確，那就是自欺欺人了。造反派犯了很嚴重的錯誤，雖然他們很長一段時間離開了毛主席的戰略部署，我們還是承認他們批判資產階級反動路線的成績，不能割斷歷史。在批評他們的錯誤的同時，還要肯定他們的成績。站錯隊的同志起來革命，是對的，但是不能反對造反派，不能否定造反派的大方向。造反派要主動團結受蒙蔽的群眾，站錯隊的要依靠造反派，受蒙蔽的群眾應同造反派團結起來，共同對敵。

五、革委會建設問題

革命委員會的根本任務就是「七一」社論所指出的：堅持活學活用毛澤東思想，堅定地執行毛主席的革命路線，及時地準確地全面地把以毛主席為首、林副主席為副的無產階級司令部的戰鬥任務和方針政策，落實到群眾中去，變成群眾的自覺行動。

革命委員會的建設，一就是思想革命化。根本的一條，就是聯繫群眾。我很驚奇的是有的旗縣革命委員會成立後沒下過農村牧區，這糟糕。革委會要真正的聯繫群眾，希望這次會議後，各級革命委員會都要解決一下這個問題。要抓兩條，一條要抓宣傳毛澤東思想，落實毛主席的最新指示；還有一條就是掌握群眾的思想動態，抓群眾的活思想，解決他們的具體問題，這就叫聯繫群眾。如果說下去轉一轉，那樣不行。聯繫群眾，就是要宣傳毛澤東思想，落實毛主席最新指示，就是要掌握群眾的思想情況。

二是組織革命化。必須以靈寶縣為榜樣。一個是清理階級隊伍，一個是精兵簡政。靈寶縣的經驗就是大抓機關的精簡。他們已精簡到三十人，我區察右

中旗已減到五十一人。靈寶縣能做到的，我們也一定能做到。把我們旗縣革命委員會的機構大大精簡一下。人民日報發表靈寶縣的消息的按語，是毛主席的思想，我們要堅決貫徹執行。

　　還有一個領導作風革命化的問題。首先要突出的解決幹部的精神狀態的問題。領導方法很多，就是要學習人民解放軍的三八作風，雷厲風行，深入群眾，聯繫群眾。幹部的精神狀態不改變，怕負責任，不敢上前線，這不行。要向靈寶縣學習。盟市機關如何精簡，你們要研究一下，大家創造點經驗。我們內蒙革委會是一百七十人，還要精簡點。靈寶縣減下來的人，大部分是下去搞毛澤東思想宣傳隊，我們要學習這一條經驗。靈寶縣的經驗傳達了毛主席的聲音，靈寶縣是我們的學習榜樣。希望各級革命委員會通過學習靈寶縣的經驗，認真把革命委員會整頓一下，真正「**組織起一個革命化的聯繫群眾的領導班子**」，使各級革命委員會真正成為高舉毛澤東思想偉大紅旗，突出無產階級政治，充滿革命幹勁，雷厲風行，精悍有力的戰鬥指揮部。

（記錄稿，未經本人審閱）

48.滕司令員接見烏盟報社軍管會、新縱 《戰鬥新聞》代表的重要指示（1968.08.01）

地點：集寧賓館二樓會議室

時間：一九六八年八月一日上午九點四十五分至十一點五十五分

滕司令員接見前，報社代表和革命幹部向陳祕書彙報了報社揪黑手的情況，正在交談中，滕司令員走進會議室。

滕司令員進會議室後首先與同志們一一親切握手。

滕司令員問：你們搞了一點名堂沒有？

眾答：搞出了一點。

滕司令員問：當時你們抵抗錯誤了沒有？

眾答：抵抗了，但很不夠。

滕司令員問：內蒙報點名後，你們有什麼感覺？你們現在清楚了一點沒有？

眾答：點得很準，我們很受鼓舞。現在清楚了。

陳祕書向滕司令員彙報說：他們看報社問題有很大的局限性。

滕司令員講：問題不在報社，你們沒有看到本質上。上次我講了，報社絕大部分同志是好的，根子不在報社，你們看問題不上綱。烏盟報是盟革委會的機關報，光報社能搞成那麼凶嗎？當時報社還有一部分人有抵觸情緒。

陳祕書又彙報說：第二個問題是對報社事件的性質認識不足，沒有看到是反革命動員令和綱領。

滕司令員講：看問題要上綱，上次我講是領導被敵人牽著鼻子走，就是說權不在我們手裡。你們不敢那麼想。

陳祕書彙報說：他們戰鬥力不強，因為認識不上去，現在有些造反派革命精神不強。

滕司令員講：實質上，烏盟的問題就是資產階級要復辟，是奪權與反奪權，復辟與反復辟的鬥爭。上次我給你們上綱了，你們老是不上綱，把這麼大個問題放到報社這個小攤子裡是不能解決問題的。報社有少數壞人，當然那要

抓嘛，不要緊。

陳祕書彙報說：第四個問題是軍管會支持不力。

眾說：于主任剛來不久，劉科長才來了幾天，不瞭解情況。

滕司令員講：軍管會支持不力是不對的。軍管會是掌握報社黨政財文大權的。軍管會那時沒表態就是不對。軍管會不是管業務的。軍管會也是有右傾，報社出了那麼大的問題，軍管會是有責任的。當然，不能全怪他們，上面就有調調。

陳祕書插話：如果現在還不大力支持，那就更嚴重了。

滕司令員問軍管會負責人：昨天我講話你們聽了沒有？（答：聽了！）傳達了沒有？（答：沒有！）為什麼？（答：主持會議的人說沒有傳達任務。）

陳祕書插話：報社軍管會要大力支持呀！對自己的錯誤，在適當範圍內要檢查，通過檢查，你們的威信會提高，以前起碼毛澤東思想偉大紅旗舉得不高嘛！

滕司令員講：我昨天講的革委會有兩個司令部，看你們軍管會站到那個司令部一邊。我當時沒點名，你們想去。我們就是要把資產階級司令部的蓋子徹底揭開，堅決摧垮。是不是兩個司令部，當然我也不一定有把握。你們考慮一下。

既有兩個司令部，就有參謀長。下面的機構是為他們辦事的。對正面要團結，把兩個司令部的問題解決了，那問題就好解決了。他們是受蒙蔽，受壞人操縱，不要怪群眾。現在你們的問題好辦了，基本上蓋子揭開了，王念赤只不過是個打手。（陳祕書插話：王念赤小小的爬蟲，沒什麼了不起。）他可能瞭解情況，但不是主要的。張文然、王念赤是打手，孔祥瑞可能是個參謀長。現在情況很好嘛！蓋子開始揭開，你們就揭吧！

（當同志們提出當前報社的聯合問題時）

滕司令員講：聯合一定要聯合起來，現在聯合不起來，由於一些群眾受蒙蔽，思想不通。要革命必然要聯合，有反革命兩面派搗亂就聯合不起來，他們在後面搞。

陳祕書插話：對毛主席最新指示，當然要堅決執行，毛主席說聯合是在革命的條件下聯合，不能馬馬虎虎的聯合。

滕司令員講：敵人，一定要分裂出去。敵人搞分裂，我們就一定要把他分裂出去。但是，敵人的根子不在報社，是在革命委員會。革命委員會趙軍同志是個空頭司令，他有錯誤，但是個好同志，所以就把他的鼻子牽著走了。這個界限就很清楚了，用不著再多說了。

陳祕書插話：你們聯合的基礎，必須要在搞清「三·二六」這樣一個大是大非的基礎上聯合。

滕司令員講：「三·二六」不是孤立的，問題是出來之後，領導沒有抓住。內蒙報點烏盟報的名，不是點烏盟報，是點烏盟革委會。當然不是孤立的，搞反革命兩面派是有目的的嗎？它不像紅衛兵小報，他怎麼想就怎麼寫，他是機關報，他有目的，不是孤立的。他不是從報紙上表現，就是從另個方面表現。「三·二六」事件僅僅是個現象，是資產階級司令部向無產階級司令部進攻的信號，是資本主義復辟的信號。他們目的不是發幾篇東西，他的目的不在那個地方，你們應該想的寬些。是兩個階級、兩條道路、兩條路線的鬥爭。

眾說：有人把烏盟報事件稱作僅僅是十二天的錯誤。

陳祕書說：錯誤不在時間長短，在錯誤的本身。

滕司令員講：你們報社造反派，當時沒有堅決抵制這是錯誤，有右傾，他們造了我們的反，我們沒造他的反。這個不符合毛澤東思想，那是該造反的。光從報社抓一個小黑手，那是不解決問題的，而是要徹底揭開烏盟階級鬥爭蓋子。就是一個黑手？你們看的太小了，抓個王念赤。王念赤算個什麼？你們要看得高一些。沒有看到敵人要幹什麼！他們的目的是什麼？根子在什麼地方？就事論事是不行的。報社搞人人過關也解決不了問題。你們報社有壞人揪出來應該，但解決不了烏盟兩個司令部的問題。

陳祕書插話：你們新聞界要敏感些。你們報紙要圍繞烏盟這場鬥爭作文章呀，他們的流毒很廣。

滕司令員講：你們要作文章，發表意見。

陳祕書插話：文章多得很，現在軍管會支持你們，那個對立面你們要做工作，說明報社事件的性質，提高認識，首先作編輯部同志的工作。人家造輿論那麼有勁，你們就不能造輿論？在軍管會的正確領導下，讓報紙為這場鬥爭服務。

滕司令員問：昨天我的講話沒有向下傳達？

眾答：沒有。你上次對中旗等講話，也沒傳達，有的同志在巴盟就看到了，我們這裡還不知道。把霍道余和你的講話放到一塊印了，這是什麼意思？我們一定要搞清。

陳祕書插話：那是盟革委會有意安排的。

滕司令員講：那是兩個司令部的問題嘛！實際上是挑撥關係。

（此處二字辨認不出）軍管會要支持他們，對那一派也要做工作，他們要求批鬥的人，你們要堅決支持他們。要相信群眾，群眾不會把好人拉去鬥爭的。

陳祕書插話：要執行政策！

滕司令員講：鬥爭水平要高點，要擺事實，講道理，少開大會，多開小會，要講鬥爭策略。《立新功》掌握了好多情況。

陳祕書插話：《立新功》搞劉蒲香的問題鬥爭水平就很高嘛！什麼是鬥爭水平？鬥爭水平就是掌握毛澤東思想。他們搞劉蒲香問題就是用毛澤東思想這個照妖鏡照一照。

滕司令員對陳祕書說：他們不傳達，是否叫宣傳隊的同志把昨天的講話傳達下去！

陳祕書說：還是叫他們傳達吧。

軍管會插話：昨天會上說沒有傳達任務。

滕司令員講：他們不叫傳達，還是怕亂、怕群眾。（這時，有的同志提出對於明目張膽攻擊毛主席的人，有人認為是「群眾」不能動，盟革委會有人還要重用的問題時。）

滕司令員非常氣憤地站起來說：反對毛主席就是現行反革命！

陳祕書非常堅決地說：那就堅決把他揪出來！

滕司令員嚴厲地指出：不管他是群眾，是什麼，誰反對毛主席，誰就是反革命。你們報社是宣傳毛澤東思想的，對反對毛主席的人那還不把他揪出來！這些問題你們軍管會要堅決支持。

陳祕書說：你們軍管會要開展鬥爭，對反對毛主席的人不恨，對毛主席不親，這是什麼問題？

　　滕司令員講：人家造毛主席的反，造無產階級的反，你們就不造他們的反！反對毛澤東思想的不是什麼群眾，是反革命。是什麼群眾？是劉少奇的群眾！是蔣介石的群眾！你們是造反派嘛，為什麼沒有戰鬥力？其他的問題不說。不是現在講了，過去講了，中央早就講了，反對毛主席就是反革命！現行反革命！群眾，什麼群眾！

　　（當人們談到，有人散佈反滕的言論時）

　　滕司令員說：對我懷疑那是沒關係的，我不符合毛澤東思想可以批判嘛。反對也可以，打倒也可以，群眾眼睛是雪亮的。不反對毛主席，不反對毛澤東思想，他打也打不倒。現在你們報社要抓兩條路線鬥爭，實際上烏盟問題是比較複雜的，有兩套班子，掌握實權的那一派，搞資本主義復辟，他們是反革命兩面派，這些人不把他們揪出來，那還行，這是關係到烏盟革命走什麼道路的大問題。這不單是你們報社的問題。

　　陳祕書說：現在對這場鬥爭的性質和重大意義，要提高認識，紅色政權成立後存在著奪權反奪權，復辟反復辟，翻案反翻案的鬥爭。

　　滕司令員講：你們不要擔心，革委會揪出一兩個壞人垮不了，有些人不通，思想沒有轉過來，不要壓他們。你們沒看大樓貼的大字報，質問許集山十八個問題，那就很好嘛！

　　陳祕書說：肅流毒不是為肅流毒，報紙上的流毒，應該提高到兩個司令部、兩條道路、兩條路線的鬥爭上去，也不要把矛頭指向犯錯誤的那一派，責任不在他們的身上。

　　你們報社有多少人？（答：一百零幾名）

　　你們戰鬥新聞有多少人？（幾十個人，中間有同情我們的觀點，還有逍遙的）中間的人你們要團結。你們軍管會應該公開向群眾講一些問題，從報社到烏盟，從烏盟到報社，把問題講清楚。當前的形勢很有利，你們爭又有理，現在就把這場鬥爭性質講幾句。

　　（下面是陳祕書講話，全文另發見背面）

附：陳祕書談烏盟當前鬥爭的問題

當前，形勢很有利，你們鬥爭又很有理，現在就把這場鬥爭性質講幾句。

這場鬥爭意義重大，不僅關係到烏盟，也關係到內蒙，不僅關係到烏盟三百萬人民的命運，也關係到內蒙古人民的命運。我們過去講奪權和反奪權，但腦子裡線條很粗，現在我們有了感性材料。毛主席說：「**如果弄得不好，資本主義復辟將是隨時可能的。**」林副主席指示的也很深刻。我們可以回憶一下你們集寧兩年來的鬥爭。是和和平平過來的，連一場像樣子的武鬥也沒有，當然不是說武鬥好，我們是不主張武鬥的。去年九月份我們來過，很平靜，當時我們就很奇怪。這種平靜是相對的，不正常的。

談到復辟，什麼叫復辟？反革命兩面派鑽到紅色政權，他們利用小將的派性，領導和軍隊的右傾和不瞭解情況，在組織上安排他們的親信，從上到下都有包庇壞人的情況。現在看來，幾乎每個革委會都鑽進了這些人，他們在各部門都掌握實權。我們講話符合他們的意見他們就聽，不符合他們的意見就用潛移默化的辦法不執行。很明顯，權不在我們手裡。政法大權不在我們手裡，集寧市軍管會被他們欺負的好苦。專案大權不在我們手裡，宣傳輿論大權不在我們手裡，核心機密文件起草大權不在我們手裡。組織人事大權不在我們手裡。這批壞傢伙鑽進後，一定要按他們的資產階級世界觀改造世界，這就叫復辟。難怪人們說烏盟革委會是新機構、舊人員、老作風，我看一點也不過分。當然，他們搞進來的人，不一定都是壞人，有的可能有私心，有的可能十七年來屁股底下不乾淨，但是就有壞人。比如八大金剛裡就有壞人。他們利用他的老班底，加上你們所說的新夥計，在報社、公檢法插手，這個權怎麼能說是在我們手裡。過去我們說奪權反奪權，你們盟的旗縣裡，如固陽、清水河、和林、前旗都有這個問題。這些人都是他們保下來的。所以說，怎麼提高這場鬥爭的認識，這是當前一個關鍵問題．什麼叫綱？什麼叫線？這就是綱和線。我們有些同志想，階級鬥爭比較空洞，實際很具體。這個問題，林副主席講得非常深刻，分析的非常精闢。至於毛主席的論述就更多了。

還有一個問題，今天說階級鬥爭，離開路線鬥爭就談不上階級鬥爭。你不

往路線鬥爭上看，就看不清楚執行什麼路線，走什麼道路的問題。對這一點，我們有些同志看不見。只看見反革命殺人，那當然是階級鬥爭，對披上革命領導幹部外衣、造反派外衣，打著紅旗反紅旗的人，就看不清楚。烏盟地區這場鬥爭意義重大，關係到烏盟三百萬人民走什麼道路的問題。很有典型意義。別的盟多多少少也有這個問題。從報社要看烏盟的問題、內蒙的問題。再從內蒙、烏盟看報社的問題。僅僅看到報社的王念赤、王建華、谷瀛濱，那沒多大價值，他們只不過是小爬蟲而已。你們應當看得高一些、寬一些。對這場鬥爭認識怎樣，是關係到把無產階級文化大革命進行到底還是半途而廢的問題。我看這些問題，你們報社要大作文章，要大造革命輿論。

另外，你們報社要開展兩條路線鬥爭，這是有很重要意義的。對三·二六的問題要弄清社會根源，歷史根源，階級根源。路線鬥爭的關鍵是要弄清是非、團結同志。弄清是非是前提，團結同志為目的。你們在鬥爭中要團結群眾，只有團結群眾，才能更狠地打擊敵人，只有更狠地打擊敵人，才能更好地團結群眾。包鋼、二冶和肉廠就是最好的典型。肉廠最深刻的體會就是兩條嘛！一條是提高路線鬥爭覺悟，解決站到那一邊的問題；第二條是不把壞人揪出來不能團結群眾。

第三，要牢牢掌握鬥爭大方向。烏盟的大方向反映很清楚。你們報社應該反映群眾的意願和要求。我想在軍管會的正確領導下是會有辦法的。

第四，關於軍隊的問題。咱們造反派一定要維護軍隊的威信。從烏盟來看，決定命運的當然是革命造反派，但是領導還是三軍。愛護軍隊、幫助軍隊、團結軍隊，這是烏盟當前的關鍵問題。敵人現在把所有的責任都推到×××身上，一方面又推到趙軍身上。過去他們捧×××是為了讓×××犯錯誤，捧趙軍是為了打倒趙軍。對敵人的分裂軍隊、分裂革命委員會，必須要給予堅決揭露和打擊。我們報社要作文章，要維護軍隊，一定要注意這個問題。

這當然不是說你們對軍管會有意見不能提，你們的尖銳批評、熱誠幫助，那是完全應該的。我想軍管會也是能理解的。有個別壞人把錯誤推到軍隊身上，堅決把他揪出來。

最後一個問題，提高無產階級革命性的問題。你沒有革命性，還算什麼無產階級革命派。當然，現在造反與當年的造反不同，要強調科學性和組織紀律

性，但革命性還是第一位的，如果離開革命性去談科學性、組織紀律性，那就是奴隸性。離開了革命性，那你從何談起科學性、組織紀律性。現在許多造反派就是顧慮很多，現在造反派掌了權就怕丟權，你們還沒掌權（眾人插話：我們軍管會掌權更放心。）那當然。我看現在要強調「三性」，首先要強調革命性。你們不敢說不敢道，這不好。你們《戰鬥新聞》戰鬥力不強，這不太好。

軍管會同志現在思想明確了。烏盟小報現在要狠反「三右」。另方面要狠狠揭露烏盟階級鬥爭沒有揭開的本質問題。小報上一定要談路線鬥爭。他們說「不談路線鬥爭就是絕頂的右傾」，那是指我們說的，說我們支持了「老保」，他們說的路線鬥爭就是「鎮壓老保翻天」。

內蒙的《工人東方紅》那個出現也是很精彩的了，它的性質不亞於烏盟報。那個事件也不是偶然和孤立的，那報紙的矛頭所指非常明顯。你們那裡有它的土壤，對它的流毒要抵制。你們的鬥爭不是孤立的鬥爭，揭開你們那裡的蓋子是與烏盟有聯繫的。

現在大政方針已經定下了，同志們幹吧！

（根據記錄整理，未經本人審閱）

《快報》

烏盟報社新聞兵縱隊《戰鬥新聞》

1968年8月2日

49.在內蒙古日報社全體人員大會上、滕海清同志的講話（1968.08.15晚）

同志們：

首先，讓我們共同祝願我們偉大領袖毛主席萬壽無疆！萬壽無疆！萬壽無疆！

祝願我們偉大領袖毛主席的親密戰友林副主席身體健康！永遠健康！永遠健康！

今天，我是來向同志們學習的。在兩年來的文化大革命中，報社的面貌發生了深刻的變化。報社開展「挖肅」鬥爭以來，成績很大，運動的方向是對頭的，主流是好的。報社的廣大無產階級革命派是好的，廣大革命群眾是好的。現在，同文化大革命的深度廣度進軍，這很好。

報社從今年二月間開始分了兩個班子：一個辦報，一個搞運動。在分兩個班子後，從辦報的說來，成績很大，這是主要的。我們這一段報紙的大方向是對的，是緊跟了以毛主席為首、林副主席為副的無產階級司令部的偉大戰略部署的。如果說報紙還存在一些缺點和錯誤，這主要的是我們領導上的問題。還有一個班子是搞革命的，經過了這段時間辦學習班，進行「挖肅」鬥爭，廣大的群眾和幹部的階級鬥爭、路線鬥爭覺悟，有了很大的提高。報社軍管會自軍管以來，作了大量的工作，取得了很大的成績。現在，軍管會的人員還不足，領導力量還不夠強，一方面要搞好報紙，一方面搞好運動，要搞好這兩項工作，要搞好這兩個班子。這就要更高地舉起毛澤東思想偉大紅旗，突出無產階級政治，突出兩條路線鬥爭教育，發揚成績，克服缺點，戒驕戒躁，繼續前進，把「挖肅」鬥爭進行到底，把無產階級文化大革命進行到底，把我們的報紙辦得更好。

今天，我想跟同志們研究目前運動中存在的一些活思想。我想提出三個問題，跟同志們研究。

毛主席最近發出的一系列最新指示，《人民日報》、《解放軍報》連續發表的重要社論，把目前文化大革命的方向、各項任務都講得很清楚了。但是，

現在我們有些同志對如何貫徹落實毛主席的這一系列最新指示，提出了這樣一些問題：當前鬥爭先抓什麼？後抓什麼？內蒙地區主要的矛盾是什麼？內蒙地區和全國其他地區一樣，是不是還有什麼特殊的地方沒有？還有，不久前內蒙革委會召開了第三次全委（擴大）會論，那時候，毛主席還有一些最新指示沒有發表。現在，怎樣把毛主席的一系列最新指示和自治區革委會三次全委（擴大）會議精神結合起來？總之，我們的工作怎樣安排，一系列的問題都提出來了。我們報社、廣播電臺必須研究這些問題，明確地回答這些問題。

一、高舉毛澤東思想偉大紅旗，全面落實毛主席一系列極為重要的最新指示，以兩個階級、兩條道路、兩條路線鬥爭為綱，狠抓階級鬥爭（我們內蒙形象的說法就是「挖肅」鬥爭），深入持久地開展革命大批判，完成各條戰線上的鬥、批、改任務。

《人民日報》八月五日社論指出：「無產階級文化大革命面臨著一片大好形勢。我們的社會主義祖國欣欣向榮。我們的無產階級專政空前鞏固。在紀念毛主席《炮打司令部》大字報發表兩周年的時候，各級革命委員會，無產階級革命派和廣大革命群眾，要高舉毛澤東思想的偉大紅旗，在以毛主席為首、林副主席為副的無產階級司令部的領導下團結起來，加強無產階級專政，加強對敵鬥爭，深入持久地開展革命的大批判，切實做好清理階級隊伍的工作，把中國赫魯曉夫反革命修正主義路線的惡劣影響清除乾淨，完成各條戰線上的鬥、批、改任務，奪取無產階級文化大革命的全面勝利！」

《人民日報》的這篇社論，對全國形勢作了正確的估計，對今後的任務作了明確的部署，完全適合我們內蒙地區的情況。這是以毛主席為首的無產階級司令部的命令，我們必須堅決貫徹，徹底執行。

在內蒙革命委會第三次全委（擴大）會議上，曾提出了繼續把「挖肅」鬥爭進行到底的任務。我們的「挖肅」鬥爭形勢的兩頭小，中間大。我看報社是不是屬中間較好的一類。從現在看，我們認為這種估計是合乎我們內蒙地區階級鬥爭實際的。這就是說，我們在對敵鬥爭、清理階級隊伍、革命大批判等各方面還差得很遠，我們「挖肅」鬥爭的任務還很艱巨。現在有些同志這樣問：

當前內蒙地區的主要矛盾是什麼？革命處在什麼階段？工作重點是什麼？鬥、批與改的關係如何處理的問題。這些問題不但是我們各級革委會領導同志要解決，所有的群眾組織都要解決。從報紙的宣傳上，對實際鬥爭的指導上，都應當重視這些問題，明確的解答這些問題。

我個人認為，我們「挖肅」鬥爭雖然取得了重大的成績，但不能把目前「挖肅」鬥爭形勢看得太樂觀。我們這個地區當前的主要矛盾，仍然是無產階級革命派、廣大革命群眾同以烏蘭夫為首的反黨叛國集團的矛盾，也就是同黨內一小撮走資派的矛盾。兩個階級、兩條道路、兩條路線鬥爭的矛盾，仍然是主要的。鬥爭的性質，仍然是復辟與反復辟、奪權與反奪權、翻案與反翻案的鬥爭。鬥爭的焦點，仍然是政權問題。這個問題在我們內蒙地區並不是沒有出現過，烏盟就出現了這個問題。從三月二十六日烏盟小報出了問題以後，一直到現在，最近才把這個蓋子揭開。實質上是什麼問題呢？就是在烏盟革命委員會內部，有人在那裡搞了一套班子。實際上，烏盟革委會是兩個中心、兩套班子。他們不是搞兩派的派性問題，而是搞了一個黑班子，搞反動的「多中心論」，對抗以毛主席為首的無產階級司令部，取消無產階級專政。這個問題有沒有普遍性？我沒有把握。但是，在少數單位、少數地方，可能有類似烏盟的情況。這個問題說明什麼呢？說明我們的「挖肅」鬥爭並沒有進行到底，不能盲目樂觀，不能認為「挖肅」鬥爭已經取得徹底勝利了。從目前的鬥爭實際看來，那是不現實的。

我們的「挖肅」鬥爭，從去年十一月江青同志在北京文藝界講話起，我們就從文藝界開始了。但那個時候動得還不大，主要是今年一月十七日以後，我們的「挖肅」鬥爭在全區起來了，取得了很大的成績。現在，「挖肅」鬥爭就表面上的掃蕩戰全區打過了，要向縱深發展了，要把隱藏最深的、偽裝得巧妙的那些敵人挖出來，要深挖深批，現在革命大批判進入了全面的人民戰爭階段，包鋼、二冶的經驗已經推廣到全區。把革命大批判向縱深推進了一步，把「挖肅」鬥爭推向了新階段。

我們必須加強對敵鬥爭，切實做好清理階級隊伍的工作，深入持久地開展革命大批判。也就是說，要突出「挖肅」鬥爭。挖和肅，挖烏蘭夫黑線、肅烏蘭夫流毒的問題，也就是抓階級鬥爭和革命大批判。到底這位置怎麼擺法？關

係怎麼樣？從我們內蒙的經驗看，就是只有把敵人挖出來了，才能更好地進行深入的革命大批判；而深入開展革命大批判，又有助於挖出隱蔽更深的敵人。我們革命大批判從去年開始，批判中國赫魯曉夫、內蒙「當代王爺」烏蘭夫，但是相當長時間內，沒有同本單位的走資派、叛徒、特務掛起鉤來進行革命大批判，那時還沒有這樣搞「挖肅」鬥爭。今年的革命大批判比起去年的革命大批判來更加深入，更加生動，有了活靶子。目標更明確了。當然，挖和肅二者不能截然分開，挖的中間要進行革命大批判，要肅；肅的中間要肅得好，要進一步的深挖。總之，你沒有把敵人挖出來，同本單位階級鬥爭的實際聯繫起來，挖和肅就不好結合。只有在狠抓階級鬥爭，深入持久地開展革命大批判的基礎上，才能完成各條戰線的改的任務。

現在，同志們問我們的「挖肅」鬥爭處在什麼階段？我們認為，當前處在深挖，深批的階段。各條戰線、各個領域、各個方面恐怕都要這樣搞。如果我們不首先抓階級鬥爭，抓革命大批判，那現在搞教育革命中的學制、內容等改革，精兵簡政等其它一些任務就搞不起來。當然，這些任務是要搞的。實際上，在那些階級鬥爭蓋子沒有徹底揭開，階級陣線還不清楚，領導權還沒有真正掌握在我們手裡的單位，改是改不成的。你沒把隱蔽的敵人挖出來，敵人必然還在那裡作垂死的掙扎，破壞毛主席的偉大戰略部署，我們各條戰線、各個方面的改革是進行不下去的。我想，這一點同志們是清楚的。是不是我們只要挖，只要批，不要改呢？我們說不是這個問題。鬥、批、改都是毛主席的偉大戰略部署，是文化大革命必須要解決的問題，一定要解決好。我們一定要堅決的改，徹底的改，對教育、文藝、工業技術、舊的機構和一切不適應經濟基礎的上層建築，必須徹底的改。鬥、批和改的關係怎麼擺？我想，還是以兩個階級，兩條道路、兩條路線鬥爭為綱，把「挖肅」鬥爭進行到底，開展深入持久的革命大批判，在這基礎上完成各條戰線的偉大的改革任務。

當然，各種改革仍然有尖銳的兩條路線的鬥爭。在改的過程中，一方面，會遇到來自敵人方面的干擾和破壞。另一方面，也會遇到來自我們自己同志思想中間的舊的習慣勢力的阻撓。這裡就有革與保的問題。一種思想是要徹底改革，一種思想就是要保持原來中國赫魯曉夫推行的一套修正主義路線，不適合經濟基礎的上層建築。所以在改的中間，也還是一場鬥爭。

鬥和批是當前主要的。我們說，當前改的問題也應當提到議事日程上來，各級領導要抓緊。對於即將到來的大批大改的革命群眾運動，我們要有準備，要突出政治，抓好全面規劃和典型試驗，把一般號召同具體指導結合起來。有條件的單位，在深挖深批的基礎上，應該能改的馬上就改。沒有條件的單位，應當在「挖肅」鬥爭中積極為改創造條件。最近，工業戰線有些單位在改的方面創造了不少好的典型，我們各級領導要抓住、抓緊，狠抓和推廣各個方面的典型經驗。

我們報社的記者要到各個地區去。現在看，我們報社的人員還不充足，所以下去的人還很少。前一批同志下去很久了，我同報社的領導同志商量，要前一批下去很久的同志回來學習一下，再挑一批同志下去。根據文化大革命形勢的發展和變化，我們記者下去的任務，也要根據形勢的發展變化，在思想上、工作方法上有所發展變化。在文化大革命開始，在去年自治區革委會沒成立以前，我們記者到下面去，主要是觀察下面的動態，瞭解各方面的情況，向領導上反映。現在，各級革委會都建立起來了，他們可以有組織地向上面反映情況。但那還是不夠的。我們報社的同志要掌握一手材料，必須要派人下去，瞭解情況。現在記者下去，第一條是不是把各旗縣，大單位的內蒙古日報通訊網迅速建立起來。我們辦報要靠群眾辦報，光靠報社下去的人是不夠的。另一條，報社記者下去，除了要瞭解這個地區全面的和一般的情況以外，我看一重點還是要抓典型。抓典型，是抓好的典型，當然壞的也要瞭解。自治區革委會成立以後，著重的抓了典型，以典型帶動一般。我們從去年籌備小組成立起就開始抓，那時抓了機床廠、五中等，但沒抓好。革委會成立後，抓了杭後、寧城，以後抓了包鋼、二冶和五四大隊，最近抓了牧區阿巴嘎旗。從這些典型看來，對我們全區的文化大革命、「挖肅」鬥爭和生產，起了很大的推動作用。我們報紙主要還是傳達毛主席的聲音，同時要介紹本地區的典型經驗。我們要找到我們各條戰線、各個方面的典型。你們不同的時期能抓到個把典型，真正能抓出來，我看這個成績就很大。報上雖然介紹了一些典型，從現在看來，同志們是努了很大的力，但還有不足的地方。我們報導的一些東西，沒有把群眾鬥爭中的好經驗、生動活潑的局面充分反映出來。當然，這些問題不能完全怪辦報的同志，我們自治區革委會領導上也對報紙抓得不夠。我們記者要下去抓

典型，必須要深入到群眾中去。不和群眾一起戰鬥、工作、學習，想把那裡的東西寫得很具體、很生動，瞭解得很全面，是不可能的。這就要解決報社的全體同志和下去的同志的革命的精神狀態問題。如果沒有一個很好的革命的精神狀態，就不可能抓住很好的東西。所以，一定要深入群眾，作艱苦細緻的調查研究工作，同群眾打成一片，不能老浮在上面。人的思想革命化了，一切困難、一切問題都可以解決。我們報社全體同志、下去的記者，要在這方面帶頭做出個好的樣子。

我們的報紙，我想要反覆強調當前主要的還是要把「挖肅」鬥爭進行到底，這個無論如何不能鬆下來。如果這這問題抓不好，那就後患無窮了；如果我們「挖肅」鬥爭不搞好，我們有些單位可能出現大的反覆。有些單位，有些地區真正搞反覆、搞翻案的、搞復辟的是些什麼人呢？主要是敵人。現在不把他們挖出來，他們總是要在那裡興風作浪的。所以我們在各項工作的安排上，包括我們報紙在任何一個時間，都有一個一重點，有主有次、有先有後、有急有緩。任何時候，工作千頭萬緒，但我們要抓住主要矛盾，也就是我們要抓重點，要搞重點論。有了重點，就有了方向。挖、肅和改到底那個放在前，那個放在後？從我們看，一般說來是挖、肅、改。但並不排除各個單位有條件的地方能改的就改。破和立，不能把它搞一個階段論。不破不立，破的中間，就有立。但是，每個時期要有個側重面，在各單位有他自己的因地制宜的問題。要挖到什麼時候才算把敵人挖完呢？我看是這樣，廣大的群眾認為這裡的敵人已經挖盡了，就算完了。但是，群眾沒發現也並不等於一個敵人也沒有了。「挖肅」鬥爭想把敵人百分之百的都挖出來，這也不可能。你就是這次挖乾淨，有階級鬥爭，敵人他還是要鑽進來，或把我們的人拉出去的。有階級，就有階級鬥爭。有階級鬥爭，就有敵人。所以，我們現在「挖肅」鬥爭達到什麼程度，廣大群眾認為問題基本上搞清楚了，對某些同志懷疑也都解除了，從領導上說，也沒掌握什麼新的材料，人家認為再沒有什麼挖的了，在這種情況下，挖就可告一段落了。告一段落，也不是說階級鬥爭就不搞了。「挖肅」鬥爭，我們現在還要反覆強調，一定要把「挖肅」鬥爭進行到底！不能半途而廢，也不准半途而廢！

二、狠抓兩條路線鬥爭。抓不抓路線鬥爭，特別是我們各級革委會內部的兩條路線鬥爭，這是決定內蒙地區這場政治大革命的前途和命運的大事情。

兩條路線鬥爭這個問題，是中央、《人民日報》反覆強調的問題。我們在自治區三次全委（擴大）會議前，就一直強調這個問題。現在有些地區、有些單位還是對抓兩條路線鬥爭教育重視不夠。《人民日報》八月五日重要社論深刻地指出，兩條路線鬥爭的實質，就是兩個司令部的鬥爭。同時指出，無產階級專政歷史上的一個極其嚴重的教訓，就是資產階級顛覆無產階級專政，復辟資本主義，往往是通過隱藏在無產階級政黨內部的資產階級司令部的陰謀活動來實現。黨內鬥爭是社會階級鬥爭的反映。而且，集中地反映為黨內的兩條路線鬥爭。這兩條路線鬥爭的實質，就是敵我性質的、對抗性的。當然，這不是說犯路線錯誤的人都是敵我矛盾，如果犯路線錯誤的人不改，堅持不改，那就可能發展成對抗性的矛盾。

《人民日報》八月五日社論，進一步為我們指明了這場政治大革命的鬥爭實質和革命怎麼革法的問題。這就要求我們重視黨內、革委會內部、無產階級革命派內部的兩條路線鬥爭。不重視、不狠抓路線鬥爭，實際上是丟了靈魂，失去了方向，那就一定要走到邪路上去。

中央兩報一刊「八一」重要社論上有一段精闢的論述：「林彪副主席指出：『部隊工作千頭萬緒，只要大力活學活用毛主席著作，抓好兩條路線鬥爭的教育，一切問題就可以迎刃而解。』」按照部隊要抓兩條路線鬥爭教育，我們革委會內部、革命派內部就不要抓兩路線鬥爭嗎？社論上又說：「突出無產階級政治，就是要突出毛主席無產階級革命路線對資產階級反動路線的鬥爭，就是要帶著路線鬥爭的問題活學活用毛主席著作，鬥私批修，改造世界觀，提高廣大指戰員的階級鬥爭和兩條路線鬥爭覺悟。兩條路線鬥爭的覺悟提高了，對黨內一小撮走資派和反革命修正主義路線無比仇恨，對毛主席和毛主席的無產階級革命路線無限忠誠，方向對了，勇敢也有了，積極性也有了，創造性也有了，組織紀律性也有了，吃苦的革命精神也有了。我們的部隊就有了最大的

戰鬥力，就能夠在鞏固國防、保衛無產階級專政、奪取無產階級文化大革命全面勝利的鬥爭中，創立新的功勳。」

這樣看，我們要重視抓兩條路線鬥爭。我們有些地區、有些單位對這問題是不那樣重視的。有人講，好像革委會是新成立的，是忠於毛主席、忠於毛澤東思想、忠於毛主席無產階級革命路線的領導班子，好像就沒有路線鬥爭了。這樣的想法，實際上也就是否定了階級、階級鬥爭。只要有兩個階級存在，就有兩個階級的鬥爭，就有兩條路線鬥爭。實踐證明，我們革委會成立後，兩條路線鬥爭仍然是存在的，而且是很尖銳的。從中央的「八一」社論來看，突出兩條路線鬥爭是多麼的重要！提高我們革命隊伍每個同志的路線鬥爭覺悟是多麼重要！抓兩條路線鬥爭，就是要從革委會內部、無產階級革命派內部抓起。抓兩條路線鬥爭，就是要徹底解決站在那一邊的問題。只有兩條路線，沒有三條路線。你不是站在以毛主席為首、林副主席為副的無產階級司令部一邊，你就必然站在資產階級反動路線那一邊。我們要堅定不移地站在毛主席的無產階級革命路線一邊。這問題，革委會內部、無產階級革命派內部，是不是每個人都也堅定不移地站在毛主席革命路線上了呢？應當說，絕大多數同志是堅定不移地站在毛主席革命路線一邊的。但是，也還有一部分人，他們是動搖的。他們動搖的表現，就是一有風吹草動，他們的思想就跟著搖擺起來。為什麼我們造反派內部的資產階級派性克服不了？為什麼我們隊伍中間，還有那一些動搖的、被敵人利用的？甚至有些人知道他是敵人，還要靠近他，這是什麼道理？歸根結底，還是站在那一邊問題沒有解決，是立場問題。所以，站在那一邊問題是個首要問題，其他問題都是附帶的問題。我們抓兩條路線鬥爭，歸根結底就是要解決這個問題，解決站在那一邊的問題。我們天天說要忠於毛主席、忠於毛澤東思想、忠於毛主席革命路線，但是有些人口裡講的和實際行動是兩回事。實踐證明，凡是革命、生產搞得好的單位，首先是路線鬥爭教育搞得好。路線鬥爭覺悟提高了，那麼，對於黨內一小撮走資派和一切階級敵人無比仇恨，對毛主席無產階級革命路線無限的忠誠了。

黨內、革委會內部、革命派內部，首先要不斷地解決路線鬥爭問題，提高兩條路線鬥爭覺悟，這是搞好對敵鬥爭的大前提。不解決路線鬥爭，不提高路線鬥爭覺悟，不解決站在哪一邊的問題，就不可能把對敵鬥爭搞好。因為，犯

「三右」主義錯誤的人，認敵為友，敵我不分，甚至和敵人同流合污，那麼，不管主觀上他是要革命的，但實際上是站在不革命的那一方面去了。總之，要抓好階級鬥爭，深挖、深批、大改，就要狠抓兩條路線鬥爭，不斷提高階級鬥爭、路線鬥爭覺悟。

當前，我們主要抓什麼呢？還要抓反右。反右這一點看起來，好像我們已經反得很久了，應當講，現在很多地方的實際情況表明，「三右」主義的很多東西仍然還存在。現在，還是要講反對右傾。有些單位反映，現在有右傾回潮。據說，你們報社也有類似情況。是否右傾回潮了？毛主席說，右傾是一種頑症。右傾你不反，它就要回來。所以，這回潮並不奇怪。現在右傾的表現，有些單位有一種厭戰情緒，認為「挖肅」鬥爭已把敵人挖得差不多了，應該下馬了，有些單位已經挖出了敵人，勝利沖昏了頭腦，現在想不幹了，想收兵了，有些單位「挖肅」鬥爭取得點成績，就驕傲自滿、故步自封，停滯不前，似乎「挖肅」鬥爭沒有多大油水了；有些單位大會戰的火剛剛點起來，就熄滅了，那裡的右傾勢力還是很頑固的，在抵抗；有些單位犯過右傾和極「左」思潮的人，又開始否定他們自己的錯誤，否定「挖肅」鬥爭的大方向，有些單位組織上聯合了，思想上聯合不起來，不是把矛頭對準主要敵人，把大方向放在一邊，而把矛頭對準自己的戰友；有些單位逍遙派比過去多了，這明明就是不抓階級鬥爭，不抓路線鬥爭的結果。當然還有其他的一些原因嘍！有些單位資產階級派性沒有徹底克服，敵人就利用這個東西來干擾、破壞對敵鬥爭，有些單位的領導同志，籠統地講階級鬥爭，就是不講兩條路線鬥爭。階級鬥爭不是抽象的，有兩個階級，就必然要走兩條道路，那麼反映到黨內來，反映到政權機構裡面，反映到我們革命派隊伍內部，就是要搞兩條路線鬥爭。那些資產階級的代理人，那些受資產階級思想嚴重影響的人，他們在我們革命隊伍內部，代表的是資產階級的利益。他們的所作所為，是為了破壞無產階級專政，破壞毛主席的偉大戰略部署，破壞以毛主席為首、林副主席為副的無產階級司令部的戰鬥號令。所以，我們不講路線鬥爭，實際上階級鬥爭是空洞的。反對「三右」主義，好像只有群眾組織中有「三右」主義，革委會領導成員中就沒有「三右」主義了？革委會機關中有沒有「三右」主義？同樣存在。當然，從機關、從人來說，程度不同就是了。但這種思想，是存在的。這種東西。是

社會上的一種反動思潮，它不可能不反映到我們革委會和群眾組織中央。我們還有一種只講團結不講鬥爭的現象。我們說，我們要講團結，不團結那怎麼搞革命？七億人民要有個統一的思想，就是毛澤東思想。團結不等於和平共處，不等於不要鬥爭。這個問題我們做得很不夠。我們的鬥爭是什麼鬥爭？就是同資產階級思想，同違背毛澤東思想，違背毛主席的指示的東西進行堅決的鬥爭。我們要宣傳毛澤東思想，捍衛毛主席革命路線，對一切違反毛澤東思想。背離毛主席革命路線的言行，就要鬥爭，就要抵制。每當鬥爭激烈的時候，運動轉折的關鍵時刻，總是有些同志搞折衷、搞調和。折衷主義就是機會主義、修正主義。他們用二元論來代替，冒充和偷換毛澤東思想的兩點論，不講重點論，以次要矛盾代替主要矛盾，他們大搞調和論，不分敵我，不分是非，不講鬥爭，他們在路線鬥爭的大是大非面前模棱兩可，含糊不清，迴避明確、肯定地提出問題，力圖在兩種互相排斥的觀點之間迴旋，既「同意」這一觀點，又「同意」另一種觀點。他們對該批評的不敢批評，該支持的不敢支持，該反對的不敢反對，沒有一個是非標準。我們說，不管是誰，是革命領導幹部，還是無產階級革命派，凡是合乎毛澤東思想的，我們就支持；凡是不符合毛澤東思想的，我們就反對，應當立場堅定，旗幟鮮明。有些同志害怕矛盾激化，他們總是迴避矛盾，所以對來自右的方面的東西很容易接受，對正確的東西也容易從右的方面去理解。這些有右傾的人，他們最怕壓力，屈服於資產階級的壓力，在革命的緊要關頭，他們就軟下來，倒向右邊。他們最愛搞折衷，搞調和，搞平衡，自以為很「穩當」，很「客觀」，很「全面」，實際上是掩蓋他們右的本質。在奪取無產階級文化大革命全面勝利的關鍵時刻，我們要反對這種調和主義、折衷主義。事實證明，搞折衷主義最容易為反革命兩面派所利用。我們要反對「三右」主義，反對折衷主義，打倒反革命兩面派！這種反革命兩面派，他現在不僅僅存在於我們無產階級革命隊伍中，而且也存在於我們某些革委會裡面。而有「三右」主義的人，他們看不見敵人，也害怕群眾，實際上是害怕革命。因此，他們搞折衷主義，調和主義。搞折衷主義恰恰是為反革命兩面派所利用的，是他們所找到的最好的對象。如果真正是立場堅定、旗幟鮮明的人，反革命兩面派就不敢去找他的。我們一些領導同志在這方面犯錯誤，吃虧就吃在這個地方。

三、徹底批判反動的資產階級的「多中心論」。

批判「多中心論」是以毛主席為首、林副主席為副的無產階級司令部向我們各級革委會、無產階級革命派和廣大革命群眾發出的新的戰鬥號令，是毛主席偉大戰略部署的組成部分。這個問題我是這樣認識的：首先是，「多中心論」的要害就是要取消無產階級專政，破壞和分裂無產階級司令部。所謂「多中心」，實際上只有兩個中心，不會有三個中心。一個是無產階級司令部，一個是資產階級司令部。「多中心」，就是無中心。搞「多中心論」的人，不是不要中心，而是要奪無產階級的中心，要的是資產階級那個中心。「多中心論」，是集資產階級山頭主義、個人主義、宗派主義、小團體主義、無政府主義之大成的反動理論，它渙散無產階級在毛澤東思想基礎上的團結，妨礙毛主席革命路線的貫徹執行，破壞毛主席的偉大戰略部署。所以，我們必須堅決地批判。

第二，當前「多中心論」的主要表現，是搞「以我為中心」，搞山頭主義，搞宗派主義，搞右傾分裂主義，背離和干擾無產階級司令部的戰略部署，背離和干擾毛主席的無產階級革命路線。搞「多中心論」的人，必然要搞「以我為中心」。在他沒有掌權的時候，他就「爭中心」；在他掌權以後，他就要搞「以我為中心」。也就是對上是「多中心」，對下是「以我為中心」。這樣的人，在組織上必然要搞山頭主義、宗派主義，必然要搞分裂，要搞獨立王國；在政治上，必然要耍兩面派，陽奉陰違，口是心非。他們判斷是非是以我為轉移的，從根本上抹煞了無產階級和資產階級的根本區別。抹煞無產階級專政和資產階級專政的根本區別，在政治上走向投降主義的道路。特別是在思想上，他們反對毛澤東思想，反對學習毛主席著作和毛主席一系列最新指示，對以毛主席為首、林副主席為副的無產階級司令部的每一個戰鬥號令，不是認真學習、貫徹，不是像林副主席講的，理解的執行，不理解的也要執行，在執行中加深理解。他們採取實用主義的態度，採取機會主義的手法，擇其所需，為我所用，對他們有利的就高喊「堅決照辦」，對他們不利的，就進行抵制，甚至歪曲最高指示。這種堅持「多中心論」的人，堅持「以我為中心」的人，對

抗無產階級司令部的人，不是敵人拉過去的，就是敵人打進來的，我們必須提高警惕。

第三，批判「多中心論」，是奪取無產階級文化大革命全面勝利的重要保證。反動的「多中心論」，是各種反動思潮，如山頭主義、宗派主義、小團體主義、無政府主義等等匯流而成的。它衝擊的目標，就是以毛主席為首、林副主席為副的無產階級司令部。歸根結底，還是一個「權」的問題，就是政權問題。在奪取無產階級文化大革命全面勝利的關鍵時刻，以毛主席為首、林副主席為副的無產階級司令部高瞻遠矚地抓住了這個問題，號召我們進行批判，這有偉大的戰略意義。我看到我們報紙上寫了些文章，我們應該號召大家來批判這個東西。《人民日報》八月五日重要社論號召我們要對以毛主席為首的無產階級司令部無限忠誠，要加強無產階級的整體觀念，加強革命的組織紀律性，迅速地貫徹執行以毛主席為首的無產階級司令部的每一個戰鬥號令。同時指出了這是對偉大領袖毛主席抱什麼態度的問題，是對以毛主席為首、林副主席為副的無產階級司令部抱什麼態度的問題。這就是在兩個階級、兩條道路、兩條路線鬥爭中站在那一邊的問題。我們批判這個問題，也就是教育廣大革命派真正的用毛澤東思想改造主觀世界，在兩個階級、兩條道路，兩條路線鬥爭中堅定不移地站在毛主席的革命路線上，站在毛主席，林副主席一邊。如果不解決這個問題，是不能把無產階級文化大革命進行到底的。批判這種反動思潮，解決這個問題，歸根結底是個立場問題，我們對這個問題的重要性必須要有足夠的認識。我們一定要肅清中國赫魯曉夫反革命修正主義的流毒，一定要及時地識破一小撮級階敵人的一切陰謀詭計，要警惕混入我們隊伍的反革命兩面派分裂和破壞革委會的陰謀。我們要加速實現革命隊伍的思想革命化，就一定要堅決抵制陽奉陰違的兩面派行為，一定要進一步批判山頭主義、宗派主義、個人主義等等資產階級反動的世界觀，把右傾分裂主義的「多中心即無中心論」拋到垃圾堆裡去，提高階級鬥爭覺悟和路線鬥爭覺悟，當徹底的革命派。

第四、我們在批判「多中心論」的時候，要針對著我們地區的鬥爭現實。也就是說，要把批判「多中心論」同批判烏蘭夫搞「獨立王國」結合起來，把批判「多中心論」的反動思潮同批判右、極「左」的思潮結合起來，同批判反革命兩面派結合起來；同批判肅清各條戰線上的修正主義的流毒結合起來。一

句話，就是要提高我們無產階級革命派的階級鬥爭、路線鬥爭覺悟。把「挖肅」鬥爭進行到底！把無產階級文化大革命進行到底！

今天晚上，廣播電臺的同志也來了，我今天要講的就這三個問題。這三個問題也沒有把握，我提出來，請同志們幫助研究，共同來解決這些問題。我們報社是宣傳毛澤東思想、傳達毛主席聲音的，是反映廣大人民群眾的意見的，也是代表內蒙古革委會對全區進行工作指導的。所以，我跟同志們研究一下，研究這些活思想。我希望報社、電臺的同志對這幾個問題再很好學習一下、研究一下。我講的這些問題不一定都對，錯了，希望同志們批評。

我們報社的同志、電臺的同志，自去年六月十八日自治區籌備小組成立以來，做了大量的工作，在各個方面是做出很大的成績的。但我們現在不要滿足於現狀，革命進一步的向縱深發展，我們的思想要進一步緊跟上。特別是你們報社、電臺同志，你們要把毛主席的聲音、黨中央的聲音、無產階級司令部的聲音傳出去，傳得快，傳得準，這樣才能更好地教育廣大革命群眾，所以，同志們的工作任務是十分光榮艱巨的。我希望大家更好地進一步解決思想革命化問題，徹底改變我們的舊作風，把工作做得更好。

《新文化》
內蒙古宣教口《文化戰線》新文化編輯部
一九六八年八月二十三日

50.滕海清同志在研究派工人毛澤東思想宣傳隊會議上的講話（1968.08.21下午）

　　■■■■■■■■■工人毛澤東思想宣傳隊■■■■■工人階級要很好地落實毛主席這一最新指示，派工人毛澤東思想宣傳隊這是毛主席偉大戰略部署的一個創舉。派工人毛澤東思想宣傳隊進學校等單位中央提的越來越高，但派宣傳隊開始過於大了也不行，不好的單位要多派些，要找些■■■■■■■■■■■■■■■■■■主要的政治思想工作，先去那些單位，工作如何作要很好研究。[1]

　　現在是農忙季前，可搞兩結合的以工人為主體，有解放軍參加研究一下也可以把一個學校端到一個工廠裡，把黑幫也帶去，在那個廠裡搞鬥批改，把廠裡樣板研究一下，……工人毛澤東思想宣傳隊裡帶一些老工人，知識分子少些，幹部可去些，小知識分子就是派性大，搖擺性大。鐵路，華建，礦廠，機床廠這些廠，這次「火車頭」應當抽些人不要搞那麼死嗎！你們要繼續作出貢獻嘛！如師院，內大這樣的學校每個單位沒有五十個人是不行的。

　　師院，內大階級鬥爭蓋子沒揭開，早晚要爆發，這兩個學校不完全是派性問題，內大，師院，內蒙工會，十五中，藝校先要派工人毛澤東思想宣傳隊，文藝界歌劇團去五，六個人管一下。醫學院也可以派點。

　　學生伸到社會的手一律退卻，不要賴在那裡不走。

　　派工人毛澤東思想宣傳隊，一定要不帶派性，立場堅定旗幟鮮明，符合毛澤東思想的就支持不對的就揭批，當然，工人毛澤東思想宣傳隊要虛心地向派進去的單位必須老老實實地接受工人階級的領導。

　　工人毛澤東思想宣傳隊可以各單位叉開編隊，組成看先集訓，幾天進去以前要先學習毛主席的最新指示和有關社論同時找被派入單位的■■■■■■■■■■■■■■■■■■■■■■■■■■■■■■■鬥爭蓋子沒有揭開[2]，沒揭開階級鬥爭蓋子的單位就是要幫助他們揭開。

---

[1]　編按：此處史料辨識不清，故以黑格標記。
[2]　同上。

　　有的單位是無政府主義，派性作怪，被壞人利用。要抓階級鬥爭，階級鬥爭蓋子沒有揭開的堅決揭開，內大，師院，兩派群眾組織都是好的，都是革命的，但內大，師院階級鬥爭蓋子不揭開不行。農牧學院去年是先進的，也復了課，中間走了一段彎路，階級鬥爭，教育革命，鬥批改一起抓，如何抓要因地制宜。昨天社論提的很清楚了，要三促進。派工人毛澤東思想宣傳隊準備時間最長不要超過一個星期，上《文匯報》的綱就行了，去了以後要支持那個單位的革委會要來的正確的態度。要樹他們的威信如有壞人堅決清除，宣傳隊要在上級革命委員會的領導下工作。

51.滕海清同志八月二十七日在呼市工人毛澤東思想宣傳隊誓師大會上的講話（1968.08.27）

　　首先讓我們敬祝偉大領袖毛主席萬壽無疆！萬壽無疆！祝我們偉大領袖的親密戰友，我們的林副統帥身體健康，永遠健康！

　　同志們，我們按照偉大領袖毛主席教導，工人階級要領導一切，我們偉大領袖毛主席八月二十五日最新指示**「實現無產階級教育革命，必須有工人階級領導，必須有工人群眾參加，配合解放軍戰士，同學校的學生、教員、工人中決心把無產階級教育革命進行到底的積極分子實行革命的三結合。工人宣傳隊要在學校中長期留下去，參加學校中全部鬥、批、改任務，並且永遠領導學校，在農村，則應由工人階級的最可靠的同盟者——貧下中農管理學校。」**我們現在就是要落實毛主席最新指示，我們工人階級領導一切。也應當領導一切，也有能力領導一切。我們呼市由工代會，呼市革命委員會，自治區革命委員會組織的第一批工人階級、解放軍幹部戰士參加的毛澤東思想宣傳隊，今天成立了。首先進到現在已預定的十三個單位，宣傳隊的同志在執行毛主席的最新指示，是最認真，最積極，聞風而動，整個呼市的工人階級也是這樣，最聽毛主席的話，最能按照毛主席的指示辦事，迅速執行落實毛主席的最新指示，這是工人階級的好傳統，好作風。現在就是按照偉大領袖毛主席，以毛主席為首以林副主席為副的無產階級司令部的戰鬥號令，就是我們工人要進到學校和一切各級上層建築、一切沒有搞好鬥批改的單位。這次第一批進駐十三個單位，這十三個單位實際上也就像毛主席批示上海革命委員會的報告那樣，這些單位是「老大難」的單位，什麼叫「老大難」？就是在那個地方不能按照以毛主席為首、林副主席為副的無產階級司令部戰鬥號令執行，不能夠執行毛主席的偉大戰略部署，那裡還有大大小小的獨立王國，那裡領導班子、那裡的政權不是真正掌握在永遠忠於毛主席、永遠忠於毛澤東思想、永遠忠於毛主席革命路線的人的手裡面！那些單位，也就是有些地方，像姚文元同志文章上講的北京市委，雖然沒那麼嚴重，但是有那種情況，也是水潑不進、針插不進的地

方。當然我們進的地方有些已經成立了革命委員會，有些單位沒有成立革命委員會，成立革命委員會的地方為什麼現在不能夠按照毛主席的偉大戰略佈署執行，不能夠緊跟毛主席的偉大戰略佈署，不搞鬥、批、改，不在那裡清理階級隊伍，不搞教育革命，不精簡機構，也不整黨。長期以來有些單位就是在那裡挑動群眾鬥群眾，他們不是在那裡宣傳捍衛毛澤東思想，執行毛主席的最新指示，而是無時無刻地就是在那裡抵抗毛主席的最新指示，嚴重地違反毛澤東思想。我們不能說那裡的革命委員會都是壞人。但是那裡革命委員會實權沒有真正掌握在忠於毛主席無產階級司令部的人手裡面，仍然掌握在那些資產階級、而且他們靈魂深處被資產階級浸透了的那一些人手裡面。由於他們這種資產階級世界觀沒有徹底改造。當然在無產階級文化大革命進入奪取全面勝利的時候。中心的問題就是在那裡爭權、爭位。就是要這個權掌握在誰的手的，他們把敵人放在一邊不管，挑動群眾鬥群眾，有些人硬是顛倒黑白，把自己的同志當作敵人，把敵人放在那裡不管。當然我們不是說這些人就是階級敵人，是壞人，但是他們的思想是站在毛主席革命路線一邊，還是站在反動的資產階級路線那一邊，現在還是在那裡搖擺，並沒有解決，我說的不是革命委員會裡的所有成員。但是有部分人，這是少數人。有些沒有成立革命委員會的地方，那些單位的所謂造反派的頭頭，實際上他們在那裡是死捂階級鬥爭的蓋子，不搞大聯合，他們更不搞清理階級隊伍，不搞大批判，他們就在那裡干擾毛主席的偉大戰略部署，實際上就是破壞文化大革命。這些人雖然是少數人，但是他們能量很大。有些就是有階級敵人在後面指揮他們來幹的，有些人，他們做了敵人所不敢做的事情，他們說了敵人不敢說的話。這些地方有的是知識分子成堆的地方，但有些地方也不完全是這樣。有些是工廠嘛！二毛就是工廠嘛！我們這次也要進二毛嘛。二毛也是工人階級隊伍嘛，我們相信二毛的工人階級、廣大群眾是好的，這裡也有壞人！我們學校也這樣，革命委員會成立很久了，我們不能否定革命小將在文化大革命初期的功勞，但是在文化大革命接近全面勝利的時候，由於它的某些領導人的資產階級派性嚴重，在那裡爭權奪利，那些人不知不覺被反革命兩面派和階級敵人在後面操縱。有些人已經是陷在泥坑中很深了，不能自拔了，那麼他們自己拔不起來嘛，就要我們工人階級、解放軍進去把他們拔起來，只要他們不是階級敵人，只要他們願意改正錯誤，我們應當

允許他們認識錯誤，允許他們改正錯誤，有些人不是什麼錯誤不錯誤的問題，他們本身就是壞人。說到底就是那個地方階級鬥爭、清理階級隊伍沒有很好地搞，壞人沒有抓出來雖然表面上抓了一部分壞人，但是用糖衣炮彈去攻擊他們的人，實際上就是敵人．那些人現在是捧他們，吹他們，他們現在某些人就是跟敵人，跟老虎睡在一起，跟敵人同流合汙。有些是知識分子，有一些也不一定是知識分子。但大部分是知識分子，有些單位的革命委員會那些領導人也並不是知識分子，由於他們長期受了資產階級思想的浸蝕，在文化大革命緊急關頭的時候他們立場變了，最嚴重的是干擾毛主席的偉大戰略部署。毛主席的一系列最新指示不能落實，不能執行。也就是這些老大難的單位。我們工人階級毛澤東思想宣傳隊按照偉大領袖毛主席的教導，按照姚文元同志的文章即要開進去！他們歡迎也要去，不歡迎也要去！我相信廣大的群眾是歡迎的。包括學校的學生絕大多數的造反派是好的，他們是願意革命的，是要革命的問題不在於群眾而在於領導，甚至某一些領導人被階級敵人牽著鼻子走的。現在有些學校兩派的鬥爭長期不能解決，這個問題既有資產階級派性，但是，也有階級敵人在後面操縱。有反革命兩面派在後面操縱，我們工人宣傳隊進到這些單位，我想第一點就是要充分地發動群眾，現在有些單位受蒙蔽站錯隊的群眾沒有真正發動起來。他們害怕群眾起來，有人在壓制他們，不讓他們起來，我們說這些站錯了隊的同志，在站錯隊那一方面，那一個時候他們是錯誤的，但是他們願意改正錯誤回到毛主席的革命路線上來，我們應當支持他們，歡迎他們，可是有些單位不是這樣，他們那裡壓制那些人，不讓那些人起來，因為那一些站錯隊的人很多是比較瞭解情況的人，所以他們要壓制他們，不要叫他們起來，他們一起來一揭發問題，那些壞傢伙必然就要暴露，所以他們要組織一部分群眾壓制站錯隊的人起來革命，目的還不是為了保護自己嗎？！我想那一些人如果真正是革命的，用不著人家保護。你是壞人你組織人保護也保護不了的。但是這些鬥爭，不管是兩派什麼樣的鬥爭，歸根結底還是兩個階級、兩條道路、兩條路線的鬥爭。鬥爭的基本點是在一個「權」字上。就是這個政權掌握在誰的手裡的問題。

我們一方面不管到那一個單位，廣大群眾好人是多數的，壞人是少數，敵人是很少的，一小撮。但是那些敵人沒揪出來，現在他們仍在那裡操縱指揮，

興風作浪，破壞文化大革命。所以我們要把廣大的群眾充分地發動起來，特別是包括過去站錯了隊的，是好人站錯了隊的要把他們發動起來，當然有些是壞人，他過去站在劉，鄧司令部那一面，那不是站錯了隊，那是站對了隊的，那是他的階級本性決定了的，那是少數，大多數站錯了隊的還是好人。應當准許人家犯錯誤應當准許人家改正錯誤。今天我們進駐的十三個單位，大致情況是，權不是真正掌握在忠於毛澤東思想、忠於毛主席革命路線的人的手中，必須看到這一點。如果不上這個綱就不能解決問題。

我們工人階級是領導階級，我們領導什麼？首先就是政權要在工人階級手裡邊，就是忠於毛主席，忠於毛澤主思想。忠於毛主席革命路線的人的手裡面。我們搞大批判，搞鬥批改，清理階級隊伍，改革一切不合乎社會主義制度的規章制度等等，目地就是為了把這個權掌握在工人階級手裡，這是當前我們要解決的根本問題，就是這個問題。所以毛主席講宣傳隊要長期留在學校，工人階級永遠領導學校。我的認識就是不僅是學校，而且也包括現在我們要進的地方，工廠或機關那些單位，都存在這個問題，這是第一個。

第二個就是我們進去，要支持幫助整頓革命委員會，這個革命委員會如果它是革命的，它是忠於毛主席的，忠於毛主席為首、林副主席為副的無產階級司令部的，這個革命委員會，它當然就會同工人毛澤東思想宣傳隊結合起來，一起抓階級鬥爭，一起搞大批判，清理階級隊伍，搞鬥批改，搞教育革命，如果說他們仍然搞他們的資產階級派性，搞兩面三刀，搞陽奉陰違，那麼我想在革命委員會裡面可能有這樣的人，我說這樣的人經過教育不改，那麼他們沒有資格在革命委員會做領導。這是我們對革命委會的態度，我們要支持革命委員會，尊重革命委員會，革命委員會要同宣傳隊站在一起，對革命委員會內部的壞人，應當把它們趕出去，不然這個權就不能真正掌握在忠於毛主席革命路線這樣人的手裡邊．就解決不了問題。

還有些單位還沒有成立革命委員會。就是兩派在那裡鬥爭，這些單位我認為主要是有壞人在裡面操縱．壞人掌權，好人受氣。歸根結底那一個地方是老大難的問題，就是那一個地方沒有真正地落實毛主席的最新指示，沒進行大批判，沒有很好地清理階級隊伍，更談不上整黨，精簡機構，實際上長期以來是抵抗毛主席一系列的指示，當然我說的也不是那一個單位的廣大群眾，我說的

是那一個單位的少數人，他們蒙蔽了群眾。我們要支持革命委員會，革命委員會要同宣傳隊團結起來，幫助宣傳隊瞭解情況。

第三點就是要防止反革命兩面派，或者是陽奉陰違的，口是心非的兩面派。他們表面上說得很好。背後又是一套。當面說的是呱呱叫，條條都是毛主席指示，背後在那裡破壞毛主席文化大革命的戰略部署。當然這些人不一定都是壞人、都是敵人。但是他們可能是被敵人利用，可能是被資產階級派性迷了心竅的人，不僅學校是這樣，機關也是這樣，其它單位都有這樣的情況。我們要反對反革命兩面派，目前，凡是搞這些非法活動的，都是以陽奉陰違，反革命兩面派的手法出現的，他們不敢赤膊上陣，赤裸裸地反對毛澤東思想。他們搞的當面一套，背後一套，我們要注意這個問題。

第四點我們要注意，我們工人階級到那裡去，要立場堅定，旗幟鮮明，凡是合乎毛澤東思想的，我們就支持，不符合毛澤東思想的堅決抵抗，堅決反對，反對毛澤東思想的就要進行無產階級專政。只有這樣才能掌握各個戰線上，各個領域的上層建築的領導權，不然那是不行的，對這場尖銳的、複雜的兩個階級、兩條道路、兩條路線的鬥爭，我們工人階級要經得起這場大風、大浪的考驗，在這個鬥爭中本身也是提高自己階級路線鬥爭覺悟的一個好機會。我們要反對那些小資產階級誇誇其談。有資產階級、小資產階級思想的人，毛主席著作他們也還看得不少，毛主席語錄也能背得很熟，就是不執行。所以這個問題，我們宣傳隊進去，還是要做調查研究，不要心急，先掌握情況。怎麼做調查研究呢？一個發動群眾，把群眾發動起來瞭解各個方面的情況，你們進的單位多半都是兩派，兩派講話都是講自己方面。有派性的地方，它就沒有真理，有派性的地方，它就可以混淆黑白，顛倒是非。你們光聽一派的話還不行。還得聽廣大群眾的，要做調查研究，不要上當。不要被那些誇誇其談的人牽著你的鼻子走，這樣就危險了，要聽各個方面的意見。

現在就進去了，當然廣大的革命群眾是歡迎的。真正的階級敵人，他們的動態是怎麼樣？心裡很害怕。表面上還是嘻皮笑臉，也是要「歡迎」的，他們不敢抵抗，我們防止階級敵人，笑面虎那些人。那就是反革命兩面派，有的就是敵人。我們工人階級的兩個階級，兩條道路、兩條路線鬥爭覺悟很高，這一條是肯定的，但是我們到各個單位去，開始情況不熟悉，沒關係。剛剛高錦

明同志講了，我們不是蹲三天、五天，我們長期蹲下去，總是會瞭解情況，因此我們就不要發急，先作調查研究，發動群眾。還有一個就是我們的宣傳隊以工人階級為主體，還有解放軍的幹部和戰士，解放軍的幹部和戰士應當乘這大好機會向工人階級，工人兄弟學習。當然工人階級，工人隊伍也要向解放軍學習，解放軍的光榮傳統就是我們黨的光榮傳統，就是毛澤東思想，所以我們要互相學習，要扭成一股勁，不要搞兩股繩．我們參加工人為主體的宣隊的解放軍同志，一定要和工人階級扭成一股勁。不能有兩個觀點，工人宣傳隊一個觀點，我們解放軍一個觀點，那個不對，有什麼意見大家可以開會討論，統一看法，統一認識。整個說來在呼市支左部隊，一般是好的，但是在某些單位，個別單位某些個別的人，立場也並不是很好的，是個別的，他們陷到派性裡面去了。整個說是好的，也有個別的人是這樣的，希望這些同志很快地轉過來，不要再陷到資產階級派性的泥坑裡去了，陷到裡面去就不能自拔了。就講這幾點意見，供同志們參考，注意這些問題，我們這第一批宣傳隊所進的單位，應當搞出一個不但是有聲勢而且把把工作做得很好，應當不斷地總結經驗，要很好完成毛主席交給我們的這樣一個光榮艱巨的這樣一個任務。怎樣完成，我想首先應當高舉毛澤東思想偉大紅旗，按照毛主席的指示，按照以毛主席為首，林副主席為副的無產階級司令部的戰鬥號令去辦事，一定能夠辦得好的，一定能夠完成任務的。

我想大家整裝待發都已經準備得很好啦。我希望同志們在很短的時間裡面取得很好的經驗，還要繼續抽工人階級宣傳隊伍，還要到其他的單位、學校裡面去，凡是那些鬥批改搞得不好的那些單位都要去。還有些搞得比較好的單位也要去，到那裡去，主要是幫他們總結經驗，幫它提高。到老大難的單位去，首先就是抓階級鬥爭，搞大批判，發動群眾，這幾條抓好了，鬥批改，教育革命，在廣大群眾共同努力下，一定能完成得很好的。（根據錄音整理）

《聯合戰報》第37期
呼和浩特群眾專政總指揮部
1968年9月2日

52.滕海清，李樹德同志接見工代會工人毛澤東思想宣傳隊隊長、政委時的講話（1968.08.29）

滕海清同志：

各單位有政委嗎？大家怎樣？情緒很高吧！宣傳隊進駐他們不敢不歡迎，是無產階級知識分子就歡迎，是資產階級知識分子就不歡迎。

現在，學校，機關，工廠不一樣，怎麼搞法？學校要採取北京的辦法，把頭頭集中起來辦學習班，群眾也辦學習班。有兩派的單位，把兩派大小頭頭統統集中，編起班，集中住，集中學習。學生要回到班裡表，辦學習班，學習最新指示。毛主席的一系列最新指示都要學，頭頭要檢查那個執行了，那個沒有執行！對群眾要來取教育的方法，看看是不是像毛主席教導的決心把無產階級文化大革命進行到底的積極分子，要正確對待受蒙蔽的群眾，把受蒙蔽的群眾也要發動起來！要解放的幹部和半打倒的幹部要放到頭頭學習班裡學習，沒什麼大問題，能夠解放的要表態解放，群眾通過就行。學習班學習毛主席最新指示，要對照檢查，那些執行了，那些沒有執行。要規定幾條紀律，遲到早退不行，要按時學習，按時吃，按時睡，不准吊兒郎當，不遵守紀律要批評教育，不遵守紀律不行，這是第一點。同時要和宣傳隊的同志們講清楚，我們去的單位都是「老大難」的單位，「老大難」單位都幾派，到那裡，不是你們吃掉他們，就是被他們吃掉，要防止被人家吃掉，不要陷進派性裡面去，要實行一元化的領導，宣傳隊有不同認識，要在內部開展思想鬥爭，要統一認識，宣傳隊是一個整體。要來個約法三章，逍遙派也要動員他們回來。學校革委會工作人員不行的，學生掌權隨便批錢的，要把權拿過來，革委會能掌權的就掌，不能掌權的就宣傳隊掌權。過一個時期就把壞人抓出來，有壞人宣傳隊就抓，階級隊伍清理了，就進行大批判。頭頭集中起來辦學習班，不准搞背後動作，有些頭頭不改正錯誤，拉山頭，搞派性，就把他們甩開，能夠改正錯誤的就要

幫助他們，有的頭頭派性就是嚴重，對壞人要發動群眾把他們抓起來。第三，不准搞兩面派，宣傳隊進駐後開黑會，搞小動作，就是反革命兩面派，不准搞對立宣傳，廣播也不准。有些人掌握財權，各處亂跑，財權沒有掌握在革命派手裡。我們宣傳隊進駐，不是客人，是去掌權，去領導那裡的一切。革委會不幹的就散，那還嚇住人了。宣傳隊進去要開個大會，約法三章。我們是老粗，毛主席怎麼講我們就怎麼辦。不要怕，我們是靠毛澤東思想的，你不這樣辦就不行，我們就是按毛澤東思想辦事的，你們要開個大會，要把權拿過來，辦學習班，生活，學習都要管起來，把逍遙派也要動員回來，對廣大師生要團結，教育。有些學生認為自己是臭知識分子，吃不開，你是資產階級知識分子，就是臭的。是無產階級知識分子就是香的。對廣大師生我們是器重他們，不是看不起他們。另一方面，要幫助革委會領導，革委會領導不起來，你們就插手領導，革委會成員和宣傳隊一起幹那就好，一起搞大批判，清理階級隊伍，對壞人看準了就下決心，就要採取措施。

　　工廠也要採取辦學習班的辦法，工廠裡有生產任務，看怎麼搞？起碼工廠裡的頭頭先集中起來辦學習班，對照檢查，鬥私批修。把廣大工人群眾發動起來，大辦業餘學習班，開展革命大批判。但注意不要耽誤生產。工人宣傳隊除了辦學習班的，要下到群眾中去，把群眾發動起來，工人宣傳隊可以直接領導。二毛有解放軍101個人，要發動群眾的積極性，頭頭一律集中辦學習班學習，頭頭裡有壞人就發動群眾辦學習班揭發，把問題揭出來了，該專政的就專政，該抓的就抓。我們剛進駐，沒經驗，失敗了再重來，我們是按毛主席指示辦事的，你們要和他們同吃同住同學習，開黑會就處罰，主要是頭頭兩面派。不執行毛主席指示，兩面三刀，都是頭頭。生產抓不起來的，你們就把要解放的幹部解放出來抓生產，但也要慎重點，不要把黑幫解放出來。有些犯錯誤幹部，讓他們在群眾裡檢查，然後解放出來。不抓生產，兩面三刀的就集中起來學習，找好人抓生產。宣傳隊要有力，不要怕失敗，沒什麼了不起的。工廠裡也用這個辦法，把頭頭統統集中起來，群眾也根據情況開辦學習班，找一找原因，為什麼革命轉不起來，生產起不來了。第三，班子不行的，弄下來，找人組織班子，第四，有壞人就抓起來，該專政的就專政，搞大批判，精簡機構，改革不合理的規章制度。工廠的班子裡有幹部有好處。有些幹部站錯隊了，檢

討了，解放了就可以工作去，不要被那些頭頭糾纏住，那些頭頭他們自己總是有理由的，不要管頭頭，不聽他那一套，通過辦學習班，轉變了那就是好的。二毛分×派、×派。×××是從聯絡總部回二毛的，我了解他沒起好作用，他是不是壞人不知道，他可能是派性嚴重，他想拉山頭，他跑回二毛拉山頭，他有野心。工廠裡要加強組織紀律性，把群眾發動起來，群眾就聯合起來了，那些頭頭兩面三刀，不要迷信那些頭頭，學習好了，還是好人。

機關，白天上班，晚上回家，很散漫，我看也要辦學習班，集中起來，一起住，一起吃飯，禮拜放假回家，機關現在沒什麼事，要集中起來。機關，文工團集中起來，他白天沒有事，晚上回去開黑會，一年也解決不了問題。八點上班他十點來，你也找不到他。

宣傳隊不是工代會派的，其它的一概是非法的，有的單位不要，他們不要行嗎？工代會派宣傳隊是兩級革委會批准的，我們的宣傳隊要敢幹，不敢幹就幹不出名堂，不要這條條那框框的，革委會看笑話的，那你就靠邊站，我們來幹。那嚇不倒人，工人階級能領導一切，也能領導學校，機關。我們不是拆革委會的臺，你不幹，我們就幹。一切外界的聯繫都要斷絕，由工代會宣傳隊決定，要放手發動群眾，天天扯皮不行，凡是不符合毛澤東思想的就要抵制，反對毛澤東思想的就打倒，符合毛澤東思想的就大力支持，不然就搞不好，第一批宣傳隊下去，沒有經驗，但沒有膽量，犯錯誤我們給承擔，好不好？（好！）

解放軍和宣傳隊一起幹，你們也是宣傳隊的一部分。我們不是亂幹，是按毛澤東思想辦法和大家講清楚，對群眾要教育，對頭頭要教育批判，壞的要鬥爭，抓起來，專政。你們有被吃掉的，你們就趕快送回去，那不是工人階級，被吃掉那就糟糕了。有的單位不要宣傳隊，宣傳隊是毛主席給的，派宣傳隊是毛主席的號令，是無產階級司令部的決定，要不要由不得他。我們革委會是按照毛主席指示辦事，我們相信廣大群眾是好的，有的頭頭在那裡掌權不行，辦學習班，改了還是好人，有的就是壞人，我就談這些。

李德臣同志：

我們去瞭解了幾個單位，發現有些參加宣傳隊的工人同志有點觸頭，今天就派出工人宣傳隊的意義提幾點意見：

一點、就是要認識我們工人階級領導一切，進駐一切獨立王國的偉大意義，要強調毛主席的工人階級領導一切的意義，宣傳隊本身要瞭解，這是毛主席偉大戰略部署的一個部分。毛主席八次接見紅衛兵，紅衛兵小將比較敏感，立了大功。到去年一月份向黨內走資派奪權時，把解放軍拿出來支左，現在文化大革命到了鬥，批，改的階段，由工人階級出來完成這一項非常艱巨，要打掉孔夫子的所謂勞心者治人，勞力者治於人的那一套，姚文元同志文章中講了，工人階級解放了自己，才能解放全人類。宣傳隊第一次派到十三個單位，第二批進駐三十個單位，這些單位都是「老大難」的單位，宣傳隊要有氣魄，讓他們吃掉就糟糕了。內蒙工會有三派；實際上是兩派，宣傳隊要到群眾裡面去，把頭頭隔離開，靠頭頭是不行的，派性就是那些頭頭鬧的，要相信群眾的大多數。

第二、宣傳隊要高舉毛澤東思想偉大紅旗，堅決貫徹執行毛主席的一系列最新指示，要有模範行動，從生活到思想，執行政策，要做到三同，要用模範行動帶動他們。這是改造世界的根本問題。我們下來沒經驗，這不要緊，工人宣傳隊進駐這是偉大的創舉，世界上，古代都沒有過，這是改天換地的事，只要按照毛主席指示辦事，就是創造經驗。我們宣傳隊去了先把環境給改變了，北京是這樣，把對立宣傳的標語，大字報全蓋了，進去開個誓師大會，不能解決不走，北京是帶了一些修理工，進駐後進行修建。要改變環境，要占領這個陣地，廣播，宣傳隊要占領，我們認為可以廣播的就可以廣播，不能兩派用來對立宣傳，要占了，宣傳隊批了就可以用。第二個是要找兩派達成協議，來他約法三章，宣傳隊要出個公告，工人宣傳隊就是要拿權，頭頭和群眾要分開，辦學習班要學習最新指示，不讓他們開黑會，搞黑串聯，發動群眾搞學習班，大批判，揭發壞人，宣傳隊要面向廣大群眾，要樹立聯合起來搞大批判這個思想。同時要調查研究，通過調查，情況清了就揪一個，這有人民內部矛盾

和敵我矛盾的界線問題，要準確一點，錯一點也沒有什麼了不起的，但盡量不要錯。要逐步地把積極分子集中起來，像領頭搞民兵那樣。對兩派不要輕易表態支持。要用毛澤東思想來衡量，二毛幹部選來一百多，新的又一百多，現在都脫離，這是個問題，有個車間三百多人，只有一百來人上班，這些都要改變了，不符合規章制度的都要改。宣傳隊下去規則上要一律三同。宣傳隊的活動經費，一律由備進駐單位給。你們下去不要被吃掉，就是你們不要陷到派性裡面去，把宣傳隊搞成兩派。

滕海清同志：

宣傳隊是個整體，要實行一元化的領導，有派性的就拉回工廠，狠狠地鬥爭。

（根據記錄整理，未經本人審閱）

《青年報》136期
內蒙古水電學校東方紅兵團通訊組
呼市工代會
1968年8月30日

53.滕海清、吳濤同志對當前自治區工作的意見
——李德臣同志十月三十日在全區整建黨會上的傳達
（1968.10.23）

　　滕，吳二位同志很關心這次會議，說參加這次會議的同志是在第一線堅持鬥爭的，他二位叫我代表他們向到會的同志問候，他們希望我們這次會議開好，今年不可能再開這樣大的會議了，應該把各項工作安排好，把思想更好地統一起來。下面我傳達兩位同志的意見。

十月二十三日上午滕司令員的指示

　　內蒙的整個工作是好的，但有些問題值得我們注意。過去我們只看到我們那個地區，有些問題看的不深，這次開會（指在中央開會）與各省市的同志一接觸，更加感到我們那裡有些問題應引起注意了，這些問題並不難解決，關鍵是領導集團應當統一認識，大家認識問題一致了，我們的工作會有大的發展。

　　必須狠反「多中心即無中心論」。要作為這次會議的一個重要內容來抓。這個問題中央首長多次講了，毛主席對這個問題專作一個題目來講，康老說你們各級革命委員會中都程度不同的存在著「多中心論」，應當注意。全國只有一個以毛主席為首、林副主席為副的無產階級司令部，我們必須接著這個司令部的號令來統一認識，統一政策，統一步伐，統一行動，不能自搞一套。「多中心論」是違背一元化領導的，這個問題在造反派中有也應當反，但這沒有什麼了不起，在領導集團中如果有此問題那就要警惕，就要很快糾正，不然就可能犯錯誤。因為「多中心論」是資產階級的東西，所以我們要堅決反。

　　內蒙形勢大好，這必須肯定。鬥批改取得了很大成績，這是主流，越在這種情況下，越要看到我們思想上，工作上的差距。自從我們那裡開展挖肅鬥爭以來，干擾這場鬥爭的一直是右傾，因為思想上的右傾就造成混亂，形成意見不統一。最近有些混亂，右傾又有抬頭，這個問題不但呼市有，其他地區也有，這是一股暗流，這個問題值得注意。據我看，這個問題從九月初開始，實

際上是一個反覆，主觀上不一定這樣，但客觀上是這個問題。挖肅鬥爭取得了基本勝利，我們應當振作精神，奪取全面勝利，做這一個工作時，應對前一個工作加以總結，加以提高，不應當用後者否定前者。挖肅是基本勝利，不是完全的勝利，不是已經搞完了，更不是搞過頭了。

挖肅鬥爭一開始，階級敵人怕得要死，他們一有機會就想反撲，有的人沒有認識到這個問題，沒有和敵人劃清界線，有些造反派怕挖到自己那一派裡面去，也叫造反派受壓了，這時我們領導上頭腦應該清醒，可是我們對這些就沒看準，自己思想也混亂起來，在八月十五、十六日我們核心小組開會統一了認識，大家都認識到內蒙當前的基本矛盾仍然是無產階級革命派與走資派的矛盾，但這個思想並不牢固，後來慢慢地變了。九月二十日有一篇社論，反形「左」實右，這個話在其他材料裡也有，這實際上是替敵人說話，這不就是告訴人們我們挖肅搞過火了嗎！敵人就可以用這個來反撲，在我們的同志中也會造成思想混亂。一句話就解決問題，就可以叫敵人利用，現在出現的這個受壓，那個受壓，這和我們的指導思想有關。這幾句是針對著要繼續搞挖肅的人講的。這頂帽子我可以戴，但決不因此而動搖了決心，這一仗要打好，不獲全勝決不收兵。抓階級鬥爭就要打進攻戰，打防禦戰是修正主義的。在挖肅鬥爭中，我們有些同志是積極的，但有些同志由於思想右傾，勁頭並不是很大，我們那裡到底是不是搞過火了，是不是搞的面寬了，寬到什麼程度，我看應當很好分析，不要給階級敵人鑽空子。以往我們常召集大家統一思想，目的就是為了把清理階級隊伍搞好，沒有別的目的。過去認識不上去沒有關係，我個人的認識也是後來不斷發展的，但不很快統一認識工作上不轉過來就不好。右傾機會主義這實際上是二月逆流中的一股暗流，批判形「左」實右，實際上不是批評右，而是批評「左」。右傾的問題從挖肅以來就一直存在著鬥爭，揪出特古斯有一場鬥爭，揪出王再天又有一場鬥爭，這次是揪出郭以青以後的一場鬥爭。郭以青是什麼人，難道郭以青不應當審查嗎？是搞錯了嗎？郭以青在特務家裡呆那樣長的時間是個什麼問題，群眾起來揪他，說他是反革命兩面派，我們是站在群眾一邊支持群眾，還是站在郭以青一邊壓制群眾？這是個立場問題，在這種大是大非面前必須端正態度，不能右傾。

整黨應該先從整頓思想開始，在這個基礎上整頓組織。整黨中一個十分重

要的問題是千萬不要復舊，要吸收新鮮血液，要搞好大批判，清理階級隊伍。康老講不很好地清理階級隊伍整黨是不行的。大批判和清理階級隊伍絕不是一日之功，要貫徹整個運動的始終，什麼時候做任何一項工作都應該把造兩條抓緊。文化大革命一開始就揪出彭、羅、陸、楊，又揪出劉少奇，這都是清理階級隊伍，都開展大批判，今後還是如此，這是毛主席「吐故納新」的一貫思想。對這個問題我們過去認識不清，我也是逐步認識的。康老不只一次講，你們那個地方階級敵人是多的，去年講了幾次，最近又講了這個問題。我們要狠抓階級鬥爭不轉向，不要被那些右的思想所干擾。這一段時間有人把矛頭對準八月三十一日的內蒙古日報讓論。這是錯誤的，這篇社論有缺點，但主流是好的。

各盟都來了，為了取得經驗教訓，要好好也講一講，包括我在內，大家要澄清思想，這一段的思想混亂，大家來承擔責任，不要推到下面去。工作中出現缺點錯誤這是難免的，這樣大的運動怎能不出錯呢？錯了改過來就好了。上次常委會的紀要總起來說還是對的，但有不足之處，抓階級鬥爭的姿態不夠高，與三次全委會的紀要作一比較就可以知道了，但應當肯定這個紀要，加以補充，統一認識。

文化大革命從始至終抓什麼？我覺得就是抓兩個階級，兩條道路、兩條路線的鬥爭。這個鬥爭是會反映到革命委員會內部來的，反映到內部就是兩條路線的鬥爭，兩種思想不能說不是兩條路線的鬥爭，右傾思想，保守思想，復舊思想不是無產階級的東西，說內部沒有路線鬥爭，這不是劉少奇階級鬥爭熄滅論的流毒嗎？這種鬥爭是避不開的。群眾起來在革委會內部揪出了一批壞人，這些壞人代表什麼利益？不揪出來行嗎？群眾這樣做是愛護革命委員會。最近在革委會內揪出了郭以青，他代表什麼利益，從挖肅鬥爭以來右傾思想總是出來反抗，這種鬥爭能迴避的了嗎？這是什麼鬥爭，不要怕上兩綱，只有上這條綱，才能提高兩條路線鬥爭的覺悟。

這一段工作我不否認做了大量的工作，我只是說思想上有些混亂。我希望把這次會議開好，我們來承擔責任，統一思想，推動全區運動不斷前進。缺點與成績比較起來，成績是主要的，缺點錯誤是支流，但不注意不好，現在有一股暗流，對此表示沉默不好。今後要豎決支持挖肅鬥爭積極的同志。我希望把這個精神告訴大家。

十月二十五日上午滕司令員的第二次指示

一、挖肅鬥爭是一場人民戰爭，把群眾發動起來了，取得了很大的勝利，也就是說取得了基本勝利。革命的群眾運動是天然合理的，大方向始終是正確的。功勞應歸給廣大革命群眾緊跟毛主席偉大戰略部署方面。在運動中儘管有這樣那群的缺點，這是難免的，大方向是正確的，今後如何保持運動中群眾革命的積極性，這是很重要的。我們一定要相信、依靠群眾，支持群眾的革命首創精神。是幫助、愛護群眾，還是指責群眾，給群眾潑冷水，這不是個方法問題，這是跟不跟毛主席偉大戰略部署的問題。各級革命委員會萬萬不可犯這個錯誤。一個偉大的群眾運動，出現這樣那樣的缺點、錯誤，這是完全可以理解的，對群眾運動不能懷疑，不能搖擺，懷疑、搖擺是錯誤的。文化大革命靠什麼呢？就是一靠毛澤東思想，一靠群眾，用毛澤東思想去發動群眾，去戰勝敵人。無論如何不能在這個問題上犯錯誤，在這個問題上犯錯誤，就是犯方向路線的錯誤。

二、這次挖肅鬥爭，挖出了大批的壞人，全區經批判、揪鬥的可能不下十萬人，對他們進行了批判、鬥爭，這個大方向是正確的。是不是這麼多人被批鬥其中有不是敵人的呢？這是有的，因為他們有問題，群眾起來要審查他，這是正常的。這是取得的輝煌勝利，最後還是打擊一小撮階級敵人，有問題的經過群眾審查會得到正確處理。

被挖出來的大量的壞人，這些人死心了嗎？沒有，他們無時無刻不在想翻案，他們到處尋找機會翻案，他們最希望我們領導核心中出問題。他就可以趁機製造領導核心的分裂，達到他翻案的目的，我們任何時候不要給他們可乘之機，不要叫他們撈到稻草。從九月初以來，上面思想混亂，說了一些敵人不敢說的活，給敵人鑽了空子。這不要緊，我們馬上亮明旗幟，改過來，就可以擊破敵人妄想翻案的迷夢。敵人想翻案是翻不了的，我們是有信心的。

毛主席教導我們：「**無產階級文化大革命，實質上是在社會主義條件下，無產階級反對資產階級和一切剝削階級的政治大革命，是中國共產黨及其領導下的廣大革命人民群眾和國民黨反動派長期鬥爭的繼續，是無產階級和資產階**

級階級鬥爭的繼續。」我們的挖肅鬥爭，就是和階級敵人打仗，這是個基本的原理，我們都要站在人民的立場上，為人民的利益講活，不要被階級敵人所利用，不能給敵人以可乘之機，階級敵人想翻過來壓群眾，這辦不到，我們應頂住敵人這股逆流，這不是一般的方法問題，是鬥爭中站在那一邊的大是大非問題。九月以來出現了敵人要翻案的一股暗流，據說一些搞挖肅積極的人受壓制，右傾思想又重新抬頭，階級敵人趁機翻案。一定要在這次會議上把這股暗流打下去，不然群眾是不答應的，我們要犯方向路線的錯誤。要看到問題的嚴重性。其實這股暗流就是為二月逆流翻案，這個問題一直存在，上面有根子，這是保護劉鄧的，如不注意可能會出現沒有劉鄧的反動路線。講清楚這個問題使我們有個正確認識，無論如何從今後改過來。不要使我們的同志再犯錯誤。聽說我在九月十三日說過一句糊塗話，說內蒙與烏蘭夫的基本矛盾解決了。我忘記是怎麼講的了，如果講了這個話錯誤的，要宣佈收回。我們一定要同心協力奪取全面勝利。

三、大批判、清理階級隊伍非常非常重要。無論如何要始終貫徹。毛主席教導我們：「**建立三結合的革命委員會，大批判，清理階級隊伍，整黨，精簡機構、改革不合理的規章制度、下放科室人員，工廠裡的鬥、批，改，大體經歷這麼幾個階段。**」這是鬥批改的綱領，這是個整體，是不可分割的。清理階級隊伍要始終抓緊。現在我們那裡還有百分之二十五左右的單位清理階級隊伍沒有搞好，就是搞得好的和比較好的也有不足之處。在北京開會的包鋼是好的單位，他們說以上鋼，鞍鋼比起來也還是差距大。這說明好的單位也要鞏固勝利，發展勝利，不要認為挖肅已經結束了，不要不敢提挖肅鬥爭了，還是要提，要抓，要發展勝利，奪取全勝。

挖肅是我們根據內蒙階級鬥爭的特點提出來的，已經講了十個多月了，群眾中已經有了感情了。挖肅就是以大批判和清理階級隊伍為內容，是按毛主席的偉大戰略部署講的，有的群眾說這個詞不能丟，我們也不要丟了。

四、反對「多中心論」。反對「多中心論」到底在那裡反呢？群眾中有「多中心論」要反，但也比較好反，革命委員會內部更要反，這個十分重要，不能說沒有「多中心論」，「多中心論」實際上是兩條路線鬥爭的反映，兩條路線鬥爭就是講的黨內的嘛？如果不在內部那怎麼能是對的呢？說革命委員會

是革命三結合的，因此就沒有兩條路線的鬥爭。這是錯誤的，這不就是階級鬥爭熄滅論嗎？！不要一說兩條路線鬥爭就一定要找出一個代表人物，就要找出誰是正確路線的代表，誰是錯誤路線的代表。當然這種情況可能有，也可能沒有。如果犯了錯誤又堅持不改，就是執行錯誤路線的問題了。有許多情況，在這個問題上你是正確的，在那個問題上他又是正確的，我們把這些提高起來，認識上線上綱，才能不斷提高路線鬥爭的覺悟。保守思想，右傾思想，舊的習慣勢力都是有的，這一些當然不代表毛主席的革命路線，我們把他克服了，照毛主席的革命路線，按毛澤東思想辦事。我們的認識就提高了。我覺得要提高我們路線鬥爭的覺悟，就是要用毛主席的革命路線對照檢查我們的思想和行動。

八屆十一中全會，有人說是正確的，有人說不一定，舉手是一回事。執行又不一樣。這是什麼問題呢？類似這樣的問題我們那裡也不是不存在的。當然認識有先有後，覺悟有早有遲，但不能堅持錯誤。不能不改正錯誤。我們的革委會建立的時間不長。我們的毛澤東思想水平也不高。但我們對毛主席的指示要堅決地跟。問題談清楚了，知道了那是對的，那是錯的，就要改錯的．堅持對的，不然就很危險。我們跟不上的情況常常出現，但主觀上必須堅決跟。對這些跟不上提到路線覺悟不高方面去認識，更有助於我們堅持毛主席的革命路線，這有什麼不好呢？

反對「多中心論」要不要反對反革命兩面派呢？我以為是要的。當然說反對「多中心論」就要落腳到抓出反革命兩面派來這是不對，但如果有反革命兩面派就是要抓出來。反革命兩面派數量是不是很多呢？我看沒有很多，但也不能說沒有，不是每個單位都有，不是沒有，最近烏盟不就抓出反革命兩面派來了嗎？在接近全面勝利前夕，他們的破壞性最大，一定要抓出來，有多少抓多少，堅決抓。我們不能喪失革命警惕性。對於工作中犯錯誤這當然是允許的，不能說犯錯誤的人都是兩面派，更不能說就是反革命兩面派，錯了改了就行。但也不要不准提抓反革命兩面派，不是反革命兩面派就不要怕這個提法嘛！革命委員會也要不斷地吐故納新，郭以青不就是一個嗎？我們發覺了，把他吐掉。階級敵人利用我們的一些口號來製造內部的分別，要提高警惕性。

整黨我們在全國中也不是太落後的，現在應該進一步展開。凡是條件成熟

的，要立即展開整黨，條件不成熟的，要積極創造條件，積極創造條件就是要抓大批判，清理階級隊伍。具體提法請在家的同志們好好地研究一下。

前一段的問題已經過去了，我們接受經驗教訓，在這個會上我們把思想統一起來，努力抓好工作，推動運動不斷深入發展，掀起鬥批改的高潮，奪取無產階級文化大革命的全面勝利。

今天的意見，請給大家傳述，如果有錯誤，請大家批評。

另外，還有一個農村文化大革命問題，把整黨，清理階級級隊伍，大批判結合起來，今冬明春要大幹一場。要派宣傳隊下鄉，好好抓一抓。農村的民兵工作要好好抓一抓，很快把民兵抓起來這一條很重要。

還有城市的學校能不能搬一些到農村去辦？教職工能不能到農村去安家？

下鄉青年，如何使幹部、青年結合起來，加強管理？

都請研究一下。

十月二十三日上午 吳政委的指示

我們內蒙是不是緊跟毛主席偉大戰略部署呢？是不是跟上了形勢呢？我認為我們是緊跟毛主席偉大戰略部署的，是緊跟形勢的，而且我們跟的是比較緊的。

鬥批改按毛主席的指示，我們掀起了高潮，七個內容，五個階段，著重抓什麼？我看大批判，清理階級隊伍還是要抓，要抓緊、抓好。這是最重要最重要的，這個問題抓不好後患無窮。大破才能大立，吐故才能納新，不破不行。要先破後立，清理階級隊伍，大批判搞好了，整黨、建黨，教育革命，精簡機構等工作才能搞好，這個問題不抓好，改不好的。挖肅鬥爭我們取得了基本勝利，緊接著就應當提要奪取全面勝利。不能說基本勝利了我們就滿足了，麻痺了，這樣就會半途而廢，還會前功盡棄。（滕插話：挖肅取得基本勝利，正好比解放戰爭打完三大戰役，解放戰爭取得基本勝利，但軍隊還未渡江呢！那時毛主席不是說：**「將革命進行到底」**，**「宣將剩勇追窮寇，不可沽名學霸王」**嗎？我看我們目前的挖肅鬥爭也正處在這樣一個情況之下！挖肅我們抓的對，抓住了要害，在全國我們是不落後的，下一段更應把它抓緊。整黨中也是要把

混到黨內的證據確鑿的叛徒、特務，走資派清理出來，不然整黨就整不好。一定要把大批判和清理階級隊伍貫徹始終。不然整黨也整不好。對於群眾，堅決站到挖肅一邊的要支持，挖出來的就是有的不是敵人，群眾要審查他也是正確的。

工人宣傳隊進到老大難單位抓什麼，首先應抓階級鬥爭，抓挖肅鬥爭，抓大批判，抓清理階級隊伍，這個方向是正確的。我們應當支持他們抓階級鬥爭。毛主席關於文化大革命實質的教導，我們要好好地學習，不能說我們理解的都夠了。對一個人認識上可能一時看不清楚，這沒關係，認識有個過程，這是允許的，情況擺開了，問題看清楚了，就應當旗幟鮮明，立場堅定。郭以青是什麼人，過去不知道，現在我們應有個看法了。許多事情，上邊一句話，對下面影響就很大，上邊差之毫釐，下面就謬之千里，今後可是要特別注意。對敵人就是要壓，要專政，這個一點也不能含糊。

什麼東西部要一分為二，辯證的認識。什麼事情不能離開當時的時間，地點、條件，錯的就是錯的，不能把錯的說成是對的。挖肅鬥爭的主流必須肯定。成績很大很大。可能有點錯了，不是敵人，但是有問題的人，現在還不是處理他，沒有給他定性，領導上要注意掌握政策就是了，不能因噎廢食。我們就是要把敵人挖出來，奪取全面勝利。

對一個問題看法不一致是允許的，大家擺一擺，談一談，求得看法一致，可以開展批評自我批評，鬥私批修，問題就解決了。我們都是為了黨的事業。

十月二十五日上午 吳政委的指示

內蒙地方的事請，大的方面知道。具休問題不大清楚，毛主席提出「**認真搞好鬥，批、改**」，內蒙革委會是緊跟的，上次常委會上我講了這個問題，清理階級隊伍我們是列在前面的，這說明內蒙是緊跟毛主席偉大戰略部署的。毛主席關於鬥批改的指示以後，我們馬上展開討論，掀起鬥批改高潮，說我們落後於形勢這是不對的。當然作為鞭策自己我看是可以的。我們對中央的指示，主席的指示都一直是緊跟的，這個認識應當統一。

關於鬥批改。毛主席的指示講的很清楚，五個階段，七項內容，其中每項

都是密切聯繫的，不可分割的。全國山河一片紅的社論中突出地強調了大批判和清理階級隊伍，我們一定要狠狠地抓。鬥批改，就是要鬥，要批，要改，不能說光改。在某項工作中，一個時期突出一個重點工作是可以的，不能說強調了某一方面就是跟不上。進入鬥批改階段仍然要抓大批判，清理階級隊伍。我們內蒙對大批判，清理階級隊伍抓得是緊的，當然說很深透了也不是那樣。我們那裡開始的比較早，至今仍然是取得了基本勝利，我們還要奪取全面勝利，要繼續努力，奪取全面勝利。大批判，清理階級隊伍就是要搞，不能停下來。抓一抓整黨是很重要的，許多單位要把整黨和清理階級隊伍結合起來進行，階級隊伍不清好，整黨也整不好。這兩項工作是直接關聯著的。總之，我們要把工作安排好，正確估價挖肅鬥爭的勝利。階級鬥爭在相當長的歷史時期中都存在著。劉少奇搞階級鬥爭熄滅論，我們要堅持毛澤東思想。清理階級隊伍有的省比我們開始的晚，可是他們進展很快，江西介紹他們那裡搞的就很快，（滕：他們在城市中搞出了十萬，農村中搞出了二十萬，樹立了無產階級的隊伍，生產發展很快，農業是特大豐收，工業連連超產），他們是大刀闊斧的幹的（滕：我們農村沒有搞，我當時思想也是右傾）。

整個鬥批改階級段就是要奪取全面勝利，全面落實毛主席的指示。整黨要放在非常重要的地位。文化大革命整個的就是整黨，是要突出地抓一抓，狠狠地抓一抓，抓整黨也是要清理階級隊伍。對大批判和清理階級隊伍不能有絲毫地放鬆，只有乘勝前進。我們對這個問題是不是認識夠了，傳到下面是不是走了樣？這些問題都要很好想一想。階級鬥爭就是不能放鬆，你一放鬆，階級敵人就進攻。還有許多流毒要肅清，所以不能放鬆大批判。徹底批臭反革命修正主義路線，還要用相當的力量。只能樹立毛澤東思想，反對修正主義思想，不能兩個思想並存。

挖敵人從客觀上說挖完了，那不可能，但主觀上就是要統統把敵人控出來。劉少奇隱藏在黨內四十多年，一九二五年他就叛黨了，批劉少奇的任務也是沒有完成的。我們是取得了基本勝利，但不能麻痺，一麻痺就危險，右傾就會抬頭，敵人就挖不出來了，原來挖出來的也要翻案，因此必須防止右傾瘴思想，反對右傾翻案。

一個偉大的群眾運動不可能完美無缺，挖出這麼多敵人，不可能一個錯的

沒有，但這是支流，不要緊，不能因噎廢食，對此要引起足夠注意。階級敵人一方面會混水摸魚，用極「左」的面目出現，搞形「左」實右，為他們的翻案作準備，一方面抓住群眾運動中難免的缺點造謠言，否定「挖肅」鬥爭。八月二十八日，八月三十一日，九月五日的社論中有缺點，說了一些陰暗面，但主流是對準敵人的，是叫工人宣傳隊抓階級鬥爭的，大方向是正確的，工人宣傳隊不抓這個抓什麼呢？因此要鼓勵工人宣傳隊抓階級鬥爭。這些問題必須在核心小組會上討論一下，統一思想。各級革命委員會都不能把清理階級隊伍放在不重要的位置上，這樣做就影響奪取全面勝利。

機關成立毛澤東思想大學校是對的，搞主產建設兵團也是對的，但不能走光了，不要影響鬥批改。要防止右傾麻痹，不能搞一個大反覆，這樣糾正就費力了。黑龍江五·七幹校只去了五百多人，旗縣，盟市不要一哄而下，還是要搞好清理階級隊伍，下去也要搞鬥批改。要分期分批，防止出問題。做好準備，發現問題及時解決。

教育革命也要進一步抓緊。**學制要縮短，教育要革命。**

反「多中心論」，不是那一個單位的問題，從上而下都應當反，各地都應注意，「多中心論」發展下去就是右傾分裂，一般的是山頭主義，宗派主義，不能統一意志，統一行動。全黨必須以毛主席為首的無產階級司令部作唯一的中心，領導集團要統一，不能在群眾中唱兩個調，各盟，各旗縣都要注意這個問題。認識問題有先有後，有早有遲，這是可以的，在領導核心中展開對問題的討論有不同意見是允許的，但不能搞到群眾中去，這個這樣講，那個那樣講，群眾就會無所適從，思想不好的還會擴大，專門對這個作文章，各取所需，階級敵人就會利用這樣東西，搞右傾分裂，去年七、八月份極左思潮說，給他們一施加壓力他們就分裂了。是他們失敗了，我們沒有分裂，也分裂不了。

54. 全面貫徹落實黨的八屆擴大的十二中全會精神，始終把階級鬥爭和路線鬥爭抓緊抓好，為奪取無產階級文化大革命的全面勝利而奮鬥！

——滕海清同志在自治區革命委員會第四次全體委員（擴大）會議上的講話（1968.11.18）

同志們：

在毛主席親自發動和領導的文化大革命取得決定性勝利的大好形勢下，在毛主席親自主持的黨的八屆擴大的十二中全會勝利成功和《公報》發表的大喜日子裡，我們內蒙自治區革委會第四次全委擴大會議明天開幕了。首先讓我們以無比激動、無限熱愛的深厚階級感情，共同祝願我們各族人民的偉大領袖毛主席萬壽無疆！萬壽無疆！萬壽無疆！祝願毛主席的親密戰友、我們的副統帥林副主席身體健康！永遠健康！

我們這次會議，從十一月三日起到明天，一共開了十七天。這次會議的主要任務，是認真學習、貫徹落實黨的八屆擴大的十二中全會精神，遵照毛主席一系列極其重要的最新指示，以兩個階級、兩條道路、兩條路線爭為綱，總結和檢查自三次全委擴大會議以來的工作，認真分析我區當前運動的形勢，部署今後的戰鬥任務。在這次會議上，我們認真學習了毛主席的最新最高指示、林副主席極其重要的講話和《公報》，憤怒聲討了黨內頭號走資派、大叛徒、大內奸、大工賊劉少奇叛黨叛國的滔天罪行，嚴厲譴責了去年的「二月逆流」和今春那股為「二月逆流」翻案的邪風。在這次會上，我們勝利地開展了兩條路線鬥爭，清算了以高錦明同志為代表的右傾機會主義路線，批判了反動的資產階級的「多中心論」，反擊了九月以來猖獗一時的右傾翻案的反革命逆流。這次會議，可以說是一次嚴肅活潑的毛澤東思想學習班，是階級鬥爭和兩條路線鬥爭的戰場。通過這次會議，我們進一步用戰無不勝的毛澤東思想統一了認識，統一了步伐，統一了行動，大大提高了到會同志的階級覺悟和路線鬥爭覺

悟，為貫徹執行黨的八屆擴大的十二中全會精神，進一步掀起鬥、批、改的新高潮，奪取我區文化大革命的全面勝利，奠定了思想基礎。這是一次高舉毛澤東思想偉大紅旗的會議，是一次突出無產階級政治、突出兩條路線鬥爭的會議，是自治區革委會成立以來一次最富有無產階級革命朝氣和戰鬥風格的會議，是一次在毛澤東思想基礎上空前團結的會議，是奪取我區文化大革命全面勝利的動員會。

當前，貫徹落實毛主席、林副主席在黨的八屆擴大的十二中全會上的極其重要的講話和全會的《公報》，是壓倒一切的中心任務。我們要「善於把黨的政策變為群眾的行動，善於使我們的每一個運動，每一個鬥爭，不但領導幹部懂得，而且廣大的群眾都能懂得，都能掌握，這是一項馬克思列寧主義的領導藝術。我們的工作犯不犯錯誤，其界限也在這裡。」關於今後工作的安排，會上大家已經作了比較充分的討論，會議《記要》也將作出明確的規定。為了認真貫徹執行黨的八屆擴大的十二中全會的精神，我想就當前形勢、鬥批改、反對右傾機會主義、批判「多中心論」、鞏固革委會等五個方面的問題，談幾點意見。這幾個問題，總起來說，也就是要始終把階級鬥爭和路線鬥爭抓緊、不斷鞏固和加強無產階級專政，去奪取無產階級文化大革命的全面勝利。

一、關於形勢問題

自我區革委會成立以來，形勢一直大好，而且越來越好。一年來，在以毛主席為首、林副主席為副的無產階級司令部的英明領導下，在毛主席一系列最新指示的光輝指引下，我們狠抓活學活用毛澤東思想這個根本不轉向，狠抓階級鬥爭和路線鬥爭不轉向，在革命和生產各個方面取得了很大的勝利。活學活用毛主席著作的群眾運動出現了新高潮，毛澤東思想學習班越辦越好，成了我們解決問題的最有效的途徑。革命的大聯合和革命的三結合，在鬥爭中不斷鞏固和發展，實現了全區一片紅。在毛主席「工人階級必須領導一切」的偉大號令下，我區浩浩蕩蕩的產業工人大軍，登上了上層建築鬥、批、改的政治舞臺，一個鬥、批、改的偉大群眾運動正向縱深發展。「抓革命，促生產」，我區生產建設戰線出現了新的躍進局面。在毛澤東思想的基礎上，在階級鬥爭的

風雨中，我區各族人民的革命團結更加鞏固了。人民解放軍在「三支」、「兩軍」工作中為人民、為革命立了新功，軍民關係從來沒有像今天這樣親密無間。在總結我區一年來的工作時，特別令人鼓舞的是，在毛主席、黨中央、中央文革的親切關懷和直接領導下，我區持續一年的以大批判和清理階隊伍為內容的挖烏蘭夫黑線、肅烏蘭夫流毒的人民戰爭，已經取得了偉大的勝利。在這場鬥爭中，我們向劉少奇及其在內蒙的代理人烏蘭夫反黨叛國集團及其卵翼下的一切階級敵人發動不停頓的進攻。我們打的是主動戰、進攻戰。這場鬥爭。像一條紅線，貫穿於自治區革委會成立一年來的戰鬥歷程，它始終是決定我區革命形勢一直大好的極其重要的因素。

但是，在前一段時間裡，由於高錦明同志所推行的右傾機會主義路線的干擾和破壞，許多單位、許多地區的工作一度轉了向，「挖肅」鬥爭幾乎停止，我們革命隊伍內的右傾情緒嚴重地滋長和蔓延起來，一小撮階級敵人乘機興風作浪，猖狂地進行反革命翻案活動。他們散佈流言蜚語，製造反革命言論，極力破壞「挖肅」鬥爭，他們寫密信，搞反革命串連，妄圖否認自己的罪行，有的公開要求「平反」，甚至殺人滅口；他們謾罵、毆打積極搞「挖肅」的無產階級革命派和革命群眾，肆無忌憚地進行階級報復；他們施展各種反革命手法，製造重大事故，破壞工農牧生產。由於出現了這股右傾翻案的逆流，給全區革命和生產帶來了嚴重損失。

然而必須指出，這一股右傾翻案的逆流，仍然是個支流問題，我們內蒙地區的形勢，仍然是一片大好。特別是由於這一段曲折和反覆，教育了群眾，暴露了敵人，使無產級革命派和廣大革命群眾，更進一步地認識到什麼是毛主席的革命路線，什麼是資產階級反動路線，敵情觀念大大地增強了，階級覺悟和路線鬥爭覺悟大大地提高了，這是大好事。

在觀察形勢的問題上，歷來存在著兩種不同看法。路線問題上的分歧和不同的認識，又往往首先從對形勢的不同看法開始。我們反對站在資產階級立場上，主觀主義、形而上學的看形勢。我們主張在分析形勢的時候，要站在無產階級立場上，堅持馬列主義，毛澤東思想的階級分析觀點，辯證的觀點和群眾觀點，要堅持革命的兩點論。

毛主席一貫領導我們要分清成績和缺點，主流和支流，整體和局部。我們

說形勢大好，但反對用大好形勢去粉飾太平，掩蓋階級鬥爭。我們說「挖肅」鬥爭已經取得了基本勝利，但基本勝利不等於完全勝利。我們總是不斷地肯定群眾運動的主流，但我們**不能忽略非本質方面和非主流方面的問題，必須逐一地將它們解決**。如果聽任支流發展，必將衝擊主流。帶普遍性的問題，開始總是通過個別的、苗頭的東西表現出來的，我們應當「見微而知著」，抓住這些不好的苗頭大反特反，指出問題的嚴重性和危害性，正是為了把各種錯誤傾向，力爭消滅在萌芽狀態，也正是為了克服支流，擴大主流，引導運動健康發展，我們認為群眾運動平衡是相對的，不平衡是絕對的；對運動進展的估計，始終是「兩頭小、中間大」。指出這種運動狀態的目的，是為了使人們遵照運動發展的客觀規律，通過抓兩頭、帶中間的辦法，發揮人的主觀能動性，鼓足幹勁，力爭上游，不斷鬥爭，促進運動向更高更新的階段發展。

但是，有些患有右傾機會主義錯誤的同志，跟我們的看法大不一樣。高錦明同志「九‧二五」講話中對形勢的分析，是有原則錯誤的，是違反階級鬥爭觀點和群眾觀點的。他從右傾機會主義立場出發，把形勢大好誇大為一片太平，把偉大勝利誇大為完全勝利，對「兩頭小、中間大」的估計也作了歪曲的解釋，這完全是為了掩蓋矛盾，鬆懈鬥志，麻痺人民，取消鬥爭。不僅如此，他還把自己對形勢的錯誤看法強加於人，說別人是「誇大敵情」、「盡找陰暗面」、「用支流指導全域」，簡直到了顛倒黑白、混淆是非的程度。這就導致了他的「挖肅到底論」、「挖肅過頭論」、「挖肅特殊論」，實質上就是「階級鬥爭熄滅論」，一度把運動引向邪路。

文化大革命這一仗，比三年半的解放戰爭困難的多，那時候是秋風掃落葉，南征北戰，跟拿槍的敵人幹。現在不同了，我們打的是文仗，跟國民黨反動派在黨內的代理人和隱蔽下來的殘渣餘孽打仗。敵情底子不是很清的。何況敵人又是慣用打著「紅旗」反紅旗的手法跟我們較量，不容易一下子識別出來。所以，打這一仗，在我們指導思想上，在分析形勢、部署任務的時候，絕不能偏離兩個階級、兩條道路、兩條路線鬥爭的綱，寧肯把敵情估計得充分一些，把困難想得多一些，把鬥爭的時間估得長一些，把任務看得艱巨一些，在巨大的成績面前，應當更加清醒一些，既能從先進的地區找到陰暗的角落，又能在後進的地區找到先進的因素，絕不能盲目樂觀。只有正確分析形勢，掌握

運動方向，才能使我們始終處在主動進攻的地位。而不被一時的或表面的現象所迷惑。

有人說：「最近以來內蒙地區形勢比較亂。」他們憂心忡忡，顧慮多端。其實，當前的「亂」，是一件大好事。它說明什麼呢？說明群眾進一步發動起來了，群眾更關心國家大事了。在我區運動的重要轉折關頭，黨的八屆擴大的十二中全會給我們撥正了船頭，指明了航向。從右傾機會主義路線的反撲到群眾起來清算這條錯誤路線，從階級敵人大搞右傾翻案到我們起來全線反擊，從「挖肅」鬥爭一度停滯到重新突出深挖深批，這一切都表現了運動的轉折，打破了最近以來錯誤路線所造成的沉悶局面。這個「亂」，是革命的正常秩序，是糾正錯誤路線所必須的。通過這場革命的「亂」，有可能把我區存在的問題暴露得更充分，解決得更徹底一些。只要我們各級領導注意這個問題，壞事一定能引出好的結果來的。

毛主席說：「**全國的無產階級文化大革命形勢大好，不是小好。整個形勢此以往任何時候都好。形勢大好的重要標誌是人民群眾充分發動起來了。從來的群眾運動都沒有像這次發動得這麼廣泛，這麼深入。**」同志們都是做領導工作的，只要我們在方向、路線上不出錯，上跟毛主席，下靠廣大群眾，形勢總是好的。形勢問題，就發表這點意見。

二、關於進一步掀起鬥、批、改新高潮的問題

現在，全國山河一片紅。全區也是一片紅。無產階級文化大革命，已經進入了鬥、批、改的新時期。

「認真搞好鬥、批、改」，這是毛主席的偉大戰略部署，我們必須緊跟，也正在緊眼。毛主席給我們規定的鬥、批、改的各項任務，我們必須堅決照辦，條條落實，不能打折扣，不能走過場。毛主席最新指示的全面落實，就是文化大革命的全面勝利。所以，打好鬥、批、改這一仗，這就是我們當前的中心任務，也是社會主義革命和建設的基本功，是百年大計。我們的一切工作，都應當納入到鬥、批、改的整個部署中去。

但是，怎樣理解毛主席關於鬥、批、改的指示？鬥、批、改各項任務的關

係怎樣擺？在這些問題上，我們同高錦明同志是有原則分歧的。前一個時期，有一種錯誤的說法，「你們光搞『挖肅』不搞鬥批改。」還說：「內蒙搞『拷肅』，跟中央口徑不一致，是搞特殊。」很明顯，在這些同志眼裡，「挖肅」是鬥、批、改之外的東西，是同鬥、批、改對立的東西，要搞鬥、批、改就不能搞「挖肅」，否則就給你戴上「內蒙特殊論」的帽子。

究竟怎麼看？毛主席說：**「建立三結合的革命委員會，大批判，清理階級隊伍，整黨，精簡機構、改革不合理的規章制度、下放科室人員，工廠裡的鬥、批、改，大體經歷這麼幾個階段。」**我們的「挖肅」鬥爭，就是清理階級隊伍和大批判在內蒙地區的習慣的形象化的提法。是廣大群眾在鬥爭實踐中創造出來的。這個提法，我們已經用了一年，廣大群眾對它已經有了感情，不必丟掉。重要的是內容和實質，而不在名稱和形式。「挖肅」就是鬥、批、改的重要組成部分，把兩者對立起來或分割開來。都是錯誤的。

鬥、批、改，是一個不可分割的整體。我們搞鬥、批、改總有一個綱，這就是要以兩個階級、兩條道路、兩條路線鬥爭為綱。在鬥、批、改的各項任務中，大批判和清理階級隊伍這兩條，是完成鬥、批、改其它各項任務的前提和基礎，必須貫穿運動始終的．整黨也好，精簡機構也好，教育革命也好，一個共同的前提，就是領導權問題必須首先解決，階級陣線必須搞清楚，什麼是正確路線，什麼是錯誤路線，究竟要破什麼立什麼？在思想上也必須問明白。要做到這一點，就要靠大批判和清理階級隊伍。黑線不挖，流毒不肅，改是肯定改不好的，必然要搞改良主義和修正主義的。像精簡機構這樣的好事情，如果不抓階級鬥爭和路線鬥爭，閹割了階級鬥爭的內容，單純靠行政措施，勢必要走復舊的道路的，我們堅持「挖肅」，就是堅持大批判和清理階級隊伍，絕不是像某些同志說的那樣「以『挖肅』衝擊鬥、批、改，」恰恰相反，只有堅持「挖肅」，才能不斷克服各種不良傾向，保證鬥、批、改其他各項任務順利完成，有利於整個運動健康發展。當然，我們現在重新突出「挖肅」鬥爭。並不是說前一段精簡機構、辦大學校、教育革命等等全搞錯了。大方向是正確的，群眾熱情是很高的，必須繼續做好這些工作，必須堅持下去。由於右傾機會主義路線帶來的不良影響。可以糾正，搞得不好的。可以補課，但不要走回頭路，不要搞大反覆。

　　高錦明同志還有一種論調，說我們的「挖肅」鬥爭已經「挖到了底」，「挖過了頭」，搞了形「左」實右，再挖就要「挖到群眾頭上」、「犯資產階級反動路線錯誤」。總之一句話，就是反對繼續「挖肅」。我區的「挖肅」鬥爭到底搞得怎麼樣？可以肯定地說，我們已經挖出了一批烏蘭夫死黨分子、叛徒、特務、頑固不化的走資派和社會上的牛鬼蛇神，成績確實很大。否認這個成績，就否定了群眾運動，也否定了我們自己的工作，但是必須看到。內蒙的階級鬥爭仍然是很複雜的，中央負責同志，特別是康老一再提醒我們，內蒙敵情是嚴重的，階級敵人是不少的。我認為烏蘭夫反黨叛國集團的問題。還沒有完全搞清楚；許多叛徒案、重大政治案件還沒有突破，現行特務案有一些還沒有破獲；已經揪出的一批走資派、叛徒、特務揪而不鬥，鬥而不臭，相反，最近以來敵人大搞翻案活動；我們有相當數量的幹部，該打倒還是該解放，現在鬧不太清，這說明那裡的階級鬥爭蓋子還沒有完全揭開，階級陣線還不清楚，有人為了死保一小撮而不惜捆住一大片，看來幹部解放不出來，不僅是一個政策掌握上的問題；全區還有一些地區的革委會還不夠鞏固，有些是資產階級派性掌權，還有的就是馬蜂窩，壞人掌權，好人受氣；復舊現象在某些地區、某些單位是存在的，少數單位和部門還相當嚴重，有人利用精簡機構的機會，打擊和排擠革命造反派，安插和拼湊老班底；最近，階級敵人的現行反革命破壞活動也比較猖獗，錫盟革委會一個直政組組長，是個企圖逃蒙的壞傢伙，他竟然在中央發表《公報》之日，明目張膽地在革委會門前打信號彈。這些，都足以說明我們這個處在反修前哨的內蒙古，敵情的確是嚴重的，肯定還有一些狡猾、隱蔽較深、危險的傢伙沒有挖出來。全區運動的進展從現在看還是兩頭小，中間大。基層、街道，特別是農村，清理階級隊伍的工作就更是差得遠。寧城先走了一步，挖了一下，效果很好。但廣大農村還沒有普遍展開這項工作，許多地區階級陣線還不清楚。據調查，我區有八十萬人口的地區還沒有劃階級，有少數地區貧下中農只占百分之三十到四十。這個問題一定要解決。只要把群眾發動起來，是一定可以解決的。

　　毛主席教導我們：「**無產階級文化大革命，實質上是在社會主義條件下，無產階級反對資產階級和一切剝削階級的政治大革命，是中國共產黨及其領導下的廣大革命人民群眾和國民黨反動派長期鬥爭的繼續，是無產階級和資產階**

級階級鬥爭的繼續。」這一場新形式下的政治大革命，最基本的就是要把敵人挖出來，毛主席也再三強調清理階級隊伍的重要性。目前特別是要注意把混入我們新的政權機構內的壞人挖出來。黨的八屆擴大的十二中全會公報明確規定要在廣大城鄉全面鋪開清理階級隊伍工作，同時，我們要深入持久地開展革命的大批判。林副主席說精神的力量要用精神力量來打倒，必須用思想批判，才能戰勝敵對的思想。我們一定要堅決貫徹，毫不動搖，這是決定內蒙一千三百萬人民命運前途的大事，無論如何要搞到底。現在決不是什麼「挖肅到了底」，更不是什麼「挖肅過了頭」。從深刻的階級鬥爭觀點上說，有階級就有階級鬥爭，就有階級敵人存在，也就有「挖肅」的必要性。我們認為想把階級敵人挖得一個不剩，在客觀上是辦不到的，但在主觀上要求有多少挖多少、統統挖出來則是對的；在對敵鬥爭上，在戰略上是持久的，但在戰役上則要求速決，力求全勝；在鬥爭的時間上顯然是長的，但要求我們以**「只爭朝夕」**的精神來對待這場偉大的人民戰爭。我們是馬克思主義的不斷革命論和革命發展階段論者，我們要不斷革命；徹底革命，不允許使革命停頓下來。從總的情況看，現在迫切需要的是要更加廣泛深入地開展革命大批判和清理階級隊伍工作，繼續深挖深批，而不是什麼「下馬」、「煞車」。

我們搞「挖肅」，是不是形「左」實右？高錦明同志在「九‧二五」講話中似乎是在反對形「左」實右，其實，他反右是假，反對「挖肅」是真，他提出反對形「左」實右口號的真正目的，就是不讓我們繼續搞「挖肅」，就是自己不革命，也不准別人革命。當然，我們不否認在少數部門和單位，兩類不同性質矛盾界限的掌握上也可能不夠準，甚至有個別單位反動的血統論有所抬頭，而在極個別單位，形「左」實右的現象可能很嚴重。這些，我們也是堅決反對的。但是必須明確指出；第一，這是支流，是局部現象，右，還是目前的主要危險；第二，是階級敵人策動的，是他們保護自己、破壞「挖肅」的另一種手段。這不是「挖肅」鬥爭本身的問題，賬要記在敵人身上；第三，我們反對形「左」實右，不是主張「煞車」，而是要挖得更徹底，批得更有力。我們要防止階級敵人利用右的或形「左」實右的手法來擾亂我們的視線，必須堅持調查研究，堅持穩、準、狠。不要一穩就右，甚至不搞了，也不要一狠就「左」，擴大打擊面。所以要准。**要文鬥，不要武鬥。**我們要重證據，不要搞

逼、供、信。

我們的「挖肅」鬥爭，現在正處在深挖探批的打硬仗階段。敵人不是越挖越多，而是越挖越少。但是越挖，敵人也越狡猾。能夠隱蔽到今天的，都是有一層保護色，有一套反革命兩面派伎倆，因而也是最危險、破壞性最大的敵人，所以才要深挖深批。我們要學會同反革命兩面派作鬥爭的本事。反革命兩面派不是很多，也不是每個部門都有，但也不是沒有。我們說那裡有就在那裡揪，有多少就抓多少。當然，我們要注意把反革命兩面派和有兩面派作風的人嚴格區別開來。

總結我們一年來的經驗，「挖肅」鬥爭，抓住了我們內蒙的主要矛盾。正如毛主席所說的：「**階級鬥爭，一抓就靈。**」我們一定要狠批「挖肅」鬥爭「到底論」、「過頭論」、「特殊論」，狠批「階級鬥爭熄滅論」。我們要以毛澤東思想為指針，以階級鬥爭和兩條路線鬥爭為綱，推動整個鬥、批、改。「挖肅」這一仗，一定要打下去，打到底；半途而廢，就是對敵人投降，對人民犯罪，就是對毛主席不忠，就是對毛主席革命路線的背叛。

還有一點請同志們注意，我們強調「挖肅」鬥爭、強調大批判和清理階級隊伍，並不說可以丟掉其他各項工作。中央講要把整黨建黨放在非常重要地位。這樣我們應當把大批判，清理階級隊伍和整建黨緊密地結合起來，同時展開其他各項工作。總之要按照毛主席關於鬥，批，改的各個階級的工作，扎扎實實地加以落實。現在上頭的東西非常明確了，我們各級領導要發揚我黨理論聯繫實際的作風，要抓好兩頭，要吃透上頭精神，聯繫本單位，本地區的實際情況，狠抓落實，抓緊抓好，抓出成績來。

三、關於兩條路線鬥爭的問題

毛主席說過：「**歷史告訴我們，正確的政治的和軍事的路線，不是自然地平安地產生和發展起來的，而是從鬥爭中產生和發展起來的。一方面，它要同『左』傾機會主義作鬥爭，另一方面，它有時同右傾機會主義作鬥爭。不同這些危害革命和革命戰爭的有害的傾向作鬥爭，並且徹底地克服它們，正確路線的建設和革命戰爭的勝利，是不可能的。**」

兩年來文化大革命的過程，始終貫徹著兩條路線鬥爭。路線鬥爭的實質，是兩個司令部的鬥爭。中心是政權問題。鬥爭焦點的焦點，是如何對待群眾。在馬克思主義者看來，階級，政黨，領袖是一致的。在毛主席革命路線已經取得偉大的，決定性勝利的今天，階級敵人直接把矛頭指向以毛主席為首，林副主席為副的無產階級司令部，破壞毛主席戰略部署，往往是從無限忠於毛主席的廣大革命群眾身上開刀，千方百計鎮壓群眾。所以說，對待群眾的態度問題，實質上就是對待無產階級司令部的度態[1]問題，就是對待無產階級專政的態度問題，就是對待毛主席革命路線的態度問題。依靠不依靠群眾，反映了兩個階級的願望和兩個階級的作法。直接依靠群眾，放手發動群眾，這是毛主席的路線，共產黨的路線；鎮壓群眾，那是典型的北洋軍閥路線，國民黨路線，劉少奇路線。

一年來的「挖肅」鬥爭，是兩個階級的生死搏鬥，它必然要反映到革委會內部來，因而革委會內始終存在著兩條路線的尖銳鬥爭。我區「挖肅」鬥爭以來的四起四落，充分說明了這一點。

第一次起落是去年十一、二月間。江青同志的「一一、一二」講話，揭開了我區「挖肅」鬥爭的序幕。我們首先從文藝界為突破口，揪出了特古斯。敵人罵我們是「黑手揪紅人」，指責革命造反派是「炮打革命領導幹部」，「極左思潮」。革命隊伍內部的路線鬥爭也相當激烈。中心問題，是「挖肅」鬥爭要不要搞，要不要繼續革命，深入革命，是站在揪特古斯一邊還是保特古斯一邊，這是革和保的鬥爭，也是站在群眾一邊還是站在群眾運動的對立面的問題。當時，我們有些領導同志特別是高錦明同志態度曖昧，由於領導支持不力，造成點起的火不久又開始冷落。

第二次起落，從今年一月中旬的二次全委擴大會議算起。我們作出了全面落實毛主席最新指示，打一場挖烏蘭夫黑線、肅烏蘭夫流毒的人民戰爭的決定。群眾發動起來了。王再天這個大特務、大蒙奸被揪了出來。我們支持一度站錯隊的革命群眾衝殺出來翻烏蘭夫的天。造資產階級的反，卻遭到了右傾機會主義路線的竭力控制。當時不是有兩論嗎？一論所謂「造反派受壓」，二論

---

[1] 應為「態度」。史料原文如此，編輯保留。

「老保翻天」。右傾機會主義充當了階級敵人的喉舌。控制和反控制；焦點還是支持群眾或壓制群眾。到了三月末，楊余傅事件出來，階級敵人借題發揮，兩個拳頭打人，利用一些嚴重右傾的人們，揪起了一股什麼「揪楊成武在內蒙代理人」「鎮壓老保翻天」的逆流，攻擊堅持「挖肅」鬥爭的革命派，革命群眾和革命幹部，右傾翻案猖狂一時，對運動有所干擾。

第三次起落是在今年「四‧一三」以后，自治區革委會發表了第二號通告，向敵人發動全線總攻擊。一場對烏蘭夫及其卵翼下的一切反革命勢力的掃蕩戰開始了。我們把明面的敵人在全區範圍內掃蕩了一下，「挖肅」鬥爭戰果輝煌。敵人也搞陰謀，那就是擴大打擊面，搞形「左」實右，混淆階級陣線，千方百計轉移鬥爭大方向。而擺在領導面前也有兩條路線：一條是保護廣大人民群眾，穩，準，狠地打擊一小撮階級敵人；另一條路線是適應敵人需要，右傾機會主義者搞形「左」實右，同時，利用資產階級派性挑動群眾鬥群眾，搞派性專政，把矛頭指向群眾。這樣，使兵力分散，「挖肅」鬥爭受到嚴重干擾。

第四次起落，起自今年六月包鋼，二冶提供了革命大會戰的成功經驗。這是進一步解決繼續革命，深入革命，徹底革命的問題。緊接著我們開了三次全委擴大會議，作出決議，推廣包鋼，二冶經驗，在全區範圍內掀起了一個大辦學習班，開展大批判，組織大會戰的高潮。群眾運動迅猛異常。但是，遭到了來自階級敵人，特別是反革命兩面派的搗亂，他們怕挖到自己的頭上，千方百計撲滅大會戰的烈火，死捂階級鬥爭蓋子，破壞深挖深批。在這個期間，郭以青作了充分表演，他的真面目暴露了，這個反革命兩面派終於被揪了出來。同時，高錦明同志的右傾機會主義路線也跟著惡性發作，造成了八月末，九月初以來的「挖肅」鬥爭的大反覆，推遲了運動的進程。

為什麼要擺一下「挖肅」鬥爭以來的四期四落和路線鬥爭？目的是說明，每當我們前進一步，總要遭到敵人的頑強抵抗，也總要遇到右傾機會主義者的嚴重干擾。我們一方面要同階級敵人鬥，一方面又必須同我們內部的右傾機會主義鬥。在反右傾的鬥爭中每前進一步，對敵鬥爭也就前進一步。右傾機會主義路線在我們不斷的批判下，有時有所收斂，但是一直沒有中斷過，九月份，是高錦明同志這條右傾機會主義路線的總暴露。我要不要搞階級鬥爭的問題。就是要不要按照毛主席關於在社會主義條件下繼續革命的理論，路線，方針和

政策，深入革命，徹底革命的問題。也就是忠不忠於毛主席，忠不忠於毛澤東思想，捍衛不捍衛毛主席的革命路線的大是大非問題。絕不是什麼一般思想認識上，一般工作部署上的分歧，也不是某個個人同某個個人之間的意見分歧。這是一場兩個階級，兩條道路，兩條路線的鬥爭。是關係到內蒙革委會舉什麼旗，走什麼路的問題，是關係到內蒙古向何處去的問題，決不能等閒視之。

高錦明同志的錯誤不是偶然的。他有一套反毛澤東思想的修正主義理論，實現上也是由來已久的。雖然他在同烏蘭夫鬥爭中開始是積極的，但自從揪出烏蘭夫以後，他一直是右的。在政治思想上他並沒有跟烏蘭夫的修正主義，民族分裂主義路線劃清界限；在組織上，他打著保護一批「民族幹部」，「老幹部」的旗號，包庇了一些烏蘭夫死黨。他在運動初期，執行了嚴重的資產階級反動路線，實質是鎮壓革命群眾，保護烏蘭夫勢力的路線。這條反動路線，由於出現了「二月逆流」，廣大的無產階級革命派沒有來得及徹底清算。最近暴露出來的右傾機會主義路線和運動初期的那條資產階級反動路線，實質上是一脈相承的。「挖肅」鬥爭開始以來，高錦明同志一直消極抵制，右傾頑抗。他一貫不抓活學活用毛主席著作，不抓政治思想工作，不抓階級鬥爭，反對在革委會內部搞路線鬥爭，反對「挖肅」鬥爭，以生產壓革命，以業務衝擊政治，包庇重用壞人，力圖恢復舊勢力。這些，實際上是鎮壓革命群眾，取消無產階級專政，企圖復辟資本主義。

高錦明同志的右傾機會主義路線錯誤，首先表現在理論上否認路線鬥爭，否認在無產階級專政條件下階級鬥爭集中表現為黨內的兩條路線鬥爭這一毛澤東思想的著名論點。他認為黨內鬥爭不能包括同叛徒、特務、走資派的鬥爭，理由是同叛徒、特務、走資派的矛盾是敵我矛盾，而黨內路線鬥爭向來屬人民內部矛盾。他還認為黨內路線鬥爭僅僅是先進與落後、正確與錯誤的矛盾，是人民內部矛盾，不承認路線鬥爭的根本性質是敵我矛盾、對抗性的矛盾。這樣，高錦明同志就從根本上否定了在社會主義條件下，我們的最主要最危險的敵人是黨內的走資派，兩條路線鬥爭的實質就是兩個司令部的鬥爭，無產階級專政史上一個極其嚴重的教訓，就是資產階級顛覆無產階級專政、復辟資本主義，往往是通過隱藏在無產階級政黨內部的資產階級司令部的陰謀活動來實現的——這樣一系列根本的理論原則，就滑進了劉少奇的「階級鬥爭熄滅論」、「黨

內和平論」的修正主義泥坑，直接與毛主席關於在社會主義條件下繼續革命的理論、路線和方針、政策相對抗，實質上否認了在無產階級專政條件下繼續革命的必要性，否認了無產階級文化大革命的必要性，從而也就否定了我們偉大領袖毛主席對馬克思列寧主義的偉大發展。這一方面，高錦明同志不僅有言，而且有行。他反對在革命委員會內部開展兩條路線鬥爭，也反對我們揪革委會內的打著「紅旗」反紅旗的反革命兩面派。這是極端錯誤的。我們掀出了郭以青這個反革命兩面派，他非常惱火，事實上正暴露了他的錯誤立場。路線鬥爭是階級鬥爭的反映，是客觀存在的，也是否定不了的。就在高錦明同志否定路線鬥爭的時候，他實際上正以他的右傾機會主義路線向毛主席的革命路線進攻，事實不正是這樣嗎？可見，高錦明同志散佈這些論點，並不是無意的，也不僅僅是認識問題，更不是一般的理論上的糊塗。很明顯，他散佈的這些論點，正是為他所推行的右傾機會主義、右傾投降主義、右傾分裂主義路線服務的。

高錦明同志的右傾機會主義路線錯誤，表現在政治上是右傾投降主義，他極力抵制「摧毀烏蘭夫反黨叛國集團的社會基礎」的這個提法，他必然是站在資產階級立場上，在對敵鬥爭中鼓吹右傾投降主義。他的「挖肅到底論」、「挖肅過頭論」、「再挖上當論」、「挖肅特殊論」等等謬論，都是典型的右傾投降主義論調，典型的反群眾運動的論調。屁股完全坐到了敵人一邊，說了烏蘭夫死黨不敢公開說的話，做了烏蘭夫死黨不敢公開做的事，長資產階級志氣，滅無產階級威風。高錦明同志的右傾投降主義論調，為最近二個多月來階級敵人猖狂的翻案活動，打開了綠燈，創造了條件，製造了輿論，提供了市場。應當指出，高錦明同志在內蒙地區工作時間很長，對於我們這個地處反修前哨的內蒙的階級鬥爭情況，他心裡不是沒有底的，比我們這些新來的同志清楚的多。高錦明同志明知敵情嚴重、複雜，卻又公開鼓吹投降主義，一心想把「挖肅」鬥爭的烈火撲滅，這難道不值得高錦明同志深思嗎？

高錦明同志的右傾機會主義路線錯誤，表現在組織上必然導致右傾分裂，大搞反動的「多中心論」，要兩面派手法。搞反動的「多中心論」是高錦明同志錯誤的要害。是爭中心，搞「以我為核心」。首先是他對抗和破壞毛主席的偉大戰略部署，歪曲毛主席關於「認真搞好鬥、批、改」的偉大教導，從鬥批改中抽調了馬克思列寧主義、毛澤東思想的精髓，打著「緊跟」的旗號，對抗

毛主席的革命路線，並企圖以行政手段，扼殺「挖肅」鬥爭，把廣大革命群眾引向修正主義、改良主義的邪路。其次，是極力把自己標榜為「正確路線的代表」，以是否擁護自己為標準來劃分左和右的界限，這是極端錯誤的。第三，搞山頭主義、宗派主義，極力培植個人勢力，結黨營私，招降納叛，包庇重用一批烏蘭夫死黨分子，民族分裂主義分子和黑線人物。他在揪出烏蘭夫之後，不想繼續革命，力圖保存烏蘭夫的老班底。第四，為達此目的，高錦明同志在革委會內，破壞一元化領導，破壞民主集中制，決議舉手是一回事，執行又是一回事，會上一套，會下一套，據會上揭發，高錦明同志還吹捧一部分人，打擊一部分人，在革命造反派中支一派，壓一派，挑撥革委會、群眾組織的關係。這些問題是值得高錦明同志深思的。第五，在某些重大問題上，對人民解放軍的態度是十分惡劣的。

上面說的，就是高錦明同志的基本錯誤。他的九月二十五日講話，是右傾機會主義路線的代表作。這個講話，從右傾機會主義、右傾投降主義、右傾分裂主義的立場出發，力圖把我區運動拉向右轉。這個報告散發全區，流毒甚廣，危害極大，應當徹底批判，徹底消毒。

高錦明同志右傾機會主義路錯誤就所造成的危害是多方面的。最大的危害是在革命更加深入，無產階級變化大革命進入關鍵階段，烏蘭夫殘餘勢力瀕於覆滅的情況下，他發動了近年來時間最長、涉及面最廣、流毒最深、危害最大的一次右傾機會主義路線的反撲，從而造成了階級敵人從「挖肅」鬥爭以上來全區性最集中、最突出、最囂張的一次反革命翻案逆流。「大會戰」受到了衝擊，「挖肅」鬥爭出現了停滯狀態，精簡機構、下放幹部、教育革命等方面也出現了不突出政治、不抓階級鬥爭的不同程度的錯誤傾向，打擊了革命群眾的革命熱情，助長了敵人的翻案活動，干擾了毛主席的偉大戰略部署。尤其嚴重的是，高錦明同志的右傾機會主議路線，把部分群眾和某些傾導同志在兩年文化大革命中樹立起來的階級鬥爭觀念和路線鬥爭觀念給攪亂了，這種嚴重的思想混亂所造成的惡果，不是一下子就能被人們覺察出來的，要扭過來，得費很大功夫。但一定要扭過來。

高錦明同志的錯誤是嚴重的，是方向路線的錯誤，是他的資產階級世界觀沒有得到改造，資產階極個人主義惡性發作的結果。但是我們還是熱忱地希望

高錦明同志作出照真正觸及靈魂的檢查，迅速改正錯誤，回到毛主席的革命路線上來，如果能夠這樣，廣大革命群眾是歡迎的，也會諒解的。現在，我們對高錦明同志的錯誤，還是要當作人民內部矛盾處理，批判一定要嚴，狠揭狠批的目的是為了從錯誤的道路上把他拉回來，不能一犯錯誤就打倒，只要他改了大家還是要支持他工作。對高錦明同志來說千萬不要堅持錯誤。堅持錯誤性質就要起變化。

有的同志說「高錦明同志錯誤是內部問題，應當內部解決，對目前的做法不理解」。我認為這種認識是錯誤的。我們根據高錦明同志錯誤性質，影響和危害，確定在革委會第四次全委擴大會上解決，至於在街頭出現一些大字報，大字塊，轟一轟，那是廣大革命群眾勇敢捍衛毛主席革命路線的表現，也是對高錦明同志的愛護，這種革命熱情是應當支持的。高錦明同志的右傾機會主義路線的錯誤，影響遍及全區，危害很大，因此我們本著毛主席、林副主席「把路線鬥爭交給群眾」的偉大教導，在全區範圍內開展群眾性的清算右傾機會主義路線的批判鬥爭。這是完全正確的。這一段的深刻教訓，告訴我們必須下決心狠抓各級革委會的路線鬥爭。在路線鬥爭問題上絕不能搞折衷，搞調和。一定要從上到下把「三右」主義反透，把右傾機會主義路線批臭。不這樣，我們的運動就不能前進；不這樣，內蒙的文化大革命就有夭折的危險；不這樣，烏蘭夫反黨叛國的舊班底就不徹底摧毀，就要復舊，就有復辟的危險；不這樣，就不能從根本上提高各級領導和廣大群眾的階級鬥爭和路線鬥爭覺悟，保證毛主席最新指示在我區全面落實，奪取文化大革命的全面勝利。

四、關於批判反動的「多中心論」的問題

從人民日報「八・五」重要社論提出反「多中心論」到現在，已經反了三個多月了。這次八屆十二中全會上，毛主席、林副主席以及全會《公報》，進一步強調了反「多中心論」的重要性。我們一定要引起注意。「多中心論」是在偉大的鬥、批、改階段冒出來的一股反動思潮，是一小撮階級敵人破壞毛主席司令部的戰略部署，破壞各級革委會的革命權威，破壞無產階級專政，陰謀向無產階級進行反奪權的一個重要手段，是奪取文化大革命全面勝利的嚴

重障礙。因此，正如林副主席所指出的，繼續批判反動的資產階級的「多中心論」，是在思想戰線上的重要任務之一。

「多中心論」就是不要無產階級的中心，而要以自己為中心。搞資產階級的「獨立王國」，搞山頭主義，搞右傾分裂主義。這個問題，在我區許多革委會內部都程度不同地存在著。高錦明同志的錯誤之一，就是打著反「多中心論」的旗號搞「多中心論」，用自己的機會主義、修正主義思想代替毛澤東思想，用自己的右傾機會主義路線抵制毛主席的革命路線，起了破壞我們革委會在毛澤東思想基礎上統一認識，統一步伐，統一行動的作用，也影響了下面的一些革委會核心的革命團結，渙散了革命派隊伍的革命團結。這種右傾分裂主義即「多中心論」，是為他政治上的右傾投降主義服務的。所以，在革委會內部開展路級鬥爭，清算右傾機會主義路線，也必須把「多中心論」搞臭。

反對「多中心論」，必須反覆認真學習毛主席關於無產階級專政條件下，繼續革命的理論、路線和方針、政策，以階級鬥爭和兩條路線鬥爭為綱，堅持用毛澤東思想衡量一切，鑒別一切。對於領導班子中的分歧，是一般的「兩套馬車」呢，還是不可調和的路線鬥爭？對於群眾組織之間的分歧，是一般的資產階級派別糾粉呢，還是嚴肅的路線鬥爭？都應當認真地分析。許多事實證明，在路線問題上不分清是非，「多中心論」是反不掉的，資產階級派性是打不倒的。團結和聯合是不鞏固的。我們反對那種不分青紅皂白各打五十大板或者硬性捏合一起的作法。堅持「多中心論」的人，常常把「多中心論」和「派性」的帽子扣到同他們有原則分歧、堅持正確路線的同志頭上。究竟誰搞「多中心論」？有沒有客觀標準？唯一的標準就是看是否緊跟毛主席司令部的戰鬥號令，是否符合毛主席的革命路線。符合就堅決支持，不符合就堅決反對。

反對「多中心論」，就要堅決維護以毛主席為首，林副主席為副的無產階級司令部的最高權威，同時也要維護各級新生革命政權的革命權威。毛主席的司令部，是全黨、全軍和全國的唯一的領導中心，除此以外不能有第二個中心。各級革委會應是無限忠於毛主席司令部的戰鬥指揮部。一級革委會有沒有權威，就看它是否執行毛主席的革命路線。在這裡，我們不能把各級革委會同毛主席司令部等同起來，把一個地區、一個部門、一個單位的革委會說成是「無產階級司令部」。這就是「多中心論」，我們也不能把各級革委會同毛主

席司令部對立起來，把執行毛主席革命路線的一級革委會從無產階級專政的整體中割裂出去，為階級敵人分裂革委會打開方便之門，破壞無產階級專政，誰這樣搞，同樣是反動的「多中心論」。

我們堅定不移的原則是，誰擁護毛主席，我們就同他親；誰反對毛主席，我們就同他拼。這一點，說來簡單，辨別起來並不容易。無產階級專政條件下階級敵人同我們較量的最大特點，是打著紅旗反紅旗，陰一套，陽一套，明裡是人，暗中是鬼。因此，我們反對「多中心論」，特別要警惕和善於識別反革命兩面派。在奪取文化大革命全面勝利的今天，這種狡猾多端的反革命兩面派，最慣於接過革命口號盜用新生紅色政權的革命權威，利用革命群眾的積極性，煽動「多中心論」，去幹破壞毛主席戰略部署的罪惡勾當，所以破壞性和危害性極大，是我們最危險的敵人。我們一定要同反革命兩面派作堅決的鬥爭，這樣來鞏固我們已經取得和將要取得的偉大勝利，不斷強化無產階級專政。

五、關於鞏固和發展革命委員會的問題

前面幾個問題，也都是圍繞著鞏固和發展革命委員會的問題談的。鬥、批、改也好，狠反右傾也好，批判「多中心論」也好，目的都是為了在階級鬥爭和路線鬥爭中不斷鞏固我們各級新生的革命政權，使它更好地負擔起無產階級專政的職能，成為率領廣大革命群眾向階級敵人不斷進攻的戰鬥指揮部。

毛主席說：「**這次無產階級文化大革命，對於鞏固無產階級專政，防止資本主義複辟**[2]**，建設社會主義，是完全必要的，是非常及時的。**」這次文化大革命，給我們的無產階級專政以第二次生命。「**革命的根本問題是政權問題**」。政權是無產階級的生存權，生命權。這次文化大革命，兩個階級、兩條道路、兩條路線的劇烈鬥爭，中心是政權問題，是無產階級和資產階級爭奪領導權的問題，「**是黨和國家的領導權，掌握在馬克思主義者或修正主義者手裡的問題**」。

我們這次會議，開展路線鬥爭，揭發和批判高錦明同志的右傾機會主義

---

[2] 應為「復辟」。史料原文如此，編輯保留。

路線，從本質上來說，也是奪權與反奪權、復辟與反復辟，翻案和反翻案的鬥爭。這樣說是不是無限上綱了？不是。高錦明同志右傾機會主義路線，就是為復辟資本主義服務的。毛主席在一九五七年就說過：「修正主義，或者右傾機會主義，是一種資產階級思潮」，「**修正主義者抹煞社會主義和資本生義的區別，抹煞無產階級專政和資產階級專政的區別。他們所主張的，在實際上並不是社會主義路線，而是資本主義路線。**」「**在我國社會主義革命取得基本勝利以後，社會上還有一部分人夢想恢復資本主義制度，他們要從各個方面向工人階級進行鬥爭，包括思想方面的鬥爭。而在這個鬥爭中，修正主義者就是他們最好的助手。**」這次最近一段時間出現的右傾翻案暗流，就是「二月逆流」的翻版，就是為烏蘭夫反黨叛國集團翻案，就是要搞資本主義復辟。在這股反革命逆流中，高錦明同志的右傾機會主義路線不正是起了最好助手的作用嗎？

我們千萬不要以為，全區一片紅了，奪權鬥爭勝利了，政權問題就不再成為問題了。這是很危險的想法。鞏固政權比奪取政權更難，鞏固和發展新生的革命委員會，仍然是一場嚴重的階級鬥爭。千抓萬抓，權不在我們無產階級手裡就是瞎抓。忘記了政權，就是忘記了中心，忘記了根本，忘記了政治，腦袋掉了還不知道怎麼掉的。烏盟革委會，就有過這樣的嚴重教訓。今年春天的「三・二六」事件鬧得很凶，公開鎮壓群眾，對抗「挖肅」鬥爭，根子在那兒呢？就在盟革委會，就在盟革委會混進了許集山，孔祥瑞、達瓦這幾個反革命兩面派。他們在紅色政權裡組織起資產階級指揮部，利用某些領導同志的嚴重右傾，利用資產階級派性，結黨營私，安插親信，大搞復舊，死捂蓋子。烏盟的教訓，難道不值得我們認真研究，記取教訓嗎？，烏盟的情況是比較典型，比較突出的。其它地方和部門，是不是也有類似情況呢？

一年來的實踐證明，鞏固和發展革命委員會，首先，要承認革委會成立以後仍然存在階級鬥爭和路級鬥爭，中心是政權問題，是建設一個什麼樣的領導班子的問題。不能採取不承認主義，絕不能麻痹大意。一個領導班子是不是革命的，是不是三忠於的，要看它是不是堅持狠抓根本，狠抓階級鬥爭和路線鬥爭，是不是突出無產階級政治，堅持四個第一，做好廣大群眾的思想政治

工作，是不是密切聯繫群眾，直接依靠群眾，是不是持堅[3]吐故納新，總而言之，就是要看它是否遵照毛主席關於革命接班人的五項標準和林副主席提出的三個條件。今後會不會出新的走資派，就看他能不能遵照毛主席和林副主席的教導去做。

第二，革命委員會也要**吐故納新**。我們不僅要注意思想上的**吐故納新**，堅持毛澤東思想掛帥，把資產階級的廢料從靈魂深處「吐」出去，而且也必須注意要在組織上**吐故納新**。像赫魯曉夫式的人物，反革命兩面派不要多了，有那麼一個兩個，破壞性就夠大了。在關鍵的崗位上，絕不能埋下顛覆的種子，否則，我們在組織路線上要犯機會主義錯誤。組織問題就是政權問題。各級革委會一定要整頓一下，是壞傢伙，一定要揪出來，但不能亂揪，要分清兩類不同性質的矛盾。有些雖不是壞人，但死捂階級鬥爭蓋子而又屢教不改，實際上是給敵人幫忙的。這樣的人也要拿下去。還有的是「老好人」，不能擔任主要領導。我們要堅決反對復舊。復舊，是當前階級鬥爭的新特點。一定要吐故納新，建立起「三忠於」的經過更新的三結合的領導班子。領導班子原班人馬不行，辦事機構搞原班人馬也不行。我們要選拔堅決執行毛主席無產階級革命路線的優秀共產黨員參加黨的鎮導工作。一定要吸收無產階級新生力量，把優秀的工人、貧下中農和優秀的造反派戰士充實到各級領導機構裡來。

第三，鞏固革委會的根本途徑，是加強路線鬥爭。把鑽進來的壞人清除出去，靠路線鬥爭，一般領導成員，要反右傾，反保守，反復舊，也必須自覺地，積極地開展路線鬥爭。革委會的路線鬥爭不要關門搞，要開門整風，把路線鬥爭交給群眾。發動億萬革命人民參加黨內兩條路線鬥爭，這是毛主席的最大創舉。只有搞大民主，才能保證我們黨和國家不變顏色。以後誰要走邪路，就群起而攻之。**「國家機關的改革，最根本的一條，就是聯繫群眾。」「共產黨基本的一條，就是直接依靠廣大革命人民群眾。」**各級革委會要自覺接受群眾監督，不要壓制民主，不要群眾一提意見，就扣上「炮轟紅色政權」的帽子。但是，也要嚴加警惕階級敵人借此破壞革委會的革命權威，破壞無產階級專政。民主只給人民，而不給反動派！

3　應為「堅持」。史料原文如此，編輯保留。

第四，要實行精兵簡政，走解放軍政治建軍的道路。要突出政治，堅持四個第一，發揚黨的三大作風，實現一元化領導。對於那種陽奉陰違，決議是一回事，執行又是一回事的人，應當有所警惕。包頭的七〇四廠、拖拉機配件廠大學解放軍，搞精兵簡政，積累了很多的經驗，應當好好總結推廣，按照毛主席革命路線把政權建設抓緊，抓好。

我要講的大概是這些。最後，想對革命造反派的同志說幾句。內蒙、呼市地區的老造反派，在兩年多的文化大革命中，是立了功的。其中相當多的同志，沒有吃老本，在一年來的「挖肅」鬥爭中，也是打得很硬，是有功勞的。起了骨幹作用。這些，我們不會忘記，也是任何人否定不了的。還有少數造反派，在「挖肅」鬥爭初期右傾，後來改正了。這也是好的，應當繼續依靠他們。還有一些造反派現在仍然存在右傾，自覺不自覺地捂了蓋子，對這樣的同志我們要嚴肅批評，熱情幫助他們，要把改正錯誤，繼續革命的主動權留給他們。現在常聽說「造反派受壓」，這要作階級分析。如果是堅持革命大方向，堅持抓「挖肅」鬥爭的造反派受了壓，我們就要堅決支持他們。給他們撐腰。如果你不抓階級鬥爭和路線鬥爭，一右再右，捂住蓋子，群眾起來擺脫你的控制。你感到有點壓力，這是應該的。在造反派組織中混進的極少數壞人，我們不壓他壓誰，就是要專政，而且搞「挖肅」不光是在造反派裡挖，哪裡有敵人，就在那裡挖。要像《公報》指出的，把混在廣大群眾中的一小撮反革命分子挖出來。一句話，希望我們的造反派更高地舉起毛澤東思想偉大紅旗，團結廣大革命群眾。在階級鬥爭和路線鬥爭中繼續衝鋒陷陣，永遠保持革命的青春。

同志們：當前，**世界革命進入了一個偉大的新時代**。我們這個偉大的社會主義國家，經過兩年文化大革命的鍛鍊考驗，越來越成為世界革命的強大根據地。在黨的八屆擴大的十二中全會公報的光輝指引下，文化大革命正朝著全面勝利的偉大目標進軍。地處反修前哨的內蒙古自治區，應當在偉大祖國豪邁的革命事業中作出自己應有的貢獻。處在革命高潮中的我區無產階級革命派和各族人民，要把已經取得的偉大勝利當作新的征途的起點，堅持不懈地英勇奮鬥，勝利前進。革命的車輪不容倒轉。我們是能前進，不能停頓更不能倒退。我們的各級革命委員會，各級領導同志，以及廣大的無產階級革命派，絕不能

辜負偉大領袖毛主席的諄諄教導和殷切期望，絕不能辜負全區各族人民的重托，一定要始終站在階級鬥爭和路線鬥爭的最前列，拿出無產階級的革命家的氣魄，以偉大的毛澤東思想為統帥，堅決打好奪取無產階級文化大革命全面勝利這一仗，不獲全勝，決不罷休。我們一定要把內蒙古搞好！我們一定能把內蒙古搞好！讓毛澤東思想的燦爛陽光，永遠照亮內蒙古草原。

55.內蒙古自治區革命委員會第四次全體委員（擴大）會議的紀要（1968.11.19）

在全國、全區一片大好形勢下，在舉國熱烈歡慶黨的八屆擴大的十二中全會勝利成功和公報發表的大喜日子裡，內蒙古自治區革命委員會於一九六八年十一月三日至十九日召開了第四次全體委員（擴大）會議。這次會議的主要任務，就是貫徹落實黨的八屆擴大的十二中全會精神，以毛澤東思想為指針，以階級鬥爭和兩條路級鬥爭為綱，總結和檢查三次全委（擴大）會議以來的工作，部署今後的戰鬥任務。

會議認真傳達和學習了毛主席、林副主席在十二中全會上極為重要的講括的精神和會議公報，憤怒聲討了黨內頭號走資派、大叛徒、大內奸、大工賊、帝修反的走狗劉少奇的滔天罪行。與會同志一致表示：堅決擁護在適當時候召開黨的第九次全國代表大會的英明決定：堅決擁護把大叛徒、大內奸、大工賊劉少奇永遠開除出黨，撤消其黨內外一切職務，並繼續清算劉少奇及其同夥的罪；堅決擁護對一九六七年「二月逆流」和今春那股為「二月逆流」翻案的邪風的批判，堅決貫徹執行全會發出的各項偉大號召。

會議以毛主席的最新指示和「公報」為武器，正確地分析了自治區的形勢，勝利地開展了兩條路線鬥爭，狠揭猛批了高錦明同志右傾機會主義路線和反動的資產階級的「多中心論」的嚴重錯誤；痛擊了一小撮階級敵人妄圖翻案的反革命逆流。大大地提高了與會同志的階級鬥爭和路線鬥爭覺悟。這是一次高舉毛澤東思想偉大紅旗，認真貫徹執行十二中全會公報的誓師大會，是團結、戰鬥、朝氣蓬勃的會議。

通過這次會議，使我們更加緊密地團結在以毛主席為首、林副主席為副的無產階級司令部的周圍，同心協力、鬥志昂揚，信心百倍地去奪取無產階級文化大革命的全面勝利。

一、形勢一片大好

會議認為，內蒙古自治區和全國一樣，「**形勢大好，不是小好。整個形勢比以往任何時候都好**」，而且必將越來越好。全區活學活用毛澤東思想的群眾運動波瀾壯闊，毛澤東思想學習班越辦越好，毛澤東思想空前普及，毛主席一系列最新指示深入人心，正在進一步貫徹落實，「三忠於」活動普遍深入開展，極大地提高了各族人民的階級鬥爭和兩條路線鬥爭覺悟，促進了思想革命化。在偉大領袖毛主席**工人階級必須領導一切**的號召下，我區工人階級登上了上層建築各個領域鬥、批、改的政治舞臺，工人毛澤東思想宣傳隊高舉**認真搞好鬥、批、改**的革命紅旗，狠抓根本不轉向，狠抓階級鬥爭不轉向，在各個方面實行了無產階級的政治領導。全區一個偉大的鬥、批、改的群眾運動一浪高過一浪。革命大聯合和革命三結合不斷鞏固發展，各級革命委員會走人民解放軍政治建軍的道路，精兵簡政、改革不合理的規章制度、下放科室人員都取得一定成績，劉少奇、烏蘭夫及其同夥在各條戰線上所推行的反革命修正主義路線，正在遭到深入批判。在許多單位中整黨建黨工作做出了成績並積累了經驗，教育革命在全區已蓬勃展開，特別是旗縣以下的教育革命成績顯著，毛主席關於「**專政是群眾的專政**」的英明指示，正在變成群眾的自覺行動，無產階級專政大大加強。革命帶動了生產，工業生產逐步上升，農牧業生產獲得了較好收成。人民解放軍在「三支」、「兩軍」工作中建立了新的偉大功勳，軍民關係更加親密無間。各族人民在毛澤東思想基礎上空前團結。特別是近一年來，以革命大批判、清理階級隊伍為內容的「挖肅」鬥爭，最廣泛地動員和鍛鍊了廣大革命群眾，狠狠地打擊了一小撮階級敵人，取得了基本勝利。實踐證明：「挖肅」鬥爭，抓住了內蒙古地區的主要矛盾，是符合偉大的毛澤東思想的，是符合毛主席的無產階級革命路線的，是符合毛主席的偉大戰略部署的，大方向完全正確。堅持不懈地狠抓「挖肅」鬥爭，是使我區革命形勢一直大好的一個重要的因素。

黨的八屆擴大的十二中全會公報，是奪取無產階級文化大革命全面勝利的動員令，是具有深遠歷史意義和偉大現實意義的光輝文獻。自治區革委會作

出了關於學習、宣傳、貫徹、落實十二中全會公報的決定，一個大學習、大宣傳、大落實公報的群眾運動高潮正在蓬勃興起。廣大革命群眾在公報的鼓舞和推動之下，更加鬥志昂揚，以雷霆萬鈞之力衝破右傾機會主義路級的束縛，正在全面反擊一小撮階級敵人的反革命翻案活動，有力地推動了鬥、批、改高潮的迅猛發展，各個地區、各條戰線捷報頻傳，廣大群眾更加深入、更加廣泛地發動起來了，隱藏在各個陰暗角落的階級敵人一個個被識破、被挖出，整個運動勢如破竹，正在勝利和的道路上向前推進。

但是，在前一段時間內，由於高錦明同志推行右傾機會主義路線的結果，使許多單位、許多地區的工作一度轉了向，第三次全委擴大會議的正確決定未能認真落實，「挖肅」鬥爭幾乎停止，特別是一小撮階級敵人乘機興風作浪，猖狂地進行反革命翻案活動，形成了「挖肅」鬥爭以來最集中，最突出，最囂張的一次反革命翻案逆流。

會議指出：我區敵情仍然是嚴重的，劉少奇和烏蘭夫的反革命勢力並未徹底摧垮，他們還無時無刻不在妄圖恢復已失去的天堂，帝修反也還會以各種方式從事破壞和搗亂。因此，我們肯定大好形勢，但反對用大好形勢去粉飾太平；我們肯定「挖肅」鬥爭取得了基本勝利，但反對誇大勝利，散佈和平麻痺思想。我們一定要遵照林副主席的教導，念念不忘階級鬥爭，念念不忘無產階級專政，念念不忘突出政治，念念不忘高舉毛澤東思想偉大紅旗。

二、徹底批判右傾機會主義路線和反動的資產階級的「多中心論」

會議認為，要勝利完成黨的八屆十二中全會提出的各項戰鬥任務，必須深入地展開對右傾機會主義路線和反動的資產階級的「多中心論」的批判。

從去年十一月我區開展「挖肅」鬥爭以來，右傾機會主義路線一直在干擾著這場鬥爭，使這場鬥爭四起四落，特別是最近以來，高錦明同志對抗毛主席的無產階級革命路線，推行右傾機會主義路線，違背毛主席關於無產階級專政下繼續革命的創造性的光輝思想，抹煞階級鬥爭，鼓吹「天下太平」，反對在革命委員會內部開展兩條路線的鬥爭，妄圖把革命停頓下來。這種修正主義理論，反映在」挖肅」鬥爭中，就是：「挖肅到底論」、「挖肅過頭論」、

「挖肅上當論」、「挖肅特殊論」，實質上就是鼓吹「階級鬥爭熄滅論」。他把「挖肅」鬥爭同鬥、批、改對立起來，把革命大批判、清理階級隊伍從鬥、批、改中割裂出去，抽掉了鬥批改的靈魂——階級鬥爭，空談鬥、批、改，實際上就是突出一個「改」字，就是用行政的手段，搞資產階級的改良。他極力抵制「摧毀烏蘭夫的反黨叛國社會基礎」這個提法，妄圖使各族革命群眾忘掉敵情，忘掉階級鬥爭，從思想上解除武裝。他站在資產階級的反動立場上，揮舞著資產階被反動路線的大棒，以反「形『左』實右」為藉口，反對階級鬥爭，把一場轟轟烈烈的「挖肅」運動幾乎壓了下去，長資產階級的志氣，滅無產階級的威風，從政治上投降了敵人，替階級敵人講話，助長階級敵人向革命勢力進攻，幫了敵人的大忙，壓制了革命群眾，起到了敵人起不到的作用。

高錦明同志為了推行右傾機會主義路線，在組織上搞右傾分裂主義，搞反動的資產階級的「多中心論」。他不按照以毛主席為首、林副主席為副的無產階級司令部的號令統一認識、統一步伐、統一行動，而是要「以我為核心」。他貪天之功據為己有，把自己標榜為「正確路線的代表」，打擊別人，抬高自己，對群眾以是否擁護自已為標準，保我者則親，則支，反我者則疏，則壓。他拉山頭，搞宗派，以執行「民族政策」為藉口，千方百計地培植個人勢力，甚至發展到敵我不分包庇壞人的地步。他大耍兩面派手法，陽奉陰違，口是心非，會上一套，會下一套。決議舉手是一回事，執行又是一回事，破壞民主集中制，破壞一元化領導。他對待人民解放軍態度極不端正，妨害了軍民、軍政的進一步團結。

總之，他總想以自己的修正主義思想去代替毛澤東思想，用自己的右傾機會主義路線去抵制毛主席的無產階級革命路線，用自己的資產階級獨立王國去對抗以毛主席為首、林副主席為副的無產階級司令部。

會議認為當前這場鬥爭，表現形式是「挖肅」與反「挖肅」的鬥爭，實質上是奪權與反奪權、復辟與反復辟的鬥爭，是一場捍衛與反對毛主席關於在無產階級專政條件下繼續革命的理論、路線、方針、政策的激烈、尖銳的鬥爭，是關係到內蒙地區無產階級文化大革命能否進行到底的一場大是大非的鬥爭。

鬥爭實踐還教育我們：在社會主義條件下，兩個階級、兩條道路的鬥爭，集中地表現為黨內的兩條路線的鬥爭。在各級革委會內部，不狠抓兩條路線鬥

爭，就會丟掉靈魂，失去方向，就一定會走到邪路上去。因此，我們必須認真學習毛主席關於在無產階級專政條件下繼續革命的理論、路線、方針、政策，以此為武器，深入開展對右傾機會主義路線和反動的資產階級的「多中心論」的鬥爭。這場鬥爭是十分必要的，必須進行到底。但是在鬥爭中，應當把路線錯誤同認識上的錯誤、實際工作中的錯誤嚴格區別開來。

會議還指出，當前反右是主要的，但還要防「左」。要防止階級敵人利用右的或形「左」實右的惡劣手段來攪亂我們的視線。在「挖肅」鬥爭中，一定要搞好深入細緻的調查研究，穩、準、狠地打擊一小撮階級敵人。要文鬥，不要武鬥，要重證據，不要搞逼、供、信。

三、認真貫徹執行黨的八屆十二中全會提出的各項戰鬥任務，進一步掀起鬥、批、改的新高潮

偉大領袖毛主席教導我們：「**建立三結合的革命委員會，大批判。清理階級隊伍，整黨，精簡機構、改革不合理的規章制度、下放科室人員，工廠裡的鬥、批、改，大體經歷這麼幾個階段。**」

會議認為，擺在我們面前的任務是光榮而艱巨的。全區廣大各族革命人民，一定要堅決響應黨的八屆十二中全會的偉大號召，堅決執行毛主席關於**工人階級必須領導一切**的教導，實現**無產階級在上層建築其中包括在各個文化領域的專政**，堅決貫徹執行八屆十二中全會提出的各項戰鬥任務，全面落實毛主席一系列最新指示，**認真搞好鬥、批、改**。

1、必須把活學活用毛澤東思想和學習、宣傳、落實黨的八屆擴大的十二中全會公報，放在一切工作的首位。這是我們一切工作的中心的中心。我們一定要進一步開展活學活用毛澤東思想的群眾運動，大力組織宣傳、落實全會公報的毛澤東思想宣傳隊。毛主席教導我們：「**辦學習班，是個好辦法。**」我們必須繼續大辦辦好學習班。當前要著重辦好學習、宣傳、落實全會公報為中心內容的各種類型的毛澤東思想學習班。要按照內蒙古自治區革命委員會十一月十日的決定，廣泛、深入、持久地掀起一個認真學習、大力宣傳、堅決貫徹執行全會公報的群眾運動。工人毛澤東思想宣傳隊應該是學習、貫徹、落實公報

的榜樣。各級革委會要經常分析形勢，不斷提出落實公報的有力措施，總結經驗，加強領導。明年選擇適當時機召開自治區第二屆活學用毛澤東思想積極分子代表大會。

2、極積[1]整頓、鞏固和發展革命委員會。我們必須繼續執行毛主席提出的革命大聯合和革命三結合的偉大原則，認真執行毛主席關於進行革命大批判、精簡機構、幹部下放勞動、改革不合理的規章制度等指示。在精兵簡政中，要繼續堅持走人民解放軍政治建軍的道路，使我們的革命委員會密切聯繫群眾，不斷地得到鞏固、發展和完善，更好地擔負起無產階級專政的職能。鞏固革命委員會的根本途徑，就是要以毛澤東思想為指針，不斷提高階級鬥爭和兩條路級鬥爭的覺悟，反右傾，反保守，反復舊，**「吐故納新」**，把鑽到革委會內部的壞人清除出去，把不適宜掌權的調離領導崗位，吸收一批工農兵中無限忠於毛主席、無限忠於毛澤東思想、無限忠於毛主席革命路線的，突出政治的，有革命幹勁的，朝氣蓬勃的優秀分子到領導崗位上來，把領導權切實掌握到無產階級手裡。各級革命委員會要開門整風，把路線鬥爭交給群眾，自覺地接受群眾的革命監督。廣大革命群眾要積級維護革命委員會的權威，高度警惕階級敵人破壞新生的革命委員會，破壞無產階級專政。

3、以階級鬥爭為綱，自始至終抓緊搞好革命大批判和清理階級隊伍。偉大領袖毛主席教導我們：**「無產階級文化大革命，實質上是在社會主義條件下，無產階級反對資產階級和一切剝削階級的政治大革命，是中國共產黨及其領導下的廣大革命人民群眾和國民黨反動派長期鬥爭的繼續，是無產階級和資產階級階級鬥爭的繼續。」**堅決搞好「挖肅」鬥爭，是搞好鬥批改其它各項任務的前提和基礎，我們必須把「挖肅」鬥爭進行到底。要繼續深入、持久地開展革命大批判，徹底清算劉少奇、烏蘭夫及其同夥的滔天罪行，徹底肅清他們的反革命修正主義、民族分裂主義流毒。我們要繼續在工廠，人民公社、機關、學校，一切企事業單位、街道等各個方面，充分發動群眾，認真做好清理階級隊伍的工作，把混在廣大群眾中的一小撮反革命分子統統挖出來。

今冬明春，各級領導要突出地抓好農村牧區的文化大革命。在農村、牧區

一定要堅定不移地依靠貧下中農、貧下中牧，把階級隊伍清理好，持久地、深入地開展革命大批判，把農村、牧區的政權切實掌握到貧下中農、貧下中牧手裡。要繼續開展學大寨的群眾運動，鞏固農村牧區社會主義陣地。要積極組織貧下中農、貧下中牧毛澤東思想宣傳隊，加強農村牧區文化大革命的領導。

為了推動完成這項戰鬥任務，各地要認真學習兄弟省市的先進經驗，並繼續推廣、運用包鋼、二冶和杭錦後旗、寧城縣、阿巴嘎旗的先進經驗。

4、遵照毛主席關於「**黨組織應是無產階級先進分子所組成，應能領導無產階級和革命群眾對於階級敵人進行戰鬥的朝氣蓬勃的先鋒隊組織。**」的光輝指示，認真搞好整黨建黨工作。各地區都應認真組織對《中國共產黨章程（草案）》的學習，並應針對自己的具體情況，把整、建黨的工作逐步展開。凡革命大聯合和革命三結合比較鞏固，「挖肅」鬥爭搞的比較好，階級陣線分明，領導權切實掌握在無產階級手裡的單位，應把整黨建黨工作放到非常重要的地位，立即展開整黨建黨工作。在整黨工作過程中要堅決貫徹執行偉大領袖毛主席關於「**一個無產階級的黨也要吐故納新，才能朝氣蓬勃。不清除廢料，不吸收新鮮血液，黨就沒有朝氣。**」的指示，一定要把革命大批判貫徹始終。那些革命大聯合、革命三結合還不鞏固，「挖肅」鬥爭還沒有搞好，領導權還沒有掌握在無產階級手裡，還不具備開展整黨建黨條件的單位，應狠抓鞏固和發展革命大聯合、革命三結合，狠抓「挖肅」鬥爭，繼續深挖深批，把領導權切實掌握到無產階級手裡，為展開整黨建黨工作積極創造條件。農村、牧區的整黨建黨工作，也要按上述要求有領導、有計劃、有步驟地進行。

搞好整黨工作的關鍵在於相信群眾，依靠群眾，放手發動群眾，開門整黨，堅決反對保守、反對復舊。

各地在整黨的同時，都應對共青團、民兵等組織進行整頓。關於整建黨的有關規定和具體方法，整建黨會議已有研究，按整建黨會議精神執行。

5、必須積極完成無產階級教育革命的偉大歷史任務。各地區都應當按照毛主席關於「**學制要縮短，教育要革命**」的偉大教導，認真抓緊、抓好。對知識分子要**由工農兵給他們以再教育，使他們與工農結合起來。工人宣傳隊要在學校中長期留下去，參加學校中全部鬥、批、改任務，並且永遠領導學校。在農村，則應由工人階級的最可靠的同盟者——貧下中農管理學校。**這是把無產

階級文化大革命進行到底的一個關鍵問題。在執行無產階級教育革命任務時，各地應認真學習推廣中央報刊介紹的先進經驗，同時，也要繼續推廣喀喇沁旗教育革命的經驗。並應加強調查研究，及時發現、培養、推廣新的典型。對下鄉上山知識青年，要加強管理，認真做好政治思想工作。

6、**抓革命，促生產，促工作，促戰備**。各地區、各部門、各單位，都要鼓足幹勁，力爭上游，堅決完成和超額完成今年工農牧業生產任務。要把社會主義的工業、農牧業和一切社會主義事業建設得更加出色。全區各族革命人民群眾，都應立即行動起來，以階級鬥爭為綱，狠抓革命，以革命，生產雙躍進，向即將召開的黨的第九次代表大會和偉大祖國建國二十年大慶獻禮。

7、繼續搞好擁軍愛民工作，進一步加強軍民團結。在新年前後要掀起一個擁軍愛民的新高潮，深入開展學習人民解放軍的群眾運動，把擁軍愛民活動提高到一個新的水平。要進一步加強戰備，加強民兵建設，把祖國北部邊疆建設成為防修反修的鋼鐵長城。

偉大領袖毛主席教導我們：「**我們的權力是誰給的，是工人階級給的，是貧下中農給的，是占人口百分之九十以上的廣大勞動群眾給的，我們代表了無產階級，代表了人民群眾，打倒了人民的敵人，人民就擁護我們。共產黨基本的一條，就是直接依靠廣大革命人民群眾。**」我們一定要跟上以毛主席為首、林副主席為副的無產階級司令部，下靠廣大的各族革命人民群眾，用偉大的毛澤東思想和無產階級司令部的戰鬥號令來統一認識，統一步伐，統一行動。

與會同志一致指出：我們一定要在八屆十二中全會的光輝照耀下，以林彪副主席為光輝榜樣，把活學活用毛澤東東思想放在高於一切，大於一切，先於一切，重於一切的地位，把活學活用毛澤東思想的群眾運功推向新階段！

與會同志懷著對偉大領袖毛主席無限忠誠的無產階級感情，堅決表示，永遠忠於毛主席，永遠忠於毛澤東思想，永遠忠於毛主席的革命路線；緊跟毛主席偉大戰略部署，堅決貫徹落實十二中全會規定的各項戰鬥任務！認真搞好鬥批改！高舉毛澤東思想偉大紅旗，把無產階級文化大革命進行到底，奪取無產階級文化大革命全面勝利！

56.滕海清、李樹德同志接見內蒙古自治區直屬機關毛澤東思想大學校連以上幹部時的講話（1968.11.27）

李樹德同志：同志們，首先，讓我們共同祝願我們的偉大領袖毛主席萬壽無疆！萬壽無疆！萬壽無疆！祝毛主席的親密戰友、我們的副統帥林副主席身體健康！永遠健康！

今天晚上，滕海清同志接見毛澤東思想大學校的連以上的負責同志，對當前運動作指示，我先說幾句。我不大瞭解情況，又沒準備，講一點情況，也講一點意見，不對的請同志們批評。

一點是講講我們當前情況。全區形勢一片大好，自治區的無產階級文化大革命運動，在毛主席英明正確領導下，形勢一直是大好的。前階段由於高錦明同志推行一條右傾機會主義路線，給轟轟烈烈的挖肅鬥爭滅了火，剎了車，給革命群眾以很大打擊，助長階級敵人刮起了一股翻案風。但從滕、吳二同志從北京對自治區當前工作的意見的二次講話傳回來以後，緊接著傳達黨的八屆擴大的十二中全會公報和毛主席、林副主席在十二中全會上極其重要的講話，當前已出現了從大傳達、大學習到大落實黨的八屆擴大的十二中全會精神的群眾運動高潮。現在運動發展的特點是，毛主席、林副主席指示和公報直接與廣大群眾見面，成為廣大革命群眾的強大的思想武器。群眾起來很快，而且是城鄉一起發動，很迅速地進入陣地，投入戰鬥，打得很準，顯示了戰鬥力很強。從各地的報告看，若干地區出現了大批判、清理階級隊伍的群眾運動的新高潮，但發展不平衡。廣大革命群眾以毛主席、林副主席指示和公報為武器，狠狠打擊前一個時期出現的翻案逆流，有的地區已經打下，有的地區正在打，火力是很猛的，打得很準。同時大批、大揭了以高錦明同志為代表的右傾機會主義路線和反動的資產階級的「多中心論」，把路線鬥爭交給了廣大群眾，這完全符合毛主席最近關於「**歷史的經驗值得注意。一個路線，一種觀點，要經常講，反覆講。只給少數人講不行，要使廣大革命群眾都知道**」的教導。目前，兩條路線鬥爭在革委會內部和廣大群眾隊伍中開始，正在進行揭批，無產階級

革命派、挖肅積極分子揚眉吐氣，正在團結著廣大革命群眾，並同對敵鬥爭緊密結合起來開展這場鬥爭。這場鬥爭是很深入的，無論從深度廣度比過去深了一步，但這僅僅是開始。全區正在開展聲勢浩大的大批判大聲討大叛徒、大內奸、大工賊劉少奇的滔天罪行，全區一直搞到生產隊。現在還沒有全面統計，如昭盟克旗全旗召開聲討會，有的到生產隊，家喻戶曉，展開大批判，同時深挖隱藏在革命隊伍中的一小撮階級敵人。這次挖出的敵人和過去不同。現在還沒有確切的統計，但進展相當快，一小撮階級敵人已經處於人民的天羅地網層層包圍之中。過去被高錦明右傾機會主義路線影響刹車、滅火的，那些企圖翻案的，隱蔽最深、最巧妙的敵人，也被廣大革命人民群眾層層包圍起來了，而且挖出的這些敵人隱藏最深，偽裝最巧妙，危險性最大。這些階級敵人和過去挖出的敵人不同，而且挖出了一些大案件。時間雖然短，但是廣大革命群眾掌握了毛主席的指示作武器，以公報作武器，掌握了林副主席指示作武器，成為強大無比的力量，把敵人打得落花流水，有的地方全線崩潰，繳械投降。如包頭幾天之內就挖出幾千人。包頭東河區幾天就挖出一千多敵人，而且這些敵人是叛徒、特務，隱蔽的最深，派遣的時間最長，偽裝最巧妙。包頭已出現了大批判、清理階級隊伍的高潮，比大會戰提高了一步，深入了一步。

昭盟克旗貧下中農一聽到公報，生產隊都組織「挖肅」小組，幾天就挖出一千七百多敵人，火力是很強的，革命精神旺盛，群眾發動充分。昭盟的形勢是很好的。

烏盟長期有一些大案件不能破的，這次被廣大革命群眾層層把敵人包圍起來，幾天時間就把敵人打得落花流水，全線崩潰，紛紛繳械投降。烏盟，特別是「內人黨」，長期沒有突破的突破了。「內人黨」是一個民族間諜，叛國投修，是蘇蒙修的情報集團，也是一個裡通外國的國際間諜組織。對這個，烏盟進展很快，就是被群眾一個個分別把他包圍起來，經過激烈鬥爭，敵人分崩瓦解，現在戰鬥繼續還在打。

其他盟發展的都很快，狠狠打擊敵人。

我們直屬機關大學校，在這方面我們還沒有看到你們的簡報，也可能有沒有見，也可能還沒有。

從這個時期來看，高錦明同志散佈的「階級鬥爭熄滅論」，是完全違背毛

主席指示的，是和毛主席的指示相對抗的，也是完全脫離我們內蒙實際的，是完全脫離群眾的。從事實來看也沒有挖過頭嘛，也沒有挖到底嘛，還有這麼一大批敵人嘛，事實勝於雄辯，充分說明高錦明同志錯誤的嚴重性，危害性，給革命事業帶來了損失。最近我們報刊上發表了毛主席在黨的七屆二中全會上的報告和兩報一刊的社論，更加看清了當前開展兩條路線鬥爭的重要性，不開展兩條路線鬥爭，黨的八屆十二中全會的精神貫徹不下去，毛主席的指示就不能得到落實，不能把文化大革命進行到底，也就不能奪取無產階級文化大革命的全面勝利。

當前，我們的形勢是很好的，但是擺在我們面前的任務還是很艱巨的。不講的面寬了，只講敵情，以上我們說揪出一批，就是根據我們掌握的線索，別的不講，就講我們直屬機關，就是講我們大學校這個範圍，根據我們所掌握的線索，隱藏在革命隊伍裡的一小撮叛徒、特務還沒有挖出來，隱藏得很深，很巧妙。還有「內人黨」沒有挖出來。從自治區革委會四次全委會上各地區揭發的材料來看，這些敵人不僅活動在直屬機關，而且還指揮著下邊。「內人黨」，上邊講了，就是蘇蒙修情報機關，就是國際間諜組織，就是顛覆我國政權的，就是叛國投修的，如果不把這樣一個反革命組織，從組織上挖出來，從政治上打倒，我們將受到歷史的懲罰，我們對人民的犯罪，將來人頭掉下來還不知怎麼掉的。而這個組織不僅深入到公檢法機關，深入到文教界，而且深入到黨群統戰、政府機關，而且它是有綱領有組織的，它的首腦機關就在呼市，它的首腦人物大部分就在直屬機關，現在這些人物有的揪出來了，有的沒有揪出來，任務是很重的。像呼盟、烏盟揪出來的那些敵人都是很重要的線索，根據那裡提供的線索，首腦機關、首腦人物就是在我們這裡嘛，但我們現在還沒有把他們揪出來，這個任務是很大的，這是一方面。另一方面，就是已經揪出來的，還有的沒有把他們突破，一些重要位置上還沒有突破，就是已經突破的，還沒有把他們鬥倒、鬥臭，我們這方面的任務是相當重的，這又是一個方面。另一方面，高錦明的右傾機會主義路線，對直屬機關影響是不小的，需要充分地放手發動群眾揭發批判，肅清影響，肅清流毒，掃除當前運動的障礙，這個任務也是很艱巨的。

擺在我們面前的任務是相當繁重的。前兩天，我們和一些同志有些接觸，

有的分校從傳達黨的八屆十二中全會精神以來，到現在二十多天了，從滕海清、吳濤同志傳達毛主席聲音以來，到現在二十八天了，有的分校一個敵人沒有挖出來。

這段時間我們學習，用主席思想武裝我們的頭腦，同時狠狠揭發批判高錦明右傾機會主義路線，但路線鬥爭要和階級鬥爭緊密地結合起來，不能對立起來。路線鬥爭是階級鬥爭在黨內的反映。從很多先進地區的經驗來看，都是把路線鬥爭和階級鬥爭緊密結合起來的，事實上把敵人抓出來了，是最有效的克服右傾思想，克服了右傾有利於揪敵人，進行戰鬥，互相促進嘛。

我們的任務相當重，所以，這就有一個問題，越是階級鬥爭複雜的時候，階級敵人處於分崩瓦解無路可走的時候，他唯一賴依生存的就是挑動群眾鬥群眾，以此來掩護自己。我們的經驗是很多的。目前有些單位有這種情況，我們應該總結。毛主席教導我們：「歷史的經驗值得注意。」我們應當不斷總結經驗，千萬不能上這個當，矛頭要對準敵人。當前徹底批判高錦明右傾機會主義路線，但也要和本單位的運動緊密結合起來，但不是每個單位都要有個代表人物，當然也不能說沒有。我們的矛頭要對準一小撮階級敵人，不要把矛頭指向群眾。

現在我們機關大學校的鬥、批、改，應該在大學校、分校領導下，有組織有領導地進行。把大學校、分校搞在一邊，自己另去搞一套，我們不贊成這樣作法。大學校的校長就是滕司令員，政委是吳政委嘛，經常主持日常工作的是劉華香、權星垣同志嘛，他們是貫徹執行毛主席指示的，是按核心小組意圖辦事的，因此應在大學校領導下，緊跟毛主席的戰略部署，迅速投入戰鬥。分校我們要求也應該這樣。毛主席講了，不要分天派地派，搞成一派算了。主席在十二中全會上講了，一個學校搞兩個中心，一個工廠也搞兩個中心，應有一個中心。有的分校有的同志受了高錦明的影響，或者執行了高錦明的右傾機會主義路線，不可能不改正，要幫助一個同志；如果那個同志不改，是絆腳石就搬開。現在文化大革命到了鬥、批、改階段，要奪取全面勝利，有的單位有這樣情況，對開展運動不利。這是一點。再一點，根據上面提的敵情，我們的任務這樣重，需要放手發動群眾，迅速地把大學校各分校，尤其是原來內蒙黨委、人委的階級鬥爭蓋子要徹底揭開，這樣搞，我們是堅決支持同志們的。但是

我希望有些同志受到右傾影響的要接受群眾批評，克服右傾思想和工作中的錯誤，和群眾一起共同戰鬥，把隱藏很深的敵人挖出來，把敵人搞的一套翻案風打下去，把高錦明推行的右傾機會主義路線徹底粉碎。這些同志要挺起腰板，特別是原來一些造反派同志，有的當了分校校長、副校長，政委、副政委，對這些同志要支持他們，大家團結一起。我們大方向是一致的嘛，要共同很好完成十二中全會毛主席交給我們的任務。

我們一分校有的同志講，2‧22大會大方向不對，我們不贊成。我們說2‧22大會大方向所以正確，是因為當時把右傾翻案打下去了，發動了群眾，把敵人挖出來了。當時不是有一股勢力，死捂階級鬥爭蓋子，死保特古斯嗎？2‧22大會以後，把「內人黨」頭子挖出來了。但是會議在執行中是有缺點有錯誤的，傷害了一些群眾。這個問題我們發現得早，發現以後就糾正。我們希望應從工作上總結教訓。有人想否定2‧22大會的大方向，我們不同意。因為不符合事實嘛，還有的講，那個時候我們就是打郭以青的。我們說，你打郭以青，那時候有什麼材料？最早打郭以青是內大嘛。全國有些地方提供了一些材料，內蒙機關我們沒看到提供什麼材料，當然反映情況涉及到過這個問題。一分校不是講了嘛，原紅旗總部向核心小組彙報了這個問題，別的我們沒有聽到，這是事實嘛。我們要把這個問題弄清楚，弄清楚的目的是要團結同志，共同進行戰鬥。我們的任務很重，應從全局出發，掌握鬥爭大方向，緊緊跟上毛主席的偉大戰略部署。

現在毛主席給我們指示，有了武器，方向給我們指出來了，形勢又這樣好，我們大學校應與其他先進地區一樣，很快掀起大批判、清理階級隊伍的新高潮。我們大學校前一段成績是很大很大的，總的來講是好的。就是最近一段受到些干擾，我們要總結經驗，肅清影響，肅清流毒，我們還會搞得很好。我們相信這個蓋子會完全揭開的，這仗是完全可能打好的。我們予祝取得新的勝利，我們等待你們的好消息。

滕海清同志：剛才李樹德同志已經講了。對大學校辦起來以後的工作情況不大瞭解。最近聽同志們講思想有些亂，什麼原因呢？恐怕原因很多了，所以，今晚和連以上的同志隨便談一談。

剛才李樹德同志講的都是當前主要情況。

首先一條，自治區直屬機關文化大革命兩年多了，應該怎樣看法？我想，事實上兩年多的文化大革命，取得了很大的成績，全國是這樣，全區是這樣，我們自治區直屬機關也是這樣。

首先是把以烏蘭夫為首的修正主義、民族分裂主義集團打垮了，從組織上揪出來了。廣大革命群眾，在以毛主席為首、林副主席為副的無產階級司令部領導下，把他們篡奪的那一部分黨、政、財、文大權奪過來了。同時，一年來，狠抓了階級鬥爭，揪出了大批敵人，群眾基本上發動起來了，整個內蒙地區形勢是好的，內蒙直屬機關形勢也是與整個形勢分不開的。這個勝利，首先歸功於毛主席，歸功於毛澤東思想，歸功於毛主席的無產階級革命路線，歸功於廣大無產階級革命派和廣大革命群眾。取得了偉大成績，這是誰也否定不了的。如果否定前一段運動，不僅是否定了廣大無產階級革命派，而且否定無產階級文化大革命。這個成績，任何人什麼時候想否定也否定不了的。成績擺在我們面前，大家看得很清楚，不必多講了。

形勢大好，為什麼思想有些亂呢？受了什麼影響呢？這個影響沒什麼了不起，主要是這一段沒有很好地抓革命大批判，沒有很好抓清理階級隊伍，也就是沒有很好抓階級鬥爭，大家思想不集中了，各有各的想法，特別是前一時期，好像方針不大明確，人心不安。有兩個時期，一個是開始準備辦大學校時期。沒有把政策交給群眾，大家不安。我記得在常委會上講過一次，我們要在內蒙搞一個比較大的生產建設兵團。考慮到幹部的出路，大學校的幹部將來可以到農業戰線、工業戰線上去，我曾告訴大家不要忙，對廣大幹部是會負責到底的。我說把革命委員會與原機關分開，先按毛主席提出的五個階段七項內容，搞好鬥、批、改，從今年八月到明年三月，半年時間，搞大批判，清理階級隊伍，整黨建黨；同時，今年冬天作些生產準備，明年建立生產建設兵團。這是幹部的一個出路，一個方向。但幹部不是生產兵團的主力，光靠我們下去的幹部是不行的，都拉下去不過一萬人，我們原計劃到72年起碼發展到三十到五十萬人。為什麼要建立生產建設兵團呢？一個是要解決幹部的出路。安插一些幹部，這是個方向。如果插隊自己勞動養活不了自己，如果拿工資，就成了特殊農民，影響不好。所以辦生產建設兵團，幹部還可以帶知識青年。第二個是要解決糧食問題，解決東糧西調問題。內蒙歷來西部糧食不夠吃。每年要

從外部調××億斤，將來打起仗來怎麼調？毛主席說：「**備戰、備荒、為人民。**」我們是反修前線，如果要打起仗來，就要有××軍隊在這個地方，要吃××億斤糧食，沒有糧食怎麼打仗？這是個大問題。我們這個地方人口少，特別是邊境人口更少，打人民戰爭嘛，沒有人怎麼打。不是完全從幹部出路問題考慮，我們計劃先有少數人搞些規劃，調查研究，再招一部分學生，和復員戰士，光靠少數幹部，年紀那麼大，可能自己養活不了自己，我們是這樣安排的，所以要大家不要慌，今年老婆搬不了家，我看明年也不一定能搬，所以過冬還是要準備，這一點我以前已經講過。

當然情況有些變化了，十月間毛主席關於幹部下放勞動的最新指示發表了，黑龍江「五七」幹校經驗發表了，廣大幹部熱烈響應，熱情很高，要求下去，那時我們在北京，通了電話，對毛主席最新指示，要貫徹執行。大學校要不要辦呢？我看還要辦，主要搞好鬥、批、改，不通過鬥、批、改，用行政命令的辦法，解決不了問題。廣大革命群眾，落實毛主席最新指示，聞風而動，精神是好的。現在有這樣一種說法，說下去的人是積極執行高錦明右傾機會主義路線，在家的人是抵制了高錦明右傾機會主義路線，這種說法是完全不切合實際的。當然，我們有不少造反派是抵制了的，有的同志到中央文革告狀，我和吳濤同志在北京，也接到很多信，就是沒有接到直屬機關的。說在家就是抵制了高錦明的右傾機會主義路線，完全是騙人的。當時大家沒有發覺嘛，沒發覺就不怪你嘛。好像下去錯了，在家對了，在家和下去都是組織決定的。對高錦明的右傾機會主義路線，我看恐怕是八屆十二中全會以後才知道的。開始不知道。因為不知道你執行了，那能怪你嗎？高錦明同志是付主任，核心小組付組長，管常務，我們不在家他就是第一把手，從組織關係上發出一些東西，大家不可能不執行。我是不同意到下面追究責任的。制定反動路線的人與執行反動路線的是有所區別的，制定反動路線的人是有理論、有計劃、有綱領的，執行的人是盲目的，當然有缺點，就是階級鬥爭和兩條路線鬥爭覺悟不那麼高，毛主席著作學習得不那樣好。不能怪大家，這是組織關係嘛，實際上從盟到公社都貫徹了嘛，我想完全不能怪下邊。當然有些單位就是沒有執行，如包頭、烏達幾個廠礦就沒有執行，烏達的宣傳隊就沒執行，高錦明同志找他們談話，也沒有執行，這是少數，多數是盲目執行了。高錦明同志犯了右傾機會主義路

線錯誤，特別在大學校不能層層都有責任，這樣就要人人過關了，這是不必要的。有些人本來就知道，就是不敢講，講不出道理來，又執行了，說明我們毛澤東思想學得不好。

這個問題，對下面，總校、分校、連裡的同志，現在應當去認識高錦明同志右傾機會主義路線對我們的危害，肅清他的影響，提高我們的階級鬥爭和路線鬥爭覺悟。毛主席講，錯誤的領導要抵制，我們沒有抵制，執行了，就作為個經驗教訓。常委、核心小組的同志他們也都執行了，都作為經驗教訓，不去追究責任，讓大家背包袱，怎麼工作呢？

就是高錦明同志右傾機會主義錯誤，我也不是一下子發現的，從挖肅鬥爭以來就有所感覺，正面進行過一些幫助，但是他沒有接受我們的意見，以後必然要爆發了，這是不以個人意志為轉移的，因為他是立場問題，他是站在資產階級立場上，不可能一下子認識到的。對他的問題並不是一下子就看出來的，九月以後，特別是九月二十五日講話以後，「九·二五」講話我沒有看過，我看過九月二十八日和十月二日內蒙日報，都是造反派給我送去的，我感到問題很大，特別是敵人翻案，造反派受壓，挖肅積極的同志受壓。李樹德同志從北京觀禮回來，十月間找李樹德同志向他傳達，他根本不理睬，以後中間打過電話，要注意這件事，他根本不理睬。那個時候希望他自己糾正錯誤，比較主動。九月二十幾我們寫回來信，核心小組沒有通過，不准傳達。沒辦法才叫李德臣同志到北京去，講了兩次，如果再不行，我準備叫各盟代表到北京去，反正這個蓋子非揭不行，不揭損失太大。不是滕海清、吳濤怎樣高明，是出現這些問題怎樣解決。

高錦明的右傾機會主義錯誤不是偶然的，根據四次全會上的揭露，揪出烏蘭夫以後，他就不想繼續再革命了，當然高錦明在反烏蘭夫這一段是反了，是積極的，但烏蘭夫揪出以後，怎樣繼續革命，烏蘭夫反黨叛國集國，不是烏蘭夫一個人，但高錦明同志對奎璧是保的，有的同志說對吉雅泰也是保的，我不清楚，對王鐸、王逸倫是保的，這我都不知道，但我知道他對特古斯、王再天、郭以青是保的，特別對郭以青是保的。揪郭以青是內大同志先提出來的，第二個單位是黨委紅旗。大概是我從北京開會回來，找黨委紅旗同志彙報，有常繼英、郝（此處一字辨認不出）、韓丕勳、敖其爾同志，講了郭以青的很多

問題，那時我對郭以青開始有些懷疑，但是我沒有表示明確態度，當時並沒有人講過郭以青的問題嘛，還有政治部的李志東同志反映郭以青不突出政治，政治部工作他不抓。黨委紅旗的同志不是講這些問題，是講郭以青的兩面手法。現在有人說郝（此處一字辨認不出）這些人是保郭以青的，他們是打郭以青的，真正保郭以青的人是高錦明。我發現郭以青搞兩面派，首先是在內大拉一派，打一派，再一個在師院。他不通過革委會，不通過核心小組，就整革委會內部同志的材料，他不管幹部，也不搞專案，搞這幹什麼？發現這人不正派。引起懷疑之後，我就派人到中央組織部看他的檔案，原來是這麼一個歷史一蹋糊塗的人，回來第一個我和高錦明同志談，他沒提出反對意見，當時權星垣、李樹德同志不在，和吳濤同志談，完全贊成。處理郭以青的五條，是我寫的，最後一句話是：「郭以青耍兩面派手法不是偶然的」。高錦明同志不同意，他說這句話群眾接受不了，我說接受不了就不要吧，抹了。郭以青揪出來以後，群專搞了一些口號，要抓郭以青兩面派，高錦明看了非常惱火，我才知道原來高錦明對搞郭以青並不是真正的同意，核心小組其他的同志都是同意的。那時真正反對郭以青的有很多人，但是現在說他早就反郭以青的人，向我反映過什麼意見，我不知道。有人和我反映過，內大有一派，兩派都和我說過，保的一派，反的一派。黨委紅旗同志也和我反映過，因為那時對郭以青歷史問題沒解決，我沒表態，如果工作中有錯誤，搞的不對，批評一下就行了。高錦明對郭以青、特古斯、王再天是瞭解的，其他造反派有的開始保，以後打完全是正常現象，有的同志發現早一點，有的同志發現晚一點，總是有一個認識過程。因為不瞭解情況是認識問題，和高錦明不同。

剛才李樹德同志說了，有人說黨委《紅旗》2月22日大會是錯誤的，現在有人反對這個大會，是不是要找這個大會的後臺，這個大會的後臺就是我嘛！那時《魯迅兵團》右傾不改，群眾起來把他踢開，《魯迅兵團》那些領導人也並不都是壞人，但他右傾，不改正錯誤，群眾起來把他推翻了。我就找黨委《紅旗》談，是要走《魯迅兵團》道路，還是改正錯誤，如果改正錯誤，就要發動群眾，克服右傾。你們單位裡頭，特別是宣傳部有個杜戈、胡格，還有白明傑，還有什麼人，他們鬧的挺歡，反正不是好人。應當發動群眾，克服右傾，盡量不要走《魯迅兵團》的道路，那個路是不好的。我記得那次彙報也是

這幾個人，好像韓丕勳沒到。要發動群眾，克服右傾，要抓敵人，至於他們在工作中間有些錯誤那是支流，大會的大方向是向敵人進攻的。現在有人要揪後臺，有什麼可揪的，我乾脆承認就是我，你追他們幹什麼！黨委《紅旗》22大會以後，發動了群眾，但是沒有全部發動起來，我記得那時工會還是發動起來了。以後我們肯定黨委《紅旗》方向是對的，我們不希望造反派犯了右傾，把他都踢掉，這樣不好。我們肯定了黨委《紅旗》的做法。但問題奇怪在什麼地方呢？「4‧13」以後，所謂搞兩個包圍圈。「4‧13」大會發了第二號通告，向階級敵人發動總攻擊，但出現了兩個包圍圈，一個「紅旗」，一個師院。我在其他處沒講，就是對《紅旗》幾位同志說過，搞包圍圈是方向錯誤，那時在抓向敵人總攻擊的時候，搞包圍圈是挑動群眾鬥群眾，是大陰謀。如果是造反派，有派性搞的，我們不去追究責任。如果後面有當權派，那就要追究責任。實際上那時候妨礙了鬥爭大方向。那時我們支持黨委《紅旗》是對的。對造反派有的小將因為派性搞的，我們不去追究責任，改正就行了，如果當權派搞的，那就要追究責任，方向不對頭嘛！那時很緊張，師院那一派打電話到北京。我對造反派歷來是這樣，造反派犯錯誤就是要幫，造反派工作中犯錯誤無關緊要，問題是有當權派操縱就不一樣。

大學校應當辦，下去人對不對？我說的是大學校當時沒有很好的抓階級鬥爭，下去的太多了，結果把有些單位挖肅積極的人都搞走了，家裡沒人搞了，家裡鬥、批、改搞不成了，這樣自治區直屬機關文化大革命就流產了。這種做法是有缺點、有錯誤的，當然，我不是批評廣大群眾響應毛主席號召的積極性，批評的是領導上，對這個問題沒有作全面考慮。直屬機關那樣複雜，鬥、批、改不搞好，就是半途而廢。大學校雖然是權星垣同志領導的，華香同志九月份在北京，但這個問題主要是高錦明負責。權星垣同志是做了很多工作的，權星垣同志有錯誤、有右傾，有時旗幟不鮮明。但他的錯誤和高錦明不一樣，從一年多來看，權星垣同志是個忠厚人，很守紀律的，凡是會議怎麼決定，他就怎麼辦，他不搞小動作，不象高錦明同志會上同意了，會後又去搞一套，權星垣同志跟高錦明不一樣。我希望大學校還是要很好的支持權星垣同志工作。他沒有一套理論，他有右傾，那是認識問題。他沒有一套理論，也沒有一套東西，不像高錦明有一套理論，有一套根據，他沒有那個東西，儘管在工作中有

這樣的缺點，那樣的錯誤，那是可以克服的。

老當權派就是高錦明、權星垣、李樹德同志，李樹德來的晚一些。在糾正高錦明錯誤中，李樹德態度是明確的。有些同志懷疑，高錦明犯了錯誤，老當權派都要各打五十大板，這樣就不對，不一樣，特別是高錦明的右傾機會主義路線要批判，要肅清他的流毒，這並不等於下面所有的同志都批評一頓，那樣的做法不對，下面的同志應當是很好學習毛主席著作，學習毛主席、林副主席在十二中全會上的講話，學習十二中全會公報，提高階級覺悟，路線覺悟，總結經驗教訓。造反派有一些右傾，要很好克服，群眾有意見應當接受群眾的教育，慢慢認識，不要急。黨委《紅旗》的缺點，就是沒有不停頓的主動的向階級敵人進攻，一直進攻下去，而是中間停頓了，取得一些勝利就滿足了，我看缺點主要是在這個地方，有些同志當作右傾批評了一下，我看那是次要的（李樹德同志插話：主觀上有些缺點，當時幹勁很大），那時很多地方都在插手嘛，以後我們不讓他們插手嘛。這一段肅清高錦明同志右傾機會主義路線，不要去搞人人過關。不能因為高錦明犯了錯誤，全區所有幹部都打五十板，這樣做也是不符合毛澤東思想的，下面幹部應當是吸取教訓。

我想要特別注意一個問題，過去犯過右傾錯誤，受過群眾批判的人，現在起來以反高錦明右傾機會主義路線為幌子來為自己犯過的右傾錯誤翻案，這是不對的。現在利用這個機會，反高錦明右傾機會主義的錯誤，對過去挖肅積極的人，反咬一口，加上幾個帽子，現在我是反高錦明怎麼積極的，你們過去搞錯了。我希望不要這樣搞，你過去有右傾錯誤，別的同志批評你改了就行了嘛，要翻什麼案，你是錯誤的東西，永遠也不會是正確的，你改正了以後才是正確的，你一段錯誤了，就是錯了，我看這個案翻不了，我希望你不要翻這個案，過去人家是正確的，現在又硬說人家是不正確的，那也翻不了的。劉少奇可以莫須有把革命群眾打成反革命，打成右派；烏蘭夫可以把他的地主老丈人變成貧農，把貧農變為地主，他可以那樣辦。但是在以毛主席為首、林副主席為副的無產階級司令部的領導下，要混淆是非，顛倒黑白，只有搬起石頭砸自己的腳。少數同志如果這樣辦，那要繼續犯錯誤。

我在第三次全委擴大會議上講過，我們有些同志，在挖肅鬥爭中，在前線，很積極，做了大量工作，這些同志，不管他有多少錯誤，我們應當大力支

持他。我們搞階級鬥爭靠什麼呢,就是靠真正把無產階級文化大革命進行到底的積極分子嘛,靠毛澤東思想,靠毛澤東思想武裝起來的無產階級革命造反派嘛,靠這些人嘛。他們在挖肅鬥爭中,不可能不犯這樣的缺點那樣的錯誤,但是大方向是對的,儘管有這樣那樣的缺點錯誤,那是支流,如果對待這樣的同志,採取刁難的態度,那是不正確的。有些同志有右傾,經過同志們的幫助,改過來就好嘛,造反派思想認識落後於形勢那是經常的,那沒關係,我們不去追究那個責任,也不能說你過去右傾,這次反高錦明重新再反你的右傾,如果他真正改了還反他幹什麼呢?允許犯錯誤,允許改正錯誤嘛,不要翻老賬,如果一貫右傾下來,現在改了還好嘛,有錯誤改正了就行。我歷來不主張對造反派犯錯誤從頭到尾算老賬。毛主席發動的億萬革命群眾搞文化大革命,史無前例的,那能沒有缺點和錯誤,出了點錯誤,有正面反面經驗,改了就行了嘛,為什麼算人家的老賬!如果是敵人,那不是算老賬的問題嘛,他本來就是敵人嘛。有些同志不是敵人,跟不上形勢,犯了這樣缺點那樣錯誤,就叫他在大風大浪中鍛鍊,經受考驗嘛,這也是正確對待幹部,正確對待群眾的態度問題嘛。主要看大方向,大方向對了,工作中有錯誤,那是可以糾正的,主動的自覺的糾正。我到內蒙一年來,那要算起賬來,錯誤不知多少,做錯事,說錯話,經常有,但我不堅持錯誤,錯了就改。高錦明同志他是堅持錯誤,本來我是希望他自動的主動的改正檢查錯誤,但是他不幹有什麼辦法呢?

還講一個問題,有人問將來是不是可以搞一個「五‧七」幹校?我考慮將來可以辦一個小型的「五‧七」幹校,在職幹部下去勞動。「五‧七」幹校只能算政治賬,不能算經濟賬。「五‧七」幹校可能你搞一個農場,自己養活不了自己,但是那也得辦,可以鍛鍊幹部。解決戰備問題,糧食問題,我們是要搞大量的生產建設兵團,開發內蒙地區。現在北京、天津很多學生沒處去,他們要給我們送,我們沒辦法,農村插隊插多了沒辦法,將來倒流了更麻煩,北京同志說是不是你們搞,我們投點資,但是國家不點頭,拿錢買不著東西。將來是要辦的。「五‧七」幹校可以搞個小農場,黑龍江他們才五百多人,「五‧七」幹校不能算經濟賬,從政治上講,培養、鍛鍊、保存幹部這是很重要的,但是生產兵團也有這個目的,打起仗來大家還不拿起槍桿子?!

第二個問題，目前怎麼搞法？

我們大學校，當前的任務主要是搞革命。前線留一些同志在那裡打基礎，前線同志大部分回來。權星垣、劉華香同志和我講過，我是同意的，回來就要把革命搞好，革命搞好了，將來一切問題就搞好了。

剛才樹德同志講了，我們機關陣線還不那麼清楚。清楚也可以講，不清楚也可以講，基本上我們陣線還不是那樣清楚。如果陣線清楚了，為什麼還有這一派那一派呢？就是沒有經過大批判，統一思想，統一認識，沒有把真正的敵人徹底清出來。那些人總是在背後搞鬼的，因為他是敵人不可能不做壞事、不搞鬼，如果不搞鬼、不做壞事那就不是階級敵人。階級陣線我看有些單位是很不清楚的，階級鬥爭蓋子你說揭開了，也可以說揭開的不徹底，有些根本沒揭。我們大學校這幾個月，主要的搞革命，開展革命大批判，清理階級隊伍，還要整黨。當然改革不合理的規章制度、精簡機構都要搞的。雖然我們將來要下到生產建設兵團去，但思想上要解決問題，思想不解決問題，腦子裡糊裡糊塗的減下去，為什麼這樣辦，不那樣辦，那樣還不行。目前，應該把大批判，清理階級隊伍和搞兩條路線鬥爭結合起來。不能把反對高錦明的右傾機會主義路線和清理階級隊伍、大批判對立起來，這是不對的，應當結合起來。因為有兩個階級，就有兩條道路，兩個階級、兩條道路的鬥爭必然會反映到軍隊內、政府內和黨內，就有兩條路線的鬥爭，如果只有一個階級、一個道路、一個路線，就沒有兩條路線鬥爭了，因為有階級就必然有階級鬥爭，兩個階級，資產階級要走資本主義道路，無產階級要走社會主義道路，兩個階級的鬥爭必然要反映出來，而且有些人就鑽到我們軍隊裡、政府裡、黨裡，是資產階級代理人，他代表的路線就是資產階級，復辟資本主義的路線，搞修正主義的路線，所以搞路線鬥爭和搞階級鬥爭是一致的。如果只抓路線鬥爭，不抓階級鬥爭，那路線鬥爭是指什麼呢？路線鬥爭就是解決資產階級反動路線對抗毛主席的無產階級革命路線的這樣一個問題。階級敵人他們就是要搞資本主義復辟，搞修正主義這一套，他們目的一致，道路一致。

大學校，現在有組織了，有總校、分校、有連，我同意樹德同志講的，

這樣更加有系統、可以更好的領導搞階級鬥爭，不要走回頭路，在文化大革命取得決定勝利的時候，再走回頭路，再去打一個旗號，再去搞一個組織，那就不好了。據說有些單位搞同觀點串連，把連的幹部踢開，自己單獨成立一個組織，搞什麼這一套，這是不符合毛主席的戰略部署的，不要這樣搞。大學校要加強革命性、科學性、組織紀律性。現在有人拉山頭，實際上是搞分裂，不應當這樣搞，這樣搞就是分散精力，轉移鬥爭大方向。我們的大方向應當是團結一致，共同對敵。大家目的一個，道路一條，方向一致，為什麼還要搞其他東西呢？

我們現在要特別注意，少數人，甚至是階級敵人，轉移鬥爭大方向，挑動群眾搞派性，挑動群眾鬥群眾，從形「左」實右的方面來干擾，要提高警惕。毛主席講文化大革命要搞三年，到明年夏天就差不多了，我們現在搞什麼呢？就是要按照毛主席指示的五個階段、七項內容去搞。這七個內容搞好了，就是無產階級文化大革命全面勝利了。如果破壞毛主席的偉大戰略部署那就不對了嘛，不能這樣搞嘛，搞分裂，拉山頭，我們要警惕少數壞人和階級敵人搞鬼，有些人不是敵人不是壞人，但派性很嚴重，借反高錦明右傾機會主義為自己過去的錯誤翻案，這就是轉移鬥爭大方向，這些東西都要告訴群眾提高警惕。

毛主席在八屆十二中全會閉幕詞中連講三次清理階級隊伍，要穩、準、狠，關鍵是一個「準」，「準」就是發動群眾作調查研究，只有準，才能狠，才能抓出敵人。現在有人不去抓敵人，而是抓造反派在挖肅中這些缺點，那些錯誤，這是不對的，應當去挖敵人。毛主席教導我們：**「誰是我們的敵人，誰是我們的朋友，這是革命的首要問題。」**我們依靠什麼力量，團結什麼力量，打擊什麼人，這個問題不解決怎麼行呢？我們依靠什麼人呢？就是要依靠決心把無產階級文化大革命進行到底的積極分子。有些人認識不上去，有這樣那樣的缺點錯誤，我們要團結教育，叫他真正的牢靠的站在毛主席的革命路線上。如果不分清敵我，亂炮齊放，那怎麼得了。有個67年「二月逆流」的幹將，他們有個計劃司局長以上幹部都要燒，連高舉毛澤東思想偉大紅旗的也要燒，那些人是打擊一大片，保護一小撮，保護他自己。這樣把高舉毛澤東思想偉大紅旗的人都打倒了，實際上是把毛主席也孤立起來了。在我們地區也值得注意這個問題，為什麼矛頭不對準敵人呢？要指向造反派的頭頭呢，他們做了很多工作，

在工作中出現了一些缺點、錯誤，為什麼一定要指向他們呢？我看這樣不對。如果是認識問題，我希望轉過來，如果是壞人搞鬼，那是他階級本性決定的。

目前，就是要狠抓革命大批判，狠抓清理階級隊伍，特別是「內人黨」，剛才樹德同志講了。「內人黨」實際上是烏蘭夫暗班子的基礎，挖出來不少，內人黨是外國情報機關，是最大的特務組織，是搞民族分裂活動的，是給外國搞情報的。「內人黨」的某些成員是否都是反革命、特務，那倒不一定，有的是受蒙蔽的。一方面號召加入「內人黨」的進行登記，爭取從寬處理；有些死心踏地的，他們紀律很嚴不敢交代，有些可能不去登記，那就要發動群眾揭發。凡是這種組織必須徹底摧垮，至於這個組織的人怎麼處理是另一個問題。全區挖「內人黨」呼市比較落後，直屬機關還差一些，軍隊比地方強。直屬機關原來思想上比較亂，進不進大學校，跑到外面去又跑回來，受了高錦明右傾機會主義的干擾，現在大家齊心協力，可以搞出來。不管怎樣階級敵人總是一小撮，「內人黨」蒙族同志多一些，烏蘭夫利用我們一些同志有民族情緒，受欺騙，有些牧民是受欺騙加入「內人黨」的，說加入「內人黨」比加入共產黨還高一級，他們欺騙群眾。我們相信直屬機關95％以上是好的，敵人是少數。只要我們團結起來，共同對敵，按照毛主席的偉大戰略部署，一定能夠搞得很好。

過去一段，由於高錦明右傾機會主義路線的干擾，對全區、直屬機關文化大革命推遲了兩個月。本來三次全會以後，推廣包鋼、二冶經驗，大批判搞得轟轟烈烈，從九月半以後剎車，到九月二十五日最後剎車，一直到十一月十二中全會公報傳達下去這一段，實際上沒有搞，不僅沒搞，階級敵人翻案，挖肅積極的同志被搞得很狼狽，受打擊、受壓制，如果沒有干擾，到現在就很像樣子了。全區落實毛主席五個階段、七項內容的指示，推遲兩個月，但這也有好處，更加暴露了敵人，教育了我們的同志，教育了造反派。本來我們造反派路線鬥爭、階級鬥爭覺悟是比較高的，可是高錦明的右傾機會主義路線一出來都感冒了，聞不到了，經過這場教育，我們的階級覺悟都大大提高，教育了群眾，教育了幹部，暴露了敵人。現在大家應該同心協力，在總校、分校領導下，把工作搞好。當然有些分校某些領導同志，有歷史問題的，要他回去檢查是可以的，以後革命委員會政治部要調查他們的問題，把他們的歷史搞清楚。廣大群眾這種熱情是好的，是對毛主席革命路線的高度負責精神，是對每個同

志的愛護，把他的問題搞清楚就好嘛。但是要把一般歷史問題與政治問題分開，一般歷史問題比如個人出身，當過國民黨兵，要搞清楚，重點是抓政治問題。政治問題就是叛徒、特務、階級異己分子、反革命的反動組織那些傢伙。有些人執行了反動路線，壓制了群眾，檢查了就好了嘛。如家庭出身成份不好，還得看個人表現，特別是看文化大革命期間的表現。過去在歷史上犯過一些錯誤，但不是政治性的錯誤，那麼文化大革命中表現好，應當把他區別開。有些就是敵人，雖然文化大革命中站在造反派一邊，表現很好，那是假表現，那不行的，表現再好也不行，那是投機。歷史問題也不要那樣急，要等一段時間才能調查清楚；有些不是一般歷史問題，是政治問題，叛徒、特務，其他反革命組織那些東西，是要抓緊的。毛主席在十二中全會上講政策問題，就是對這些人，也不要戴高帽子、掛黑牌子，不要搞噴氣式。造反派要按毛主席指示辦，凡是毛主席不贊成的，我們不要辦。要真正搞臭敵人，還是擺事實、講道理，你看對劉少奇並沒有遊街、掛牌子，中央專案小組的材料搞的多麼詳細。光靠口供不行，要靠調查，要看人證、物證、旁證。要注意政策。凡是毛主席反對的，我們一定不要做。要文鬥不要武鬥。

對犯錯誤的同志，要積極幫助，教育，批評，如高錦明同志錯誤是嚴重的，還是希望他接受群眾批評，改正錯誤，如果實在不改，那不是群眾問題，那是他自己的問題。現在高錦明同志還是要求願意改正。准許人家犯錯誤，准許人家改正錯誤。改正錯誤，並不等於他的錯誤不批判，要批判他的錯誤，這樣才能真正幫助他改正錯誤。保他的錯誤不是愛護他，而是害他，要觸及靈魂，使他認識錯誤，真正從改造自己的世界觀這方面著手。

我對情況不大瞭解，所以講不出什麼具體問題，我想到的就是這些情況，就談這些，讓同志們注意。

有些單位要求派工宣隊問題，這個問題再考慮一下，現在有些工宣隊受到高錦明右傾機會主義路線的影響，思想很亂，需要整頓一下，有些單位能不能派，以後再研究，有的單位派還是必要的，但不能每個單位都派，同時也派不起，呼市工廠有限，如工人派完了，生產就不要辦了。

（根據記錄整理，未經本人審閱）

57.滕海清司令員在華建革委會第四十六次全委（擴大）會議上的重要講話（1968.11）

同志們：

首先讓我們共同祝願我們的偉大領袖、各族革命人民心中最紅最紅的紅太陽毛主席萬壽無疆！萬壽無疆！萬壽無疆！敬祝毛主席的親密戰友林副（付）主席身體健康！永遠健康！永遠健康！

你們這地方好久沒有來過了。聽說你們開小會，開七、八十人的會，怎麼今天這麼多人。

你們的情況我也不瞭解，沒什麼報告，不瞭解情況怎麼做報告。聽說你們開小會，革委會開會，霍道余講一講。現在我講什麼問題，我還沒有想好。大家學了黨的八屆十二中全會文件，毛主席的講話，林副主席的講話，要講的東西毛主席、林副主席和「公報」上都講了，我們現在是怎麼執行的問題。沒什麼新東西可講，你們情況我們不瞭解，記得什麼時候來過一次——大約是革委會成立之前來了一次，以後沒來過，情況不瞭解。

要講的第一個問題，是如何看文化大革命以來的成績和缺點。華建的文化大革命和各單位一樣，已經搞了兩年多了，在這兩年多的時間內，同志們緊跟毛主席的偉大戰略部署，廣大革命群眾站在毛主席一邊向劉鄧資產階級反動路線進行了長期的鬥爭。呼市地區來說，華建這一支造反派隊伍是很好的，是跟毛主席革命路線跟得比較好的，比較緊，而且做出了很大成績。這些成績應該歸功於偉大領袖毛主席，歸功於毛澤東思想，歸功於毛主席的革命路線，歸功於我們廣大的革命群眾。對前一階段工作成績怎麼估價？應當說成績很大很大，如果有缺點和錯誤是很小很小，應當和全國一樣，全區一樣，估計這個問題。如果說我們否定了—當然不會否定—那就否定了我們緊跟毛主席革命路線，也否定了廣大革命群眾的努力，也否定了我們的群眾運動。我們應當肯定，特別是革命委員會成立以後，作了大量的工作，你們在大批判，清理階段隊伍，政黨，改革不合理的規章制度，下放科室人員，這都是毛主席偉大戰略部署，這方面作出了成績。

　　呼市的工人隊伍中，華建的工作很多地方走在前面，很好嘛。最近聽到外面有一種說法；華建是高錦明培養的黑據點。這種說法與實際不符。實際上你們的工作我們革命委會沒有管，還是你們自己搞的，是廣大革命群眾按照毛主席革命路線作出的成績，根本不是那一個人的什麼試驗田嘛。這種說法不對嘛。如果真正是革命委員會抓的試驗田，那有什麼不好？實際上不是我們抓的，是你們自己作的。華建在今年七、八月間就開始整黨了，整黨有很大成績，我在革委會講過這問題，華建這個整黨不管怎麼樣，總的來說是有一些經驗，應該總結，有好處。大概以後在你們那裡開了一個現場會。這個現場會，並不是高錦明他本身要抓的，是革委會我打了招呼的，要開一個現場會。不能把廣大革命群眾作出的成績歸一個人身上，實際不是那一個人作的，更不是高錦明同志來作的。他到這裡來幾次；恐怕跟我一樣來的不多，可能比我多來一點。實際上我們抓典型抓的很差，我們抓了幾個典型，阿巴嘎旗，杭錦後旗，寧城，包頭市是抓了一些，呼市開始抓的不是你們，是機床廠。機床廠有人說是高錦明的點，這樣講不對嘛。機床廠發現是我們自己發現的，發現後我們找他們談的。高錦明犯了錯誤，把好事也按到他頭上，這不對。如果這樣看就否定我們前一階段工作。高錦明同志犯了右傾機會主義錯誤，是不是華建的同志都犯了這種錯誤呢？這樣看法從上到下的套就不對了。我認為華建這個部隊造反派是很好的嘍，工作很好，到現在還很好，工作做出了很大成績。成績怎麼得來的呢！還不是大家跟著毛主席的偉大戰略部署，按照毛主席的無產階級文化大革命路線取得的嘛，搞群眾運動嘛！凡是按照毛主席戰略部署去辦，一定有成績，一定作出好的成績。當然我們在工作中總有一些缺點，缺點是難免的，廣泛的群眾運動，加上領導上經驗也不多，出現這樣一些缺點是難免的，過去有，現在有，今後還有這樣的情況。就是我們要看缺點和成績那個是主要的。有些人就是否定無產階級文化大革命的偉大成績，因為他本身對無產階級文化大革命是不高興的，是反對的，總是對文化大革命對群眾運動的偉大成績看不慣，總是對那個支流問題看得多。文化大革命是史無前例的一個億萬人民的大革命，要群眾不出現缺點和錯誤那怎麼可能？這個問題我們大家要正確對待。原來傳達黨的八屆十二中全會公報時講過這個問題。1967年二月逆流問題，就是那些人嘛反對文化大革命，對文化大革命看不慣，他們老是看支流，

不看主流，他們的心竅被支流迷惑住了，根本看不到群眾運動，根本看不到毛主席偉大的無產階級革命路線被廣大人民群眾所掌握，看不到這個根本問題，所以那些人搞二月逆流犯錯誤。我們隊伍中也有一些同志是認識問題，有些同志對這些問題也是看不清的，看支流多，看主流少。支流要不要注意？支流要不要注意。注意了是可以克服的，但支流的問題任何時候總是避免不了的。一定要珍惜我們在兩年文化大革命中緊跟毛主席偉大戰略部署、毛主席革命路線、捍衛毛澤東思想所取得的偉大勝利，取得的決定性勝利。如果忽視這個問題，就是忽視我們自己，這樣就不好了。無論如何不能把過去成績說得一團糟，這不好。我想大家不會這樣，群眾也不同意。有少數同志這樣講，那是不能這樣講的。特別是華建好像是高錦明怎樣怎樣搞的，這個事情根本不符合事實，我完全知道，不符合事實。在華建開現場會，並不是高錦明個人意見，是革委會研究了的，要趕一下整黨問題，你們整黨搞得早，你們的整黨是不是那樣好，那些在還有時間可以複查嘛。（霍：有很多缺點）但是開始那樣搞，就工廠單位那些搞應當肯定這個問題。不這樣看問題，我們頭腦就不清醒，應當看到大好形勢。全國無產階級文化大革命形勢大好，內蒙地區形勢也是大好，各個單位特別是工人隊伍的單位形勢也是大好，不這樣看問題，不符合事實。

第二個問題，講一講當前主要矛盾，特別是抓什麼。當前主要矛盾仍然是廣大無產階級革命派與黨內一小撮走資本主義道路的當權派的矛盾。毛主席在十二中全會閉幕式上講話就強調指出了要抓革命大批判和清理階級隊伍，當然其他的各方面工作都要抓。我們偉大領袖毛主席所講的問題，是掌握了全國整個情況，有高度概括，把問題看深看透。在內蒙完全是符合毛主席所指出這樣的問題。內蒙大批判，清理階級隊伍搞了一年了。在這一年中就遭到右傾機會主義的強烈的抵抗，和階級敵人的干擾。我們的大批判，清理階級隊伍是取得很大成績，但是有時受到干擾，進行的不是那樣很順利的。但必須肯定廣大無產階級革命派跟毛主席偉大部署，在一年時間，搞挖烏蘭夫黑線，肅烏蘭夫流毒，搞鬥批改，搞各個方面工作，取得了很大成績。否定了群眾運動，這是錯誤的。但是必須看到，在內蒙地區階級鬥爭還是很複雜的我們自己也感到，特別是中央首長，康老對內蒙地區的階級鬥爭不只一次，而是好幾次就講到這問題說，內蒙比較複雜，敵情比較嚴重，你們要注意。的確是這樣的情況，我們

的「挖肅」鬥爭在去年十一月以後一直到今年八月間，特別是第三次全委擴大會後，來了一個大的高潮，學包鋼、二冶，大批判，大會戰，清理階級隊伍。當「挖肅」鬥爭向縱深發展的時候，九月間高錦明同志搞右傾機會主義路線，特別是九月以後，到十月間一直到十二中全會傳達以前，這段時間很多單位大批判、大會戰、清理階級隊伍都停頓下來，階級敵人反攻倒算。這是對廣大革命群眾「挖肅」積極性的很大壓制，這樣使我們的「挖肅」鬥爭在相當長時間裡停頓下來。當前我們的主要矛盾是什麼？我們當前主要矛盾還是要按照十二中全會提出來的，要狠抓革命的大批判，清理階級隊伍。只有這樣才能夠完成毛主席提出來的鬥批改一系列任務。十二中全會以後，在最近幾天，特別是在我們2號傳達後，情況有很大發展。高錦明不是講嘛，挖過了頭了，再挖就是資產階級反動路線了。現在看是什麼情況呢？不到十天功夫，揪出了壞人達×萬多人，這次揪出來的敵人還不是過去表面飄的敵人，而是隱藏很深的叛徒，特務，反革命集團。特別是現在廣大貧下中農起來了，貧下中農起來了有些貧下中農在2號晚上聽了廣播，廣播一完，馬上就幹起來了。貧下中農，工人階級，最聽毛主席的話，行動的最快。

　　當前要抓什麼？我們內蒙的主要矛盾還是廣大貧下中農，貧下中牧，工人階級，廣大革命派和烏蘭夫反黨集團的矛盾。我曾於九月間在我們常委會上講過這個問題，這裡我們主要矛盾。廣大的無產階級革命派和走資派的矛盾。我早先講了這一段，把烏蘭夫揪出來僅僅是組織上解決問題。這是烏蘭夫個人的問題。還不是講烏蘭夫下面的，在他卵翼下的殘渣餘孽，有的同志一傳達，把下面的東西給弄掉了，只是說我們和烏蘭夫的矛盾解決了。有這樣的傳達嘛。從烏蘭夫的個人來說，群眾把他揪出來了，組織上解決了。但烏蘭夫他不是一個人。林副主席報告講了，劉少奇他有一幫子人。烏蘭夫也是有一幫子人。他的這幫子是很大的一幫子，過去我們發現他這是一幫子是什麼人呢？是他們自己的老班底，是烏蘭夫搞修正主義、民族分裂主義的這些人，還有一部分人，就是東蒙時代的哈豐阿呀，這一班底，還有一部分就是蒙奸德王李守信那一部分，還有一部分，還有付作義那部分，再加上農村中的地主富農，牧區的王公貴族上層都是他的一股勢力，我們開始發現只是這一部分。現在發現不只這一股，烏蘭夫還有一個暗黨，他表面上是共產黨，實際上他是內人黨。最

近全區發現了，把內人黨搞出來了，有的突破了，有的基本上突破了。呼市這個地方搞得比較差，其他各個盟搞的比較好。現在看來烏蘭夫暗黨這個班子是很大的，這一套班子是很強大的一套班子，是暗班子，掌權的一套班子，這批暗班子有些已經混到革命委員會，在革委會裡掌權。光烏盟就發現有三千多人，其他盟正在突破。一直到今年六月間，他們還在發展黨員。所謂叫「內人黨」，新內人黨，這個傢伙現在就有很大一套班子，很危險，他比叛徒，特務還危險。叛徒，特務他們不會組織一個支部，組織一個黨委，組織一個特務黨委，叛徒黨委，還不會。他的內人黨有黨委，有支部，有領導下組，為什麼加入烏蘭夫的黑黨呢；就是因為那些人是烏蘭夫的死黨，他的那個黨有很大的欺騙性，很多下面幹部不一定清楚。那個黨實際上是什麼呢？就是搞民族分裂的一個反革命集團，他們是蘇蒙修的情報機關，是搞顛覆活動的一個反革命組織。所以我們按照十二中全會精神，毛主席的指示，要搞大批判，清理階級隊伍。我們前一段把牛鬼蛇神一般走資派和一些敵人搞出來了，取得很大成績，但是有些單位搞得並不好，有些單位也並沒有把敵人搞臭，還有一些，特別是農村沒有廣泛發動群眾去搞，可是現在就搞起來了。對內人黨問題原來只發現他們的暗班子這樣大，地下黨還有這樣大的力量，最近才發現，才突破。當前應當是抓主要矛盾和人民內部矛盾交叉，任何時候就是這樣。現在看敵我矛盾是主要的。人民內部矛盾是交叉在內，好解決的，只要把敵我矛盾解決了，把敵人抓出來了，那就可以教育廣大群眾，提高大家的路線鬥爭覺悟和階級鬥爭覺悟，這個問題就好解決了。如果不把敵人揪出來，那就在文化大革命取得徹底勝利的時候，他們會採取一切辦法來破壞文化大革命，來干擾毛主席的偉大戰略部署。少數的敵人，少數的壞人，插進我們隊伍內部兩面派，雖然人數不多，但破壞性很大。他們也是製造輿論，幫助敵人，有的本來就是敵人，有的可能不是敵人，但是他們站在敵人方面，創造輿論，迷惑群眾，企圖把我們部隊搞亂，搞分裂，企圖把水攪混，使大家看不清楚，他們就可以蒙混過關。在文化大革命取得勝利的時候，他們就像混過去了，他們就完了嘛！這個問題我們一定要警惕。

　　從現在我們就應當是廣泛的把群眾發動起來，大家團結起來，一致對敵，無論如何也不能上敵人的當。一個學校搞兩股力量，一個工廠、一個單位搞成

兩派，這樣就上敵人的當。敵人希望我們這樣做，他們也正在那裡採取一切辦法使我們上他的當，同志們一定要提高警惕。文化大革命到現在取得節節勝利的時候，按照毛主席的教導，三結合的革命委員會有幾條嘛，首先是群眾組織的大聯合，這樣才能夠更好貫徹毛主席的偉大戰略部署，更好地落實黨的八屆十二中全會的精神。我們一定不要走回頭路，現在搞分裂搞幾派不是前進，而是開倒車。儘管我們同志是認識問題，但是敵人是最高興地，希望我們的隊伍分裂。我們隊伍一分裂，他們就可以蒙混過關，我們一團結起來，他的日子就不好過了，整個團結起來就把他們弄出來，特別要注意要警惕起來，別上敵人的當，不要上敵人當。毛主席在十二中全會開幕式講話中指出反對「多中心論」。一個學校搞成兩派，一個工廠搞成兩派，兩派就不是一個中心，是兩個中心了嘛，這完全是違反以毛主席為首林副主席為副的無產階級司令部的。敵人千方百計的在這方面製造矛盾，我希望我們的同志百倍的警惕這一點。我們內部有什麼問題解決不了呢？人民內部矛盾有什麼解決不了的，不同的意見，文化大革命是允許的，經過大家辯論，經過說服，講清楚以後在毛澤東思想的基礎上統一思想，統一步伐、統一行動，不然就不能統一。我們那樣搞下去，就可能把敵人放在一邊，他們自己兩派打內戰，本來是敵人希望的，他們恰恰按敵人希望的辦事，這樣就不對。我們華建的隊伍就不會的嘍，你們這個隊伍是經過考驗的了，儘管你們思想上有些什麼不同，還是大家可以講清楚，服從真理，毛澤東思想就是真理，凡是符合毛澤東思想的我們就照那樣辦，不符合毛澤東思想的應當經過批評教育，大家擺事實，講道理把問題講清楚，團結一致，共同對敵。我們呼市在十二中全會以後動靜沒有其他盟市動的快，其他盟市勁頭很大，群眾發動很好。我們呼市不應當落後，特別是我們工人隊伍不要落後，應當走在前面。工人階級領導一切，我們工人階級應當起帶頭作用，凡是毛主席指示的我們就堅決執行。今天發表的社論，還發表了毛主席的最新指示「歷史的經驗值得注意。一個路線，一種觀點，要經常講，反覆講。只給少數人講不行，要使廣大革命群眾都知道。」一個路線是什麼路線，就是毛主席革命路線。一種觀點，就是毛主席的階級分析的觀點，毛主席的歷史唯物主義、辯證唯物主義的觀點。我們的工作要抓主要矛盾，主要矛盾解決了，其他的矛盾也容易解決了。你們華建不是派了很多宣傳隊到各個單位去了嗎？宣傳

隊做了很多工作，但是在前一段受了高錦明的右傾機會主義路線的影響，給宣傳隊的工作帶來了一些困難，最近我們準備開個會講一講這些問題。

第三個問題講一講，怎樣搞革命委員會內部的兩條路線鬥爭。我們革命委員會內部有沒有兩條路線鬥爭，這個問題也是我們跟高錦明同志分歧的一個論點，革命委員會內部不可能沒有兩條路線的鬥爭。所謂兩條路線的鬥爭，就是站在那一邊的問題。當然兩條路線鬥爭也不一定都是所有革命委員會內部的兩條路線鬥爭就是敵我矛盾，大部分屬人民內部矛盾，認識問題，如果站在錯誤方面的犯錯路線的人不改變他的錯誤，發展下去，就可能為敵我矛盾。新生的革命委員會要鞏固、發展、使它完善。要鞏固首先在組織上而且很重要的在思想上，只有思想上的真正統一，才有組織上統一。同時，這兩個是互相促進，只有組織上的增進，也才能做到思想上的統一。我們革命委員會內部的兩條路線鬥爭，首先應當按照毛主席處理人民內部矛盾的方法來決絕，這比較主動。有一些就是階級敵人那是另一個問題，那總是少數與個別的，群眾容易看清楚的。有一些就是在工作中間有一些缺點、錯誤、這些問題應當是通過群眾，把路線鬥爭交給群眾，使大家幫助領導班子革命委員會。幫助的標準是什麼呢？就是要站在毛主席革命路線一邊。不站在毛主席革命路線一邊，就站在毛主席革命路線對立面，那實際上就是兩條路線。雖然這裡面他的情況不一樣，有的是敵我性質的，有的是認識問題，有的是思想保守、復舊、也有一個先進和落後、認識比較早和比較晚，各個方面的情況，所以大量的說來是人民內部矛盾。我們在處理革命委員會的兩條路線鬥爭中間，首先是按照人民內部矛盾來處理，這樣才能教育大家，團結大多數，幫助同志，團結同志，不要先搞以敵我矛盾這個簡單的辦法，這樣就不好。我們相信我們革命委員會內部絕大多數的同志是好同志，當然你們革命委員會也可能有個別的壞人，像我們革命委員會成立之後就出來個郭以青，但在處理郭以青這個問題，開始宣佈還是當做人民內部矛盾處理，有幾條嘛！這個問題宣佈以後，交給了群眾，一般這樣的人總是極少數。郭以青的問題是什麼問題呢？他主要的是重大的政治歷史問題，而不是一般的。我們在處理革命委員會內部的問題，處理我們造反派部隊中間的問題，就把兩類不同性質的矛盾搞清楚，一方面是少數的敵人，混進我們革命部隊裡來，另一個有些人他們的問題不是政治問題，要把歷史上的政治問題

和一般的歷史上的錯誤問題區別開，歷史上的政治問題是什麼問題呢？是叛徒、特務、加入過其他反革命的發動組織什麼階級異議分子等等這些的重大政治歷史問題，有一些歷史上犯過錯誤，但是他還不屬反革命的惡，不屬政治性方面的錯誤，這樣一些問題就要把他分開，分清楚，我們在清理階級隊伍，搞大批判中間，也要注意這個問題，有些人有嚴重錯誤，歷史上也犯過錯誤，但是在文化大革命中表現好，歷史上的錯誤要允許人家改，特別是在文化大革命站在第一條路線上是很重要的問題，這不等於說否定它過去的歷史上錯誤但是准許改正過去的錯誤，有些歷史就是叛徒特務階級異議分子加入過反動組織的那些人，在文化大革命表現再好只能爭取一個從寬處理，不能夠做我們真正階級隊伍裡面的那是不行的。這是我們處理路線鬥爭，抓階級鬥爭的時候，要注意的。毛主席教導抓階級鬥爭要穩、準、狠，什麼叫準呢？就是要做調查研究搞的清楚，不要把人民內部矛盾當敵我矛盾處理。在路線鬥爭中間在我們革命委員會內部路線鬥爭中間要特別注意這個問題，不同的意見應當允許人家講完，不准人家講話是不好的這個問題搞路線鬥爭一定要搞，今天人民日報社論就是強調兩條路線鬥爭兩個階級兩條道路反映到我們黨內來的革命隊伍裡來，有了階級，階級存在它就有種階級敵人，有資產階級它必然要走資本主義道路，它就不可能走社會主義道路。兩個階級，兩條道路它的思想它的行動就要反映到我們革命隊伍中來，反映到我們黨裡來，兩條路線的鬥爭按著毛主席的教導路線鬥爭應當交給群眾發動群眾，高錦明右傾機會路線已經是有了綱領，有了理論這一套思想上的東西，這樣的東西在群眾中影響很大，這樣必須交給群眾，有一些問題屬認識問題，提不到兩條路線鬥爭綱上去，這樣一些問題應當在革命委員會內部開展批評和自我批評，這樣就可以解決了，兩條路線已經像高錦明這樣一系列的東西，從他整個思想上文化大革命過程中間，他一貫是右傾，而且他最近又提出來有理論的有根據的有論點的這樣一些東西，當然要交給群眾，這樣可以提高群眾的路線鬥爭和階級鬥爭覺悟，也能夠幫助犯路線錯誤的人接受群眾的批評，更好的改正錯誤，路線鬥爭特別是我們無產階級文化大革命要取得決定性勝利的時候，我們很多同志把這個問題放鬆了，特別是革命委員會成立以後，有的同志講我們新的革命委員會成立了還有什麼兩條路線呀，都是站在毛主席革命路線的人嘛，這裡面就沒有路線鬥爭，這種看法是

不對的，是錯誤的，要知道有兩個階級，他必然要自己走自己的道路，兩個階級兩條道路必然要反映到我們廣大的無產階級革命派隊伍來，也要反映到各級革命委員會無產階級專政的權利機構裡面來，路線鬥爭的基本問題，是什麼問題呢？就是站在毛主席的革命路線一邊，還是站在反動的資產階級路線一邊，而且總居其一，不是站在這一邊，就是站在那一邊，這叫路線鬥爭。有的不一定是這樣，有的是在工作中間出了些工作部署上的問題，工作安排上的問題，先後的問題，對毛主席指示的東西，認識上還不夠理解，還不深刻的問題，這一些問題應當按照認識問題來處理。如果這些問題不解決，任其發展下去，就可能成為路線錯誤，處理這些問題中間，大家不要太操之過急，這東西大部分是人民內部矛盾操之過急就搞不好，問題基本解決辦法就是加強學習，特別是今天人民日報、紅旗雜誌、解放軍報的社論突出的把毛主席的七屆二中全會的報告全文公佈，加上社論突出講兩條路線的鬥爭，學習兩條路線鬥爭，把一般的工作問題，提的過高了，也不好，問題很嚴重不上綱也不行，還是要實事求是。

第四個問題講講革命委員會怎麼樣一元化領導問題，革命委員會的一元化領導，就是毛澤東思想的領導，沒有毛澤東思想就不可能統一思想，統一步伐，統一行動。我們革命委員會要進行一元化的領導，那就是用毛澤東思想的領導，無產階級司令部的一切戰鬥號令的領導，離開了這個東西就沒有一元化不可能有一元化，要進行一元化的領導，就必須要反對反動的資產階級多中心論，反動的資產階級的多中心論就是破壞以毛主席為首林副主席為副的無產階級司令部的一元化領導，同時也破壞我們各級革命委員會的一元化的領導。我們一元化的領導，不是個人的領導，是毛澤東思想的領導，要進行一元化的領導，必須在我們革命委員會內部要充分的發揚民主，只有發揚民主，才能夠在毛澤東思想的基礎上進行高度集中，那就是按毛主席的指示，按照毛主席的革命路線去集中，我們有的同志認為一元化的領導是一個人的領導，這樣的理解是錯誤的，革命委員會是集體領導，特別是核心小組它是研究政策方針的是集體領導的核心，應當集思廣意把大家好的意見集中起來符合毛澤東思想的集中起來，形成真理，這叫做一元化的領導，我們在文化大革命以前，很多的地方機關，就是個人說了算，特別是第一書記說了算，這樣的情況是非常不正常

的，我們黨內歷來就是民主集中制，集體領導，個人意見只能是個人意見，不一定第一書記的意見，都比其他委員的意見高明，那不一樣。我們革命委員會也是這樣，不一定一個主任的意見比別人的高明，怎麼能高明了哩？真正的英雄是群眾，但是我們也要有高度的集中，有一個人把大家的意見集中起來，好的意見，符合毛澤東思想的意見，集中起來，形成大家的意見，這樣在下面貫徹，個人說了算是不對的，革命委員會要接受群眾的監督，群眾好的意見，好的批評意見我們應當接受，但是裡面個別，有些人他是抱著敵我態度攻擊革命委員會，與廣大群眾愛護革命委員會這兩個要區別開來，有些人他是愛護革命委員會，儘管有些意見很尖銳，但是出發是為了革命，為了人民，為了黨的利益，為人民利益，是愛護革委會的我們應當接受群眾監督批評，也可能有個別人歷來對我們革委會不抱好心腸的，想一切辦法拐彎抹角的攻擊我們革命委員會，那種敵我態度，敵視態度應當把他分開的，民主只能給人民，不能給階級敵人。廣大人民都有民主的權利，都有批評監督的權利。但是這個權利不能給階級敵人，民主有階級性的這個問題我們要區別開來。如果把向革命委員會和革命委員會領導同志提意見的人都作為攻擊紅色政權的帽子這就不好了，我們革委會不要群眾監督那就不對，也要區別有些人把不良攻擊我們革命委員會，這樣我們是不准許的，壞人沒有權利監督革命委員會，革命委員會是無產階級專政的權利機構，對那些人只能進行專政，革命委員會要鞏固、發展、完善、一條要很好掌握毛澤東思想，學習毛主席著作，按照毛主席指示辦事，做到敵人的思想革命化，真正忠於毛主席，忠於毛澤東思想，忠於毛主席革命路線的人另一條是革命委員會必須接受群眾監督，我們要有充分的民主，也有高度集中，廣有民主，一個單位幾百人幾天人個人有的意見那怎麼辦哩？集中那合乎毛澤東思想，合乎毛主席革命路線的意見，統一這個基礎上，統一起來，這就叫統一思想，統一步伐，統一行動，一句話，就是統一毛澤東思想的旗幟下。一元化領導就是毛澤東思想的領導。現在我們經常強調毛主席講過的工人階級領導一切。工人階級領導階級一切，並不是工人階級一個人領導一切。使這一階段貫徹毛主席的革命路線，工人階級是最先進最革命的一個階級，工人階級通過他的先鋒隊——共產黨來領導，並不是我工人一個人就可以領導一切，那怎麼行哩？我們一個宣傳隊到一個單位，這個宣傳隊就是代表一個工人階級

的，代表這個階級去領導一切，並不是等於你一個人就領導一切。你這個宣傳隊是執行毛主席革命路線，按照毛主席革命路線辦事的，那就是毛澤東思想領導一切，不是個人領導一切。像你們那裡開一個革命委員會擴大會議，你們的會議應不應開？我說應該開，不是不應當開，開了，革命委員會也好嘛，以後發動群眾嘛，抓敵我矛盾，抓敵我鬥爭嘛，統一思想。這個會什麼時候開都可以，我那天在呼市核心小組也講過嘛，他們是要請在屋裡開會，我對他們就講，你們坐在屋裡開會不行嘛，群眾在外面等著要發動向敵人進攻，你們不去指揮，馬上開會就不好吧！你們是不是先把群眾發動起來，領導這一場敵對鬥爭。群眾發動起來以後，你們再開會，解決你們內部問題。那一天一傳，就傳到外面去了，好像是我不准開革委會，（霍：傳到我們華建來了，）根本不是這個意見。他們有錯誤，有錯誤就應當開會，我不同意這樣做，就是現在全區廣大革命群眾轟轟烈烈的在搞對敵鬥爭搞的那樣激烈，那樣熱烈，而我們呼市動的不好，那像什麼話。呼市革委會應把群眾發動起來，抓敵我鬥爭嘛。群眾發動起來後，你們有右傾錯誤你們上前指揮嘛，親自對敵鬥爭，改正錯誤，群眾就看見了嘛，可以諒解了，這並不是不要開會。開會開長開短，什麼內容，那個問題不是關鍵問題。你們有些什麼問題，應當開會解決，集思廣益，我們不同意你們一開會就吵架，這個問題不好，開會應當擺事實，講道理，誰的正確，我們就按誰的辦，這樣才好，真正像一個工人階級，看得遠，站得高，顧大局。不要鑽牛角尖，越鑽越鑽不出來，那有什麼好處呢，我們工人階級應看得遠一點嘛，看到全域、全國、全區、看到這個單位，不要從個人的這個方面來爭吵，那是解決不了問題的，那就什麼時候也解決不了。大道理管小道理，如果拿小道理去管大道理，是管不住的，大道理是什麼？是毛澤東思想，無產階級司令部的一切戰鬥號令。工人階級領導一切，工人階級利益，人民利益，黨的利益這是前提，毛主席歷來教導我們考慮問題要從六億人口考慮，不要從某個單位、某一個人的利益去考慮問題。這個問題上我希望華建的這個部隊，要珍惜兩年來文化大革命的光榮傳統。

最近，許多地方派工人宣傳隊，我還想從你們那裡抽一點，大概你們的工作也很緊張。我對你們的隊伍感到很好的，如果你們自己搞的不好，你們自己鬧分裂，開倒車，你們的宣傳隊不但不能再開到外面，而且還有撤回來，

那就不行吶，我想不會的，應當顧全大局，工人階級最大特點就是最革命的，就是最顧全大局，不為個人勢力糾纏不放。是領導階級，站得高，看得遠，如我們不看到這一點鑽牛角尖，這樣就不好。最近有人講霍道余入黨是高錦明介紹的。高錦明介紹的沒問題嘛。高錦明犯了錯誤還是人民內部矛盾，我們希望他改正錯誤。這有什麼了不起的。霍道余同志在高錦明這個問題上有影響，有一點右傾，但這很難怪他，因為這個問題沒有暴露以前，我們也不好跟其他人講高錦明犯了什麼錯誤，有什麼好講的呢？在他們來說，他們沒有經驗，一時看不出來，很難怪他們，就是我們有些時候也看不出來嘛。從華建整個說來是好的。霍道余同志有點右，我是跟他談過的，當時認識不到，高錦明的錯誤，當時開幾次常委會，他沒參加，高錦明什麼問題，他也搞不清楚，他有些是糊塗。但是他還是認識問題。高錦明問題那是相當長時間，我說有所發覺，但總想幫助他，不願意講，領導同志有些缺點，只能正面講，不能再暗地裡跟常委打招呼。他不是敵人，怎麼能那樣搞呢？有的同志對霍道余同志的缺點很不原諒，我看這不好。他也可能講一些錯話，被高錦明利用，這很可能。這屬不瞭解情況。實際上革委會我們造反派掌權真正實權還是在那幾個老頭掌握著，造反派無非是在這裡或那裡作一些工作，他們掌握什麼實權呢。實際上我不在家，高錦明是管常務的，實權在他手裡。其他同志作了很多工作，很多人不瞭解情況。當然同志們提出這樣意見，我認為是好的。對霍道余同志提出你又是常務又是副主任為什麼不知道這樣問題，我認為提的對。但是我講一下這情況大家就知道了，確定很多情況他是不瞭解的，實際上有好多東西他們是不知道的。因為路線鬥爭大家都在提高覺悟嘛，你可以看嘛！可以鍛鍊人嘛！先劃一些框框，那是不好的。還講什麼霍道余同志保高錦明，這個都是不可靠的，霍道余同志最後發言還是反對高錦明的。開始他不瞭解，很多革命小將也是這樣，呼三司小將對高錦明的錯誤很同情嗎？他們處於不瞭解，這完全不能怪他們，我們領導上工作做得不夠。高錦明犯了錯誤，跟高錦明有關係的人都是不乾淨的，這樣理解就不對了。過去有領導關係，他是革委會副主任，管常務，他又是核心小組副組長。這有領導關係，還有一個組織關係。他講話各旗縣都傳達了，也很自然的。這有行政命令的東西，他有權利，他講話下面當然要傳達，但有些同志警惕性高一點沒傳達，大部分我看80%傳達了，難道這些

同志都擁護高錦明的嗎？瞭解以後大家都很氣憤。所以不能離開當時的情況，因為高錦明他處在那個地位，有了組織關係，他代表革委會核心小組講，大家自然要執行和傳達，這點不奇怪。現在不是有人在街上貼大字報，我的意見不要貼大字報。我們現在不是要把高錦明打倒，希望高錦明改進錯誤。如果他堅持錯誤不改，那將來不是我們要打倒，而是革命群眾也要把他打倒的。把高錦明的錯誤和霍道余的錯誤相提並論同等對待這是不對的。他是屬不瞭解情況，作一般工作的人沾了一點點邊，這個問題，大家要注意。在抓對敵鬥爭中一定要團結起來。當然我並不是說霍道余同志在一年中沒有一點缺點和錯誤，有錯誤和缺點應當接受同志的幫助和批評，這樣才是愛護他，很難免的在工作中出現的錯誤和缺點，應當虛心接受批評。我想沒有這一條，新的當權派將來就可能走向就的當權派的道路。新的當權派不走舊的走資派的道路最根本一條就是狠抓毛澤東思想，按毛澤東思想辦事，改造自己的思想；再一條抓階級鬥爭，抓路線鬥爭；第三條要聽取群眾的意見，接受群眾的監督，而要到群眾去，做群眾的工作。把這幾條抓好了，那就可能少犯錯誤。如果不抓這幾條，新的當權派，有可能發現到舊的走資派的道路。舊的走資派就是①不抓毛澤東思想，有的口頭上不反對，但行動上不抓，根本不用毛澤東思想改造自己的世界觀；②就是劉少奇的階級熄滅論，既然沒有階級鬥爭，當然就沒有路線鬥爭，既不抓階級鬥爭，也不抓路線鬥爭；③不是去發動群眾，去愛護群眾，放手發動群眾，而是鎮壓群眾。那不是資產階級反動路線嗎？毛主席的革命路線，就是依靠群眾的首創精神。④走資本主義道路當權派包庇壞人招降納叛。同志們想一想，除叛徒、特務外，有些並不是叛徒、特務，但是走資本主義道路當權派，他的罪惡大致就是這幾條。所以我們新的領導同志，包括我們所有革命同志都要注意這個問題，大家都要做無產階級革命事業接班人嘛。你不注意這幾個問題，你上臺當權了，同樣將來也要走資本主義道路，同樣要被群眾打倒。對於一些犯了錯誤的同志，不要一犯錯誤就打倒，這也不符合毛澤東思想。毛主席教導我們；允許犯錯誤，允許改正錯誤。一犯錯誤就打倒那怎麼行呢？我們在工作中，當工人的，工人在一天工作中一點毛病也不出；出點毛病就是犯錯誤，作領導工作每天都是要出現錯誤的，一有錯誤就打倒，這不符合毛澤東思想。真正要打倒的是階級敵人，那我們一定要打倒的。犯了錯誤的人，我們要

採取幫助和教育，治病救人嘛！懲前毖後，這是毛主席的教導。當然我們的領導幹部，大家寫了幾張大字報，轟了一下沒什麼了不起，貼了幾張大字報，有什麼關係呢？轟一轟可能頭腦清醒一點，有些同志驕傲自滿嗎！同志們潑一點冷水，對驕傲自滿有好處，那沒關係。不要怕群眾貼大字報，不要怕群眾提意見。我們造反派掌權後最大的缺點就是驕傲自滿。驕傲自滿怎麼辦？我還是希望群眾潑冷水，潑冷水嘛不要把他送井淹死。這件事很難怪，文化大革命取得了全面勝利，我們的工作各方面都很好。毛主席在八屆十一中全會上講過，大家應很好學習，往往一驕傲自滿，就犯錯誤。一驕傲自滿就必然脫離群眾，脫離群眾就犯錯誤，群眾起來潑一點冷水是有好處，冷水嘛天氣太涼，不要潑得太多了，潑太多受不了，這要適可而止。

今年就講這些，華建的部隊是好的，希望你們團結起來，共同對敵，緊跟毛主席戰略部署，緊跟八屆十二中全會各個戰鬥號令，奮勇前進！

（根據記錄整理）

58.滕海清同志接見呼三司常委、各大專員校負責人和工宣隊負責人時的講話（1968.12.02）

郭是海同志12月2日上午傳達滕海清同志於12月1日接見呼市三司常委，各大專院校負責人和工宣隊負責人時的講話。

會議開始後滕海清同志詢問各大學情況：

滕問：你們內大最近怎樣？兩派鬥的怎樣？

內大同志彙報後。

滕問：你們開會把群眾放下做什麼？你們兩派鬥郭以青了嗎？（答：鬥了一次）才鬥一次？郭以青在內大的問題搞清楚了嗎？那一派還有多少人？他們是少數派了，少數派你們怎麼爭取他們呢？你們要狠抓階級鬥爭，抓出敵人，群眾受了教育，才能轉變過來。抓郭以青，郭以青在內大不是一個人，你們把郭以青包庇的壞人都弄出來就好辦了。郭以青的問題沒搞出樣子，敵人沒抓出來，當然大家勁頭就不大，上邊開會，下邊要抓敵人，內外結合搞嗎！

滕海清同志問農牧學院，醫學院的情況

農牧學院，醫學院的同志彙報了開展兩條路線鬥爭的情況。

滕海清同志問：工學院怎麼樣？沒有兩派吧？工學院挖乾淨了沒有？敵人跳出來的好辦，有的去隱蔽下來了？。

滕問：師院怎麼樣？兩派還很對立？宣傳隊怎麼樣？

當會報到泰維憲同志還講要過兩個月再看，明年三月再見高低時

滕講：兩三個月怎麼樣？難道再過兩三個月蔣介石就回來了嗎？當彙報到東聯決聯站的頭頭找泰維憲串聯甚至到前線指揮部去找時。

滕講：為什麼不抓起來？工宣隊手軟了？（答：工宣隊已經宣佈了，是我們配合的不好。）知道是壞人為什麼不抓起來？可能有顧慮，看你們那一派沒有起來。今天最大的缺點就是沒把你們各單位的工宣隊隊長找來。

（於是各單位紛紛打電話找隊長）。

滕講：你們幾個學校除了工學院，醫學院外，都是兩派，內大可能出三派。出二派，走資派，壞人挑動是主要的，但也有你們沒抓住大方向，郭以青問題你們搞得還不夠，內大何志怎麼死的？郭以青原來與何志關係怎樣？郭以青從外邊都要來了些什麼人？

醫學院是個藏龍臥虎的地方，你們那個中醫系是很有油水的。

師範學院有些人就是敵人，你們要針鋒相對的鬥爭中，有都不是敵人怎麼辦？不分開，一下子都搞，既不能爭取群眾，對群眾還是爭取，今天不通，明天通，今年不通，明年通也可以。林學院的趙興才等，我們研究一下，撤了他，博力克，我們原來沒下決心，認為就是那麼多罪惡，可是這個傢伙一直挑動群眾鬥群眾，領導幹部怎麼能這麼搞呢？革命小將都不能搞這個，這樣搞將來也要挨批。領導幹部就這一條就不行了。

當談到學生就要分配時。

滕講：大學裡結合在革委會的應該再留下三到五個月，搞完對敵鬥爭再走，走是肯定走，分配要照常，中學的革委會主任，副主任也要留下。不然新上來的都不瞭解情況。

（以上各單位彙報情況及滕的講話都是摘記的）

當各校工宣隊負責人到齊後。

滕海清同志講話：

今天講三個問題，第一個問題：

呼三司小報，街頭上的標語提出這樣一個問題，在全國反擊為二月逆流翻案時內蒙幹了什麼？這個問題要講清楚的，二月逆流是在1967年2月間，內蒙當時達到了頂峰，實際上內蒙從一月份就開始，到5月30號，攻克工會大樓，這個期間我們黨要粉碎二月逆流，公報上講的二月逆流，是1967年2月16日，二月逆流的幹將們大鬧懷仁堂，反對毛主席，反對中央文革，反對毛主席的無產階級革命路線，這是兩個司令部的激烈搏鬥，達到頂峰，實際上在這個以前就開始了，二月到五月內蒙達到高峰，是兩條路線鬥爭的生死關頭，是兩個司

令部鬥爭的高峰，4月13號制定了八條，5月25號毛主席親自批示了內蒙軍區的五條，毛主席的無產階級革命路線取得了決定性勝利，粉碎了二月逆流，如果不粉碎二月逆流，今天在這兒開會的就不是我們這些人了，而是另外一些人，如王逸倫、王鐸、王再天等等，這一段大家都是經歷過的，認真想一想就知道我們幹了什麼了。二月逆流粉碎以後，6月18號籌備小組成立，主要抓了造反派的政治思想建設工作，如何貫徹毛主席無產階級革命路線，爭取大量的站錯隊受蒙蔽的群眾，那時造反派人少，在數量上不站優勢，但在政治上佔優勢，所以要造反派作政治思想工作，學會勝利後如何掌權，如何用權，不吃老本。7月間開辦了學習班，各大學負責人學習了十八天，接著又搞中學，工人的學習班，到了八、九月份極左思潮出來了，是在七月份武漢事件發生之後，極左思潮不粉碎也不得了，由於我們在前一段做了政治思想工作，造反派的覺悟水平進一步提高了，在九月的學習會上粉碎了極左思潮，又進一步提高了思想，極左思潮在內蒙有波動，但不大，粉碎極左思潮以後就著手準備成立革委會，革委會成立後，馬上就開始了挖肅鬥爭，江青同志11月9日，12日在北京對文藝界講話，我們是16日聽的錄音，點起了揪特古斯的火，但沒有跟上來，又冷下去了，11月24日晚上我們表示了態度，29日我就走了，到北京去開會，12月間我回來，準備開第二次全委擴大會，1月17號第二次全委會結束後，全區的控肅鬥爭，首先在呼市開始了，群專經過我們一個多星期的工作，當天晚上就行動起來了。醫學院的起來揪出了王再天，全區都普遍展開了挖肅，這個是不是和反二月逆流有關係呢？二月逆流搞什麼，他們提出的中心問題，一個是中央文革過左了鬥了很多人，他們保護「老幹部」，第二是講文化革命影響了生產，工業、農業都上不去，實際上是他們搞經濟主義，用生產壓革命，他們打擊一大片，保護一小撮，要火燒十級以上的幹部，高舉毛澤東思想偉大紅旗的也要燒。他們所謂保護「老幹部」，實際上是要保叛徒，特務，走資派，就是保劉少奇那一套老班子，不讓把劉少奇的老班子摧垮。我們第二次全委會以後，也就是要向烏蘭夫反黨叛國集團的老班子進攻。是保護還是進攻？就是要進攻，我認為我們是進攻了的。當然有的不得力，各個地方發展不均衡，楊付余事件發生後，內蒙有波動，先從集寧開頭，到呼市來串聯，到呼三司編輯部一講，就動搖了，但沒什麼了不起，四月十三號我們發表了第二號通告，還是

要向敵人全面進攻。六月間，包鋼，二冶大會戰搞得很好，推廣了這個經驗，七月份開了第三次全委擴大會議。中心問題有兩個，一個是推廣包鋼，二冶經驗，第二個是不要壓制群眾，當時主席的最新指示「三個根本區別」剛發表不久，三次全委擴大會議後，形勢又有了發展特別是八月初很好，這個階段我基本上不在家，出去看地形，轉了一圈，看到形勢很好，搞大會戰，把階級敵人鬥得狼狽不堪，形勢很好，到了九月有了變化，我是9號晚上回來的，13號又走了，李樹德同志這期間在昭盟，從67年2月到現在，我們始終是向敵人進攻的，就是反擊二月逆流的同志們留一下，我們是哪一條路線？不從路線上考慮，只抓在個別具體事情，就看不清楚問題，我們內蒙一直是按毛主席的無產階級革命路線辦事的，是一直緊跟毛主席偉大戰略部署的，儘管有些單位有曲折，有反覆，但大方向就是這樣的，不承認這一點不現實，路線鬥爭，沒有可以搖擺的地方，不是站在這邊，就是站在那邊，我總認為我們內蒙是站在毛主席的無產階級革命路線一邊的，今天講這些就是要大家熟悉到底我們幹了些什麼？

　　第二個問題，我要講一下，高錦明的右傾機會主義路線實際上和二月逆流的黑幹將們提出的問題是一致的，提法不同，本質是一樣的。二月逆流的幹將們攻擊中央文革「過左」，高錦明攻擊「挖肅」鬥爭是行「左」實右，二月逆流的幹將們要「保護老幹部」實際上是保護劉少奇老班子，高錦明要保護烏蘭夫的老班子，我們要保的是好人，而高錦明是不作階級分析的保，他否定階級鬥爭的，那幾乎就是是烏蘭夫的殘黨餘孽，高錦明同志9月30日講話和二月逆流本質是一樣的，歸根結底，就是反對無產階級文化大革命，二月逆流就是要把中央文革趕下臺，搞「多中心」，組成一個黑司令部，高錦明也搞「多中心」，想取烏蘭夫而代之。當然現在他還不敢承認這一點，不是想取而代之，為什麼保那麼多烏蘭夫的人？他保奎壁的事我不知道，他保特古斯，王再天，郭以青我知道，二王（指王逸倫、王鐸）如果不跳出來反他，他也還要保，既保護烏蘭夫的老班底，這還不是取而代之嗎？有人講高錦明是正確路線的代表，這是無知，真正代表正確路線的是毛主席，林副主席，公報上講：中央文化革命小組在貫徹執行毛主席的無產階級革命路線的鬥爭中，起了重要的作用。高錦明是不是正確路線的代表？起碼文化大革命開始時執行了資產階級反

動路線，如果是正確路線代表，為什麼那樣壓制群眾？林副主席講：兩條路線鬥爭的焦點是要不要發動群眾的問題。高錦明那樣壓制群眾，怎麼是正確路線的代表呢？高錦明反烏蘭夫開始時是積極的，有積極的一面，現在看來，也許我說得嚴重了一些，高錦明反烏蘭夫是有投機的，真正最早發現烏蘭夫問題的是我們偉大領袖毛主席，以後華北局，一直抓這個問題，當然高錦明也不是傻瓜，投了這一機，有人講「投革命之機有什麼不好」？當然他要投革命之機也是可以的，所以他沒有決心摧垮「老班底」，不搞挖肅鬥爭。有些同志認為反對高錦明的右傾機會主義路線，我們可能有成見，其實，高錦明我是去年才認識的，他就是把滕海清趕出內蒙又有什麼了不起，把我趕出內蒙就趕到北京去了嗎？表面上看好像我們有私人成見，實際上不是，而是要不要執行毛主席的無產階級革命路線，要不要緊跟毛主席的偉大戰略部署，要不要革命到底的問題，是走修正主義還是走社會主義道路的問題，如果按照高錦明的路線就是要走修正主義道路，起碼不可能走社會主義道路，反我沒有什麼了不起，滕海清走了，還會有更高明的人來的。（李樹德同志插話：誰搞階級鬥爭，誰走在他前面他都反對。）

第三個問題講一講高錦明右傾機會主義路線對我們內蒙的運動起碼推遲幾個月。今年八月份，群眾轟轟烈烈地起來了，大批判，清理階級隊伍很有成效。可是到九月份就剎車滅火了。一剎車，敵人就反撲。實際上大會戰就停止了。我原來想搞他三個月四個月，起碼大部分單位搞得差不多了，陣線也開始看得清了。整黨啊，各項工作也可以開始了。可是現在看不行，這些工作上不了馬。特別是十二中全會公報發表以後，一看我們這個地方敵人還真不少了（當然敵人再多也還是一小撮），但是一小撮沒有搞出來不行啊。按著高錦明講，這一小撮敵人就保存下來了，起碼這些內人黨就保存下來了。所以對文化大革命損失是大的。對群眾潑了冷水，挖肅鬥爭中的積極分子受到壓制，敵人卻興高采烈。

目前的工作，各盟市，機關都不錯。就是沒看伊盟的報告了，巴盟最近搞了一千多人，從四次全委擴大會議到現在搞出一萬八千人，光昭盟兩個縣就搞出二千五百人。這次挖出來的敵人是更隱蔽的，真正挖出過硬的敵人來了。包頭的東河區搞出徐鵬飛派來的人，陳立夫派來的人，李宗仁派來的人，還有南

京政府派來隱藏二十多年的國民黨專員。隱藏得很深。挖出敵人來，現在看形勢大好。

關於我們幾個大學，一方面要肯定一年的成績。但是幾個大學都是比較複雜的，特別是師院，內大，醫學院，都是個爛攤子，其他幾個學校也是藏龍臥虎的地方。因此我們現在就是要展開對敵人的進攻。今天晚上工宣隊、支左解放軍都來了，我們一方面批判高錦明的右傾機會主義路線，（他的右傾機會主義路線就是保護壞人的），一方面就是要發動群眾揪出壞人。所以你們工宣隊對敵人手軟是不行的。敵人這個東西，在文化革命今天決戰決勝的時候，想盡一切辦法要搞報復活動，破壞我們的三結合、大結合挑動群眾鬥群眾，挑撥造反派之間的團結。這些都是敵人搞出來的。這幾個大學，內大，師院，我們過去批評你們搞派性，你們是有派性，但現在看不完全是派性，是嚴重的階級鬥爭，就是革與保的問題。階級敵人千方百計地保存舊的領導班子。你們內大那幾股勢力，巴圖，牙含章，郭以青，他們個人搞出來了，他們的舊班子搞出來了嗎？你們工宣隊不要手軟，可能這樣搞要過頭點。穩、準、狠，要穩還要狠嘛！只要是敵人，不管誰去反對，不管別人自己承認不承認，就是要搞。我們是相信廣大群眾的，沒有什麼了不起。要大膽，排除一切阻力，排除一切干擾。這時，敵人一定想盡一切辦法進行抵抗，不怕他。師院階級鬥爭蓋子沒有徹底揭開，郭以青就是包庇一部分壞人的。各大學工宣隊，過去受了高錦明的影響，開始時你們勁頭很大，後來他一講你們受了影響，這個不怨你們。高是以組織名義講話的，它代表核心小組，我和吳政委不在家，他就是第一把手，現在你們轉過來了，只要要狠狠地抓敵人。雖然兩派沒有團結起來，阻力一定很大，但是不要怕，不管有多大阻力，是壞人就是要抓。當然你們也要協同廣大群眾一塊兒搞。工宣隊和解放軍一定要擰成一股繩，扭不成一股勁兒的，軍隊要負責，同時工宣隊要把挖肅鬥爭和積極分子團結起來，把中間動搖的爭取過來。這就是依靠什麼人，打擊什麼人，爭取什麼人。我們依靠挖肅鬥爭的積極分子，團結十字路口徘徊的人，打擊一小撮階級敵人。凡是學校裡，凡是真正的無產階級革命派就是要堅決支持工宣隊。工宣隊也不能沒有錯誤，有意見可以提，但是不能反對工宣隊，工宣隊的領導。工人階級領導一切就是毛澤東思想領導一切，不是某個人的領導，是高舉毛澤東思想偉大紅旗領導一切。如

果你是高舉毛澤東思想偉大紅旗，就不可能和工宣隊有矛盾，就是有了矛盾也容易解決。大專院校的各級革委會應該是執行無產階級專政的權力機構，革委會內如果有壞人，工宣隊就可以，就有權罷他的官，你們可以作主，一方面要向我們彙報，有些人是死揢階級鬥爭蓋子，雖然他們不是壞人，不一定交給群眾批鬥，但不能讓他們掌權，因為他們掌權就要包庇敵人，要拿掉他們，工宣隊沒有這樣的魄力不行。工宣隊開進學校三個月了，如果不受高錦明右傾機會主義路線的影響，可能工作就做得很好了，現在要轉過來，告訴群眾，責任在高錦明。現在要把批判高錦明的右傾機會主義路線與狠抓階級鬥爭結合起來，抓出的敵人越多，就使人們更能看清高錦明的右傾機會主義路線的實質，駁斥他的幾個謬論，用大量的事實教育群眾，不要把路線鬥爭和階級鬥爭對立起來。談到我那次在呼市革委會上的講話，呼市有它的具體情況，因為事先沒有準備好群眾沒發動起來，他們在上邊開會，敵人在下邊挑動兩派群眾打架，那怎麼行呢？所以要他們先發動起群眾來，然後在開會，現在他們的會也開始了，當然有些人借機發揮，各有各的理解嘛！有些單位硬套，那不行。總之，對大批判，階級鬥爭要狠狠抓住不放，教育革命也就能搞好，不把大批判，清理階級隊伍搞好，權的問題不解決，將來學生一走，權又落在舊知識分子手裡，像內大，師院如果不搞挖肅，就搞教育革命，學生走了以後權又落在什麼人手裡，歷史的經驗證明，教育革命問題幾千年都沒解決，靠知識分子不行的，今天工人進去了才行了。高錦明就搞一個改字，行政命令的改。這次我們有一個嚴重的教訓，高錦明保了錫盟的高萬寶扎布，高萬寶扎布下邊十三個旗縣革委會的負責人都是內人黨，如果不揪出來，整黨實際上就是整的內人黨，內人黨是個反革命政黨，是蒙修的特務間諜，是搞民族分裂顛覆破壞祖國統一的，是最大的特務間諜組織。希望你們工宣隊要狠狠地搞，學習二冶工宣隊到烏達後，衝勁很足，魄力很大，最近把巴盟也交給他們了，巴盟也搞起來了，過去巴圖巴根放著不鬥，現在鬥起來了，不但走資派要揪出來，他們下邊的班子也要揪出來，當然老班子裡的並不是敵人，但死揢階級鬥爭蓋子。大學裡群眾絕大多數是好的，希望革委會和工宣隊、解放軍，把群眾團結起來。一方面批判高錦明的右傾機會主義路線，一方面向敵人進攻，不要怕犯錯誤，不怕錯，凡是壞人都要抓出來，定性是以後的事情，各大學革委會的主任都是解放

軍，不是走資派，沒有自己的班子。實際上還是老班子在那裡掌權。死捂蓋子的人，老不覺悟就不能領導運動，工宣隊，要下決心，拿出魄力來搞。

（當師院的同志談到泰維憲等人拒絕參加工宣隊領導的院革委會擴大的學習班並把矛頭公然對準學習班要求大辯論等等）緊接滕海清同志講：有些人不搞階級鬥爭，挑動群眾鬥群眾，就不是革命派，起碼頭頭不是好的，這是少數人，廣大群眾是好的。受蒙蔽，壞人挑動，有壞人宣傳隊就要把他們踢出去，有什麼了不起，造不了反，造反就要他造去，我看他造不起來，只有蔣介石回來他才能翻天，蔣介石回不來，他就翻不了天，我看蔣介石回不來了。

（當內大師院的同志彙報革委會的情況時）滕海清同志講：工宣隊剛進去時，我們強調工宣隊要支持革委會，如果革委會支持不起來，工宣隊就取而代之，因為他是一攤稀泥嘛！革委會中好的要團結過來。

發送單位：內蒙革委會核心組，政治部，辦公室；霍道余，工代會，4953部隊，京字411部隊，呼市聯合支左辦公室；軍區支辦公室軍訓組，華建革委會，鑄鍛廠，動力工具廠，報社軍管會，毛澤東思想大學校——分校。

（根據記錄整理，未經本人審閱）

《簡報》第二十九期
駐師院工宣隊主辦 內蒙師院革委會毛澤東思想學習班
1968年12月5日

59.滕海清、吳濤、李樹德、權星垣同志在呼市革委會第五次全委（擴大）會議上的講話（1968.12.07）

滕海清同志：

這次會開幾天了？（答：五天。）這次會議的指導思想，要以十二中全會毛主席的指示和林副主席的重要講話、八屆十二中全會公報的精神為指導思想。同時，結合呼市革命委員會和呼市地區的情況，進一步落實十二中全會的精神。

呼市革命委員會成立一年了，做了大量的工作，呼市的情況整個是好的。但是，呼市革命委員會個別領導同志是有錯誤的。希望這次會能把這段工作檢查一下，總結一下。本來我們想來人參加，可是時間安排不過來，還是你們自己開。

這次會議，主要的是落實十二中全會精神，就是要反對右傾機會主義，特別是內蒙地區以高錦明為代表的右傾機會主義路線，應該徹底批判，肅清流毒。高增貴同志在一年多的工作中間，是有嚴重錯誤的，會上應該批判。希望高增貴同志自己也端正態度，接受群眾的教育。

呼市長期以來，廣大群眾對革命委員會有很多的意見。為什麼群眾對我們有這樣多的意見？什麼原因？我想這不能到群眾身上去找原因，應當從領導上去找。我們革命靠什麼？是依靠群眾，相信群眾，尊重群眾的首創精神，這是毛主席的教導。群眾中很多的人反對我們，這起碼是我們領導上沒有緊跟毛主席的偉大戰略部署，不是真正站在毛主席革命路線上，因此，群眾才反對我們。我們群眾的反對是有利的，是應當的，是革命行動。當然，個別的人或者就是壞人是敵人在裡邊搞鬼，那是另一個問題。廣大的革命群眾對我們提出意見和批評那是對我們的幫助。我們革命委員會應當接受群眾的批評和監督。高錦明的右傾機會主義路線，對呼市有很大的影響。現在還有人在那裡表面反對

高錦明，實際上是在保護高錦明的右傾機會主義路線。這些情況是存在的，但不是主流，是支流。主流是廣大革命群眾要批判高錦明的右傾機會主義路線，廣大群眾要批判高增貴的右傾機會主義路線。我看這是正確的。我希望同志們把這次會開好。時間開多長？讓每個同志把話講完。會開得活潑一點，今天沒講完，明天再講嘛。

要抓住要害。你們這個會就是兩條路線鬥爭，也就是站在什麼路線上，是站在毛主席的革命路線上，還是站在和毛主席革命路線相反的資產階級反動路線或是右傾機會主義路線上，我看這個陣線，這次會議是會搞清楚的。路線鬥爭沒有調和的餘地，不站在這一邊，就站在那一邊。呼市現在有這樣的情況，好像反高錦明的右傾機會主義路線，反高增貴的右傾機會主義路線問題，下面每一個單位都要找一個像高增貴、高錦明這樣的人。這樣是錯誤的。下面有些人執行人右傾機會主義路線是認識問題，改過來就行了。如果各個單位都去抓這個東西，那就搞亂了，反而幫了右傾機會主義路線的忙，不能這樣。下面執行是認識問題，認識問題改過來就好，劃清界線就行。各個單位都要找這種人，那怎麼行呢？是不是犯了路線錯誤的人，就人人都有份呢？這樣講是彭真的理論。下面有些同志有右傾，有些問題，上面是要負責任的。當然，他們本人也有些責任，但是我們要耐心教育，多做政治思想工作。下面很多同志有右傾，但他們還是好同志，可以教育過來的。有些人，本來就不是我們的造反派，也不是我們的真正力量，那是我們的敵人。對這些人，現在就是發動群眾，該批評的批評，該鬥爭的鬥爭，該揪出來的就揪出來：不要把這兩類矛盾混在一起鬧不清楚，那就不好。

我就講這幾句。我衷心希望把這次會議開好。

吳濤同志：

這次會議就是要貫徹十二中全會精神，結合內蒙的實際，開展對右傾機會主義路線的鬥爭。

在內蒙地區，無產階級文化大革命取得了決定性的勝利，挖肅鬥爭取得了決定性的勝利，我們要乘勝前進，把階級敵人通通挖出來，叛徒、特務、走

資派，反革命分子、民主分裂主義分子，都要把他們挖出來，清理出去，這是非常重要的問題。右傾機會主義就是搞「階級鬥爭熄滅論」。把挖肅鬥爭停下來，就是要斷送文化大革命。我們要很好地起來鬥爭，把右傾機會主義路線批到批臭，全區都是這樣做的。呼市革命委員會內部存在兩條路線鬥爭，這不足為奇，因為黨內的路線鬥爭，就是社會上階級鬥爭在黨內的反應。黨內存在兩條路線鬥爭，難道革命委員會內部會不存在兩條路線鬥爭嗎？完全存在的！中央都存在嘛！在中央，一條是以毛主席為代表的無產階級革命路線，一條是以劉少奇為代表的資產階級反動路線。毛主席在六六年八月份寫出了《炮打司令部》的大字報，揭開了無產階級鬥爭的蓋子，把劉少奇拽揪了出來，粉碎了劉少奇的資產階級反動路線。這說明兩條路線的鬥爭在我們黨內存在，在革命委員會當然也存在。對右傾機會主義路線進行的鬥爭、肅清了流毒以後，過去犯了資產階級反動路線錯誤的人認識改正了錯誤，也可以繼續工作：如果不改正錯誤，堅持路線錯誤，那就只有被打倒。這就要看犯了路線錯誤後，是堅持路線錯誤，還是徹底改正錯誤。所以，會議對右傾機會主義路線錯誤，要揭深揭透，批深批透。市裡對高增貴同志的錯誤也是如此，要揭深揭透，批深批透。這就要看高增貴同志自己了，接受群眾的批判，徹底改正自己的錯誤，就歡迎嗎！如果堅持錯誤，那就非常危險了！

　　無產階級專政條件下的階級鬥爭，在黨內的集中表現就是兩條路線鬥爭。因為什麼？因為這次無產階級文化大革命就是要揪出黨內走資派。黨內就不是黨外，走資本主義路線的當權派就不是群眾。所以這和社會上的階級鬥爭又不完全一樣。兩條路線鬥爭，就是執行什麼路線，走什麼道路的問題。一個是執行毛主席的無產階級革命路線，建設社會主義，向共產主義過渡；一個是執行反革命修正主義路線，搞修正主義，復辟資本主義。從道路上講是兩條道路。社會上的階級鬥爭，像地富反壞這些敵人，他們進行破壞、顛覆等等一系列罪惡活動，但是他們不當權，他們是專政的對象，他們是在暗中搞亂破壞的。而混進黨內的他們就當權，他們披上馬列主義外衣，危害就極大。反映在黨內就是兩條路線鬥爭。這種鬥爭的形勢，他不像兩個武裝集團打起來，不像消滅國民黨蔣介石八百萬軍隊那樣，主要是進行路線鬥爭，比方歷史上陳獨秀，李立三、王明、張國燾，他們都是把革命的事業、黨的事業向資本主義道路引導，

搞資本主義的一套。黨內兩條路線鬥爭，和過去國內戰爭中同蔣介石打仗不一樣。同蔣介石打仗，那是真刀真槍，明的嘛，他們有他們的政權，他們有他們的軍隊，兩軍對壘打起來。在黨內就不是那樣打法，是文戰。林副主席講：無產階級文化大革命實際上就是文戰，不是武戰。當然，黨內的路線鬥爭，也是和資產階級鬥爭的繼續。有些人代表資產階級思想，站在資產階級的立場上，資產階級世界觀根本沒有改造，用資產階級世界觀改造世界。

我記得斯大林講過：右傾機會主義者不可能自己改正錯誤。這就必須要經過群眾的揭發批判。犯了右傾機會主義路線錯誤，想自己解決，偷偷地改，這樣不行，是改不了的。要發動群眾進行鬥爭。對犯右傾機會主義路線錯誤的人，經過鬥爭，能把它挽救過來，那是好的。重新站到毛主席的無產階級革命路線上來，堅決徹底改正錯誤，我們是歡迎的；如果頑固不化，非要堅持錯誤路線不可，那他是自尋垮臺。在路線鬥爭上，我們要站在毛主席的無產階級革命路線一邊，英勇的戰鬥，對資產階級反動路線，要無情的揭露批判，不能有右傾，麻痺鬆懈。第一是要糾正過來，不管犯錯誤的人怎樣，我們都要把右傾機會主義路線粉碎，把運動引向正道上來。第二對犯路線錯誤的人，如果能堅決徹底改正，我們還歡迎，頑固不化是不行的。大家為了把無產階級文化大革命進行到底，為了捍衛毛主席的無產階級革命路線，要依靠群眾，奮起戰鬥。

李樹德同志：

希望把這個會開好。有十二中全會的精神、毛主席十二中全會的指示，林副主席的講話給我們指出方向。給了我們武器，我相信這次會能夠開好。

呼市革命委員會成立以後就存在問題，一直沒有得到很好的解決，這次會要真正把呼市的問題加以解決。因為問題沒有很好的解決，呼市的文化大革命受到了很大的損失。高錦明右傾機會主義路線在呼市的影響更直接，更深一些，呼市的損失也就更大一些，因此，會議應當集中消這個毒，展開兩條路線鬥爭。高增貴同志也應該端正態度，要很好地檢查問題，大家也應該進行揭發批判。我也犯了錯誤，大批判越深入，批判高錦明右傾機會主義路線越深入，清理階級隊伍的鬥爭越深入，對自己的教育越大，越是感到高錦明錯誤的嚴

重，造成的損失和危害之大。

滕、吳兩位同志回來才一個多月，十二中全會精神和廣大群眾一見面之後，我們內蒙的形勢發生了很大的變化，形勢發展的很快很快。兩條路線鬥爭在全區展開了，大批判在全區展開了，挖肅鬥爭收入了。據五個單位的統計，一個多月內就挖出了××，破獲了很多大案。前一階段挖了××，表面上的多，數量大，這回就挖得深，一是打著紅旗反紅旗，鑽入了我們的革命委員會：二是隱藏的很深，潛伏的時間很長，偽裝的很巧妙，混入了機關，學校、工廠，街道，社隊。比方包頭就挖出來李宗仁線上的，溥儀線上的，《紅岩》中徐鵬飛派來的，還有陳立夫的，兩年多都沒挖出來，這次都挖出來了。有一個隱藏20多年的反革命，吃了我們九年的救濟糧，這次群眾把它挖出來了。他還是我們的街道居委會主任，（滕司令員插話：還是積極分子。）還是治保主任哩！這次揭出有67條人命，挖出來二千多元人民幣，五百多塊現大洋，三塊金磚，一個五十兩重的銀元寶。這次挖得深，發展快，形勢很好。事實教育了群眾，提高了群眾的覺悟，也完全反駁了高錦明挖肅到頭了，過火了，挖到群眾身上了的謬論。從大量的事實，更體會到一要抓緊，主要是抓緊，抓緊就是打進攻戰，消滅敵人，在這個前提下，當然要注意政策，要相信群眾的政策水平，毛澤東思想水平是很高的。

同志們在路線鬥爭中，要很好地揭發批判。高增貴同志也要端正態度，採取頂碰的態度是錯誤的。

我希望把會開好，把呼市的問題解決。有些方針，原則，滕司令員，吳政委都講了，我都同意。

權星垣同志：

我同意以上三位同志的意見。路線鬥爭，一個時期認識模糊是可以的，在大量的事實的教育下，就要改正模糊的認識，就要參加路線鬥爭。犯了錯誤的同志，不要老是拿著不是當理說，老是拿著不是當理說，那就態度不對了，那就不行。我沒什麼新的意見，同意滕司令員，吳政委，樹德同志的意見。希望咱們的會要認真開展路線鬥爭。高增貴要以嚴肅的態度對待自己的錯誤，要正

確地對待群眾，這是對毛主席革命路線忠不忠的問題，是不是有決心改正自己的錯誤的問題。提這麼幾點意見，其他的就沒什麼了。

滕海清同志：

講話，一切問題都離不開路線鬥爭，不站在這一邊，就站在那一邊。希望大家擺事實，講道理，問題擺出來有好處，不要有顧慮。有些同志過去和高增貴意見相符的人，沒關係，不要緊，劃清界線，認識了問題（吳濤同志插話：改正錯誤）那就是好同志。（當參加會議的代表義憤填膺地提出高增貴態度極不老實，強烈要求停止高增貴一切職務的時候）滕司令員又說：這個問題不要緊，高增貴同志應該接受群眾的意見嘛！現在高增貴還是參加這個大會，實際上他沒辦法工作，考慮自己的問題嘛！現在的工作，我們指定付力戈同志，馬伯岩同志，晨光同志，還有其他的同志來領導這個會。他考慮自己的問題是對的，因為會還沒有開完，開完了再講嘛！有意見大家講，讓大家講完。高增貴同志能夠承認自己的錯誤就好嘛！不承認錯誤，矛盾就要轉化。我們現在還是希望高增貴同志改正，停職不停職這個問題，以後再講，先別那樣慌忙，讓大家都坐下來開會，他可以考慮自己的問題，允許人家考慮嘛！今天不能答覆的，明天還可以答，今後多做思想檢查，如果採取不好的態度，那就不對，值得考慮。群眾應該是知無不言，言無不盡，有什麼就講什麼，言者無罪。高增貴是不是有些問題記不起來，要允許他考慮。現在是不是不用忙著做組織決定，還是坐下來開會。要相信群眾的大多數。

吳濤同志：

要相信群眾，要相信毛澤東思想一定戰勝右傾機會主義路線！

（根據錄音整理，未經本人審閱）

內蒙古文革檔案02　PC0948

新銳文創
INDEPENDENT & UNIQUE

滕海清將軍有關內蒙古人
民革命黨講話集（中冊）

主　　編	楊海英
責任編輯	尹懷君
圖文排版	周妤靜
封面設計	蔡瑋筠

出版策劃	新銳文創
發 行 人	宋政坤
法律顧問	毛國樑　律師
製作發行	秀威資訊科技股份有限公司
	114 台北市內湖區瑞光路76巷65號1樓
	電話：+886-2-2796-3638　傳真：+886-2-2796-1377
	服務信箱：service@showwe.com.tw
	http://www.showwe.com.tw
郵政劃撥	19563868　戶名：秀威資訊科技股份有限公司
展售門市	國家書店【松江門市】
	104 台北市中山區松江路209號1樓
	電話：+886-2-2518-0207　傳真：+886-2-2518-0778
網路訂購	秀威網路書店：https://store.showwe.tw
	國家網路書店：https://www.govbooks.com.tw

出版日期	2020年7月　BOD一版
定　　價	440元

國家圖書館出版品預行編目

滕海清將軍有關內蒙古人民革命黨講話集 / 楊海
英主編. -- 一版. -- 臺北市：新銳文創,
2020.07
　冊；　公分. -- (內蒙古文革檔案；1-3)
BOD版
ISBN 978-957-8924-99-4(上冊：平裝). --
ISBN 978-986-5540-00-5(中冊：平裝). --
ISBN 978-986-5540-01-2(下冊：平裝). --
ISBN 978-986-5540-02-9(全套：平裝)

1. 文化大革命　2. 內蒙古　3. 種族滅絕　4. 內蒙古
自治區

628.75　　　　　　　　　　　　109007185

讀 者 回 函 卡

感謝您購買本書，為提升服務品質，請填妥以下資料，將讀者回函卡直接寄回或傳真本公司，收到您的寶貴意見後，我們會收藏記錄及檢討，謝謝！如您需要了解本公司最新出版書目、購書優惠或企劃活動，歡迎您上網查詢或下載相關資料：http:// www.showwe.com.tw

您購買的書名：_____

出生日期：_____年_____月_____日

學歷：□高中 (含) 以下　　□大專　　□研究所 (含) 以上

職業：□製造業　□金融業　□資訊業　□軍警　□傳播業　□自由業
　　　□服務業　□公務員　□教職　　□學生　□家管　□其它_____

購書地點：□網路書店　□實體書店　□書展　□郵購　□贈閱　□其他

您從何得知本書的消息？

　□網路書店　□實體書店　□網路搜尋　□電子報　□書訊　□雜誌
　□傳播媒體　□親友推薦　□網站推薦　□部落格　□其他_____

您對本書的評價：（請填代號　1.非常滿意　2.滿意　3.尚可　4.再改進）

　封面設計____　版面編排____　內容____　文／譯筆____　價格____

讀完書後您覺得：

　□很有收穫　□有收穫　□收穫不多　□沒收穫

對我們的建議：_____

_____

_____

_____

11466
台北市內湖區瑞光路 76 巷 65 號 1 樓

秀威資訊科技股份有限公司　　　收

BOD 數位出版事業部

··

（請沿線對折寄回，謝謝！）

姓　　名：＿＿＿＿＿＿＿＿＿　年齡：＿＿＿＿　性別：□女　□男

郵遞區號：□□□□□

地　　址：＿＿＿＿＿＿＿＿＿＿＿＿＿＿＿＿＿＿＿＿＿＿

聯絡電話：(日)＿＿＿＿＿＿＿＿＿　(夜)＿＿＿＿＿＿＿＿＿＿

E-mail：＿＿＿＿＿＿＿＿＿＿＿＿＿＿＿＿＿＿＿＿